Versteckt in Tiergarten – Auf der Flucht vor den Nachbarn

Kurt Schilde

VERSTECKT IN TIERGARTEN

Auf der Flucht vor den Nachbarn

Gedenkbuch
für die im Bezirk in der Zeit des Nationalsozialismus
Untergetauchten

Unter Mitarbeit von:
Ezra BenGershôm
Eva-Karin Bergman
Andreas Borst
Harry, Werner und Peter Foß
Ilse Hansen
Ines Knuth
Heinz Schmidt
Jizchak Schwersenz
Martina Voigt
Susanne Witte

WEIDLER Buchverlag Berlin

Herausgeber: Förderverein für das Heimatmuseum Tiergarten e.V.

Der Band erscheint mit finanzieller Unterstützung des Fördervereins für das Heimatmuseum Tiergarten e.V. und der ITAG, Immobilien Treuhand- und Vermögensanlage AG.

Die Veröffentlichung wurde gefördert durch Sondermittel der Bezirksverordneten-Versammlung von Berlin-Tiergarten.

Redaktion: Bernd Hildebrandt
Titeldesign: Brandt und Kintscher, Berlin
Satz: Weidler & Partner Büroservice, Berlin
Druck: Gallus Druckerei KG, Berlin

1. Auflage 1995
WEIDLER Buchverlag Berlin
Printed in Germany

ISBN 3-925191-92-5

Inhaltsverzeichnis

Vorwort

Mit dem hier vorgelegten Buch wird eine Lücke in der Berichterstattung über Verfolgung und Widerstand in Tiergarten während der Herrschaft des Nationalsozialismus geschlossen. Zugleich wird einem Beschluß der Bezirksverordnetenversammlung Tiergarten vom 27. Oktober 1983 entsprochen, in dem das Bezirksamt aufgefordert wurde, ein "Ehrenbuch Widerstand und Opfer 1933 bis 1945" anzulegen. Das Gedenken an die Opfer des Nationalsozialismus und die Menschen, die Widerstand geleistet haben, soll aufklären und mahnen, damit die Verbrechen nicht vergessen werden und eine nationalistische Politik in Deutschland keine Grundlage mehr findet. Heute sind rechtsextremistische Parteien wie DVU und Rep in Landes- und Kommunalparlamenten vertreten und nutzen diese als Forum für menschenverachtende Propaganda. Deshalb sind Aufklärung und Mahnung umso dringlicher.

Zehn Jahre nach diesem Beschluß konnte die Arbeit durch die Schaffung einer ABM-Stelle im Heimatmuseum begonnen werden. Mit dem Volksbildungsausschuß wurde 1993 vereinbart, daß verschiedene Forschungsergebnisse wie Mosaiksteine zu dem Ehrenbuch zusammengesetzt werden. Dazu gehören neben dem Faltplan "Versteckt – Dem Naziterror in Tiergarten entkommen" die Veröffentlichungen und Aktivitäten, auf die in dem einleitenden Beitrag verwiesen wird. Daraus entstehen weitere Fragen, denen nachgegangen werden muß. Diese Form macht auch deutlich, daß die Erinnerungsarbeit nicht abgeschlossen sein kann, sondern immer neuer Auftrag für die nachwachsenden Generationen ist, damit die Wachsamkeit gegenüber dem Rechtsradikalismus nicht nachläßt. Das ist besonders notwendig in einer Zeit, in der Ausgrenzung, Gewalt und Rassismus wieder ganz alltägliche Erscheinungen geworden sind. Wenn die gesellschaftliche Abwehr solcher Verbrechen fehlt, sind Demokratie und Rechtsstaatlichkeit unmittelbar bedroht.

Deshalb stellt sich weniger die Frage, warum es elf Jahre gedauert hat, bis dieses Buch erscheinen konnte. Viel wichtiger ist, daß es jetzt fertiggestellt ist und damit seinen Auftrag erfüllen kann.

In der chronisch angespannten Haushaltslage des Landes Berlin setzt das Abgeordnetenhaus Prioritäten bei der Verteilung der knappen Mittel und spart an der Kultur und der politischen Bildung. Das Bezirksamt kann die Veröffentlichung aus dem Etat nicht bezahlen. Deshalb danke ich dem Förderverein für das Heimatmuseum Tiergarten, daß er die Herausgabe des Buches übernommen hat.

Jörn Jensen
Stadtrat für Volksbildung

Vorwort

Als das Heimatmuseum Tiergarten im Jahr 1987 gegründet wurde, war es politisch ebenso gewollt wie längst überfällig. Aber auch schon damals ließ die finanzielle Situation des Landes Berlin eine angemessene personelle und finanzielle Ausstattung nicht zu. Während das Heimatmuseum von Anbeginn versuchte, den vor ihm liegenden Aufgaben durch Einsatz von ABM-Kräften gerecht zu werden, taten sich engagierte und an der Geschichte unseres Bezirks interessierte Bürgerinnen und Bürger zusammen, gründeten den "Förderverein für das Heimatmuseum Tiergarten", sammelten Beiträge und Spenden, die dem Heimatmuseum für dessen Arbeit zur Verfügung gestellt werden sollten.

Die bisher durch den Förderverein vorgenommenen Erwerbungen für das Heimatmuseum belegen auf eindrucksvolle Weise den Erfolg unserer Arbeit.

Diesmal nun gibt der Förderverein ein Buch heraus, dessen Herstellung er mit Unterstützung der Bezirksverordnetenversammlung Tiergarten und einer Spende der ITAG, Immobilien-Treuhand- und Vermögensanlage AG, maßgeblich finanziert hat und das ich dem Interesse der Leser empfehle.

"Versteckt in Tiergarten – Auf der Flucht vor den Nachbarn" ist das Ergebnis umfangreicher Recherchen, wofür ich dem Autor Kurt Schilde Dank sagen möchte. Viele Zeitzeugen haben zum Gelingen beigetragen, indem sie sich noch einmal an zum Teil schlimme persönliche Erlebnisse erinnerten. Dies verdient Respekt und Anerkennung.

Dieses Buch wurde unter anderem möglich, weil uns die Beiträge der Mitglieder unseres Fördervereins hierfür zur Verfügung standen. Auch zukünftig wollen und werden wir Projekte dieser oder anderer Art zugunsten des Heimatmuseums Tiergarten und damit der Bürgerinnen und Bürger unseres Bezirks unterstützen. Ich würde mich freuen, wenn diese Arbeit möglichst viele Leserinnen und Leser überzeugt und ermuntert, ebenfalls Mitglied unseres Fördervereins zu werden. Wir sind für jede Unterstützung dankbar!

Norbert Schmidt
Vorsitzender
des Fördervereins für das
Heimatmuseum Tiergarten

Einleitung: Geschichtswerkstatt auf den Spuren der Versteckten.

Anfang April 1993 wurde im Heimatmuseum Tiergarten mit dem Aufbau einer Geschichtswerkstatt begonnen.[1] Im Mittelpunkt der wöchentlichen Treffen der Gesprächsgruppe standen anfangs noch allgemeine Aspekte der Geschichte des Bezirks Tiergarten zwischen der Weimarer Republik und der Nachkriegszeit. Angesprochen wurde weniger die "große Politik", als das Leben der "kleinen Leute", die oftmals couragierter waren, als bekannt ist. Wir wollten fragen, wie sich die Menschen in diesem Innenstadtbezirk verhalten haben und herausbekommen, welche Möglichkeiten zwischen totaler Anpassung und Opposition es tatsächlich gab.

Nachdem die Gruppe die Ausstellung "Juden im Widerstand"[2] besucht und den Film "David" gesehen hatte, rückte zunehmend das Alltagsleben in der NS-Zeit in den Mittelpunkt der Diskussionen. Aus dem Kreis der Teilnehmerinnen und Teilnehmer der Geschichtswerkstatt wurde nicht nur die Erinnerung an alltägliche Erlebnisse während der Zeit des Nationalsozialismus angesprochen. Relativ häufig wurde in den Gesprächsbeiträgen auf jüdische Bekannte und Freundinnen verwiesen und gefragt, was aus ihnen geworden war. Es ergab sich quasi von selbst, daß eine Teilnehmerin der Geschichtswerkstatt ihre Freundin mitbrachte, die wiederum auf eine Zeitzeugin aufmerksam machte, deren Vater einer versteckt lebenden Jüdin geholfen hatte. Parallel dazu kamen wir mit einem noch heute politisch engagierten ehemaligen Volksbildungsstadtrat ins Gespräch, der wiederum mit dem Sohn eines Ehepaares befreundet war, welches ein jüdisches Ehepaar versteckt hatte. Dieser stellte außerdem den Kontakt zu einem ehemals Versteckten her, der mit seiner Familie in einem Zimmer in der Waldstraße überlebte. Diese Informationen wurden durch Literaturaufarbeitung und Archivrecherchen ergänzt. Ein Presseaufruf an die Bevölkerung fand große Resonanz. Somit kann jetzt relativ ausführlich auf die Lebensgeschichten der jüdischen Verfolgten und ihrer Helferinnen und Helfer im Bezirk Tiergarten eingegangen werden. Zum Bekanntwerden des Projektes trugen auch zwei Veranstaltungsreihen mit jüdischen Verfolgten bei: Zum Jahrestag des Novemberpogroms von 1938 erfolgte eine Einladung an Dr. Ezra BenGershôm aus Jerusalem. Alle mit ihm durchgeführten Veranstaltungen – Podiumsgespräch, vom RIAS aufgezeichnete Diskussion in einer Schulklasse, Gedenkfeier im Rathaus und eine Lesung des Gastes aus seinem Buch "David. Aufzeichnungen eines Überlebenden" – stießen auf großes Interesse. Da wesentliche Teile der Biographie von Ezra BenGershôm sich im Bezirk abspielten, wurde ein entsprechender Aufsatz ebenso in dieses Buch aufgenommen, wie Ausführungen über Jizchak Schwersenz. Mit diesem fanden im Rahmen der Woche der Brüderlichkeit 1994 ein Gespräch in der Geschichtswerkstatt sowie eine öffentliche Lesung aus dessen Buch "Die versteckte Gruppe" statt. Die letztgenannte Reihe wurde eingerahmt von einem Rundgang durch das "jüdische Tiergarten" und einer weiteren lokalhistorischen Wanderung "Versteckt in Tiergarten – Auf der Flucht vor den Nachbarn".[3]

Mit dem Thema "Versteckt" hat das Heimatmuseum Tiergarten lokalhistorisches Forschungsneuland betreten. Unsere Recherche hat bisher zur Kenntnis von fast fünfzig Orten geführt, an denen über achtzig illegal Lebende versteckt worden sind bzw. ihre Helferinnen und Helfer lebten. Die hier veröffentlichten Informationen sprechen ein "wichtiges Feld der Widerstandsgeschichte"[4] an, welches im politischen Raum wie in der geschichtswissenschaftlichen Forschung relativ wenig Beachtung findet. Der deutsche Widerstand geht weit über den Attentatsversuch vom 20. Juli 1944 und die Flugblattaktionen der Weißen Rose hinaus, die als die herausragenden Ereignisse des akzeptierten Widerstandes öffentliche Anerkennung finden. Als Widerstand ist jede Handlung anzusehen, mit der das nationalsozialistische Vernichtungsprogramm sabotiert wurde.[5] Deshalb müssen alle dazu gerechnet werden, die sich der Deportation in die Todesfabriken entzogen und/oder Hilfe für die Verfolgten leisteten. "Den Juden zu helfen, war manchmal die einzige Art, auf die ein Deutscher den Nazis gegenüber seine Opposition auszudrücken vermochte." (Leo Baeck)

Exkurs: Literatur zur bezirklichen Geschichte des Nationalsozialismus

Über die Zeit zwischen 1933 und 1945 und insbesondere über die Aspekte Verfolgung und Widerstand ist vor und nach dem Beschluß der Bezirksverordnetenversammlung von 1983 eine Fülle von bezirkshistorischen Veröffentlichungen erschienen. In erster Linie ist auf die Hefte hinzuweisen, die 1981/82 im Zusammenhang mit Rundfahrten engagierter Bürgerinnen und Bürger entstanden:

Gewerkschaft Erziehung und Wissenschaft Berlin (Hrsg.): Im Schatten der goldenen Flügel. Zur verdrängten Geschichte Tiergartens. Ein Bezirksrundgang. Berlin 1982.
Kreisvorstand der Jungsozialisten in

der SPD Berlin-Tiergarten: Rundfahrt durch Tiergarten. Geschichte von unten. 3. überarbeitete Auflage: Berlin 1987.[6]
Heiko Roskamp: Tiergarten 1933-1945. Verfolgung und Widerstand in einem Berliner Innenstadtbezirk. Im Auftrag des Bezirksamtes Tiergarten von Berlin, Abteilung Volksbildung. Berlin 1984.

Im Jahr nach dem ersten Erscheinen kam eine erweiterte und ausführlich illustrierte Fassung auf den Markt.

Heiko Roskamp: Verfolgung und Widerstand. Tiergarten – Ein Bezirk im Spannungsfeld der Geschichte 1933-1945. Berlin 1985.

Ergänzend zu den genannten Schriften ist auf eine Arbeit hinzuweisen, die die Vereinigung der Verfolgten des Naziregimes West-Berlin/Verband der Antifaschisten herausgegeben hat.

Oliver Hoffmann: Deutsche Geschichte im Bezirk Tiergarten. Naziterror und Widerstand 1933-1945. Berlin 1986.

Das neueste Buch, welches sich mit dem Widerstand gegen den Nationalsozialismus in Tiergarten beschäftigt, ist der achte Band der Schriftenreihe über den Widerstand in Berlin von 1933-1945.

Hans-Rainer Sandvoß: Widerstand in Mitte und Tiergarten. Hrsg.: Gedenkstätte Deutscher Widerstand. Berlin 1994.

Auf die Geschichte von Verfolgung und Widerstand in Tiergarten und zur jüdischen Geschichte des Bezirks wird über die genannten Titel hinausgehend in unterschiedlicher Intensität außerdem in folgenden Schriften eingegangen:

Albrecht Haushofer: Moabiter Sonette. Berlin 1946.

Gerda Bahlinger u.a.: Tiergarten. Vom kurfürstlichen Jagdrevier zum Stadtbezirk im Zentrum Berlins. Herausgegeben vom Bezirksamt Tiergarten. Redaktion: Kurt Redeker. Berlin 1986.

Rosemarie Baudisch und Michael S. Cullen: Tiergarten. Berlin 1991.

Beusselkiez und Hutteninsel. Berlin 1993.

Helge Pitz, Wolfgang Hofmann und Jürgen Tomisch: Berlin – W. Geschichte und Schicksal einer Stadtmitte. Band 1: Von der preußischen Residenz zur geteilten Metropole. Band 2: Vom Kreuzberg-Denkmal zu den Zelten. Berlin 1984.

Helmut Engel, Stefi Jersch-Wenzel und Wilhelm Treue (Hrsg.): Geschichtslandschaft Berlin. Orte und Ereignisse. Band 2. Tiergarten. Teil 1: Vom Brandenburger Tor zum Zoo. Berlin 1989.

Helmut Engel, Stefi Jersch-Wenzel und Wilhelm Treue (Hrsg.): Geschichtslandschaft Berlin. Orte und Ereignisse. Band 2: Tiergarten. Teil 2: Moabit. Berlin 1987.

Heinz Knobloch: "Meine liebste Mathilde". Das unauffällige Leben der Mathilde Jacob. Berlin 1986.

Jörg H. Fehrs: Von der Heidereutergasse zum Roseneck. Jüdische Schulen in Berlin 1712-1942. Berlin 1993.

Sophie Friedländer: Die Höhere Jüdische Schule in Berlin-Moabit, Wilsnacker Straße 1937-1938. In: Am meisten habe ich von meinen Schülern gelernt – Lebensgeschichte einer jüdischen Lehrerin in Berlin und im Exil. Herausgegeben von Monika Römer-Jacobs und Bruno Schonig.

Bruno Schonig: "Zu lernen, zu lehren, zu bewahren und zu tun" – Zu einigen Dokumenten aus dem reformpädagogischen Unterricht Sophie Friedländers an der Höheren Schule der Jüdischen Gemeinde in Berlin-Moabit in den Jahren 1937 und 1938. In: Mitteilungen & Materialien. Arbeitsgruppe Pädagogisches Museum e.V. Heft Nr. 39/1993.

Jüdisches Adressbuch für Gross-Berlin. Ausgabe 1931. Mit einem Vorwort von Hermann Simon. Berlin 1994 (Nachdruck).

Mario Offenberg (Hrsg.): Adass Jisroel. Die Jüdische Gemeinde in Berlin (1869 – 1942). Vernichtet und vergessen. Berlin 1986.

Hermann Simon: Die Jüdische Gemeinde Nordwest. Eine Episode aus der Zeit des Neubeginns jüdischen Lebens in Berlin nach 1945. In: Andreas Nachama und Julius H. Schoeps (Hrsg.): Aufbau nach dem Untergang. Deutsch-jüdische Geschichte nach 1945. In memoriam Heinz Galinski. Berlin 1992.

Vera Bendt u.a.: Wegweiser durch das jüdische Berlin. Geschichte und Gegenwart. Berlin 1987.

Helmut Geisert, Jochen Spielmann, Peter Ostendorf (Redaktion): Gedenken und Denkmal. Entwürfe zur Erinnerung an die Deportation und Vernichtung der jüdischen Bevölkerung Berlins. Hrsg.: Berlinische Galerie, Der Senator für Bau- und Wohnungswesen. Berlin 1988.

Götz Aly (Hrsg.): Aktion T 4 1939-1945. Die "Euthanasie"-Zentrale in der Tiergartenstraße 4. Berlin 1987.

Horst Fritsche: Wegweiser zu Berlins Straßennamen. Tiergarten. Berlin 1993.

Gesellschaft für Deutsch-Sowjetische

Freundschaft Westberlin (Hrsg.): Das sowjetische Ehrenmal in Berlin-Tiergarten. Eine Text- und Fotodokumentation. Berlin 1987.

Jürgen Karwelat: "Insel" Moabit. Eine Dreiviertel-Rundfahrt mit dem Schiff. Berlin 1986.

Olav Münzberg (Hrsg.): Vom alten Westen zum Kulturforum. Das Tiergartenviertel in Berlin – Wandlungen einer Stadtlandschaft. Berlin 1988.

Christian Pross und Rolf Winau: "nicht mißhandeln". Das Krankenhaus Moabit. 1920-1933 Ein Zentrum jüdischer Ärzte in Berlin. 1933-1945 Verfolgung. Widerstand. Zerstörung. Berlin 1984.

Wolfgang Schäche: Fremde Botschaften. Die Gebäude der ehemaligen italienischen und japanischen Botschaft in Berlin-Tiergarten. Zwei Bände. Berlin 1984.

Wolfgang Schäche: Das Zellengefängnis Moabit. Zur Geschichte einer preussischen Anstalt. Berlin 1992.

SED Kreis Tiergarten (Hrsg.): Das war Moabit. Berlin o. J.

Wilhelm Burger: Die Kirchengemeinde St. Matthäus (Berlin-Tiergarten) in der Zeit des Nationalsozialismus. In: Manfred Gailus (Hrsg.): Kirchengemeinden im Nationalsozialismus. Sieben Beispiele aus Berlin. Berlin 1990.

Ulrike Schilling: "Mehr als je that die thätige Liebe noth" – Die evangelische Heilands-Kirchengemeinde in Moabit von 1892 bis 1945. Berlin 1992.

Hans Benenowski: Nicht nur für die Vergangenheit. Streitbare Jugend in Berlin um 1930. Berlin 1983.

Hildegard Schönrock: Wir kamen gerade so hin. Meine Kindheit und Jugend in Berlin-Moabit. Berlin 1984.

Jochen Köhler: Klettern in der Großstadt. Volkstümliche Geschichten vom Überleben in Berlin 1933-1945. Berlin 1979. 2. durchgesehene Auflage 1981.

Die vorliegende Literatur mußte sich auf die im Arbeitszeitraum zugänglichen Quellen beschränken. So konnten die im Anhang wiedergegebenen Listen der Hinterbliebenen der "Opfer des Faschismus", die im früheren SED-Parteiarchiv (heute Stiftung Archiv der Parteien und Massenorganisationen der DDR im Bundesarchiv) liegen, noch nicht ausgewertet werden. Die Beschäftigung mit diesem Verzeichnis, welches Angaben über fast siebzig Personen aus Tiergarten enthält, die im September 1947 als Hinterbliebene in den Rubriken "Kämpfer", "Opfer" und "Nürnberger Gesetzgebung" rubriziert wurden, verdient einen weiteren Forschungsauftrag.

Zusammenfassend kann festgestellt werden, daß über Verfolgung und Widerstand im Bezirk Tiergarten sehr viele detaillierte Informationen veröffentlicht wurden, die einen guten Überblick ermöglichen. Ein "Ehrenbuch Widerstand und Opfer 1933-1945" im engeren Sinne, wie es für den Bezirk Tempelhof existiert,[7] liegt nicht vor. Ein solches Projekt ist wohl auch nicht mehr unbedingt erforderlich, wenn das geplante "Berliner Gedenkbuch für die jüdischen Opfer des Nationalsozialismus"[8] veröffentlicht wird.

Überleben im Untergrund – auf der Flucht vor den Nachbarn.
Von der Ausgrenzung zur Deportation der jüdischen Bevölkerung.

Unter Mitarbeit von Martina Voigt

Dieses Buch will am Beispiel des Berliner Innenstadtbezirks Tiergarten veranschaulichen, wie es in der Zeit des Nationalsozialismus vereinzelt jüdischen Verfolgten gelang, sich den Deportationen in die Ghettos und Vernichtungslager zu entziehen.

Für Menschen jüdischer Herkunft, die den Transporten in den Tod entkommen wollten und die ohne den Schutz nichtjüdischer Ehepartner lebten, blieb zuletzt nur der Weg in die Illegalität. Dies war die einzige Möglichkeit, sich vor der "Endlösung der Judenfrage" – so die nationalsozialistische Umschreibung für die Vertreibung und Ermordung der jüdischen Bevölkerung Europas – zu retten.

Aufgrund einer nur begrenzten Kenntnisnahme der historischen Ereignisse konnte in der deutschen Öffentlichkeit die Vorstellung entstehen, als ob das Judentum tatsächlich mit dem Ende des Nationalsozialismus verschwunden war. Dieses falsche Bild hängt mit dem latent vorhandenen Schuldgefühl der Einwohnerschaft für die Verfolgung und Ermordung zusammen. Die meisten deutschsprachigen Publikationen über jüdisches Leben unter den Bedingungen des Nationalsozialismus beschränken sich weitgehend auf die Perspektive des passiven Opfers. Um dieser die Geschichte verfälschenden Tendenz entgegenzuwirken, ist es uns wichtig, auf Menschen hinzuweisen, die sich aktiv der Verfolgung widersetzten.

Die selten gezeigte Solidarität mit den Verfolgten ist lange Zeit nicht beachtet worden. Zusätzlich erschöpfte sich die öffentliche Auseinandersetzung mit der jüngsten Geschichte in einer demonstrativen Form des ritualisierten Mitleids für die "umgekommenen" Männer, Frauen, Jugendlichen und Kinder. Außerdem kommt noch hinzu, daß die – oftmals abgestrittene – "Kollektivschuld" durch das eigene an der "Heimatfront" erlebte Leid als kompensiert angesehen wurde. Darüber hinaus unterliegt die Darstellung und Ehrung von Menschen, die ihren jüdischen Nachbarn in unmittelbarer Gefahr beistanden, bis heute der Gefahr, als Alibi mißbraucht zu werden.

Die oppositionellen Handlungen der "kleinen Leute" zeigen, daß es zur Hilfe für Verfolgte keiner besonderen Kenntnisse oder materiellen Befähigungen bedurfte.[9] Ihre Leistungen widerlegen die seit 1945 verbreiteten "Argumente" großer Teile der Bevölkerung, von der Verfolgung nichts bemerkt und dem NS-Regime gegenüber ohnmächtig gewesen zu sein.

Die "U-Boote", wie die zum Untertauchen gezwungenen Menschen genannt wurden, lebten – soweit sie der Gefahr der Entdeckung entgehen konnten – bis zu ihrer Befreiung durch Soldaten der Roten Armee im April/Mai 1945 meist unerkannt in dieser Stadt. Nur selten war es hier allerdings so, wie bei dem wohlbekannten Beispiel der Familie von Anne Frank. Das 1933 aus Frankfurt am Main vertriebene Mädchen hatte bekanntlich drei Jahre lang mit seiner Familie ständig in einem Hinterhaus in der Amsterdamer Prinsengracht versteckt gelebt.[10] In Berlin – so zeigen es die überlieferten Erfahrungsberichte – scheint es häufig anders gewesen zu sein: Die meisten, die vor der Verschleppung flohen, versuchten, ein möglichst normales Alltagsleben vorzutäuschen: Wie die in diesem Buch beschriebenen Beispiele zeigen, verbargen sie ihre Identität, obwohl sie sich in der Öffentlichkeit bewegten. Dies konnte nur gelingen, wenn sich mutige Leute fanden, die sie mit Lebensmitteln, Quartier und Dingen des täglichen Bedarfs, in Ausnahmefällen sogar mit falschen Papieren versorgten.

Lage der jüdischen Bevölkerung

In der Reichshauptstadt existierte am Ende der Weimarer Republik die größte jüdische Gemeinde im Deutschen Reich. 1933 lebte hier ein Drittel der eine halbe Million Menschen umfassenden jüdischen Bevölkerung Deutschlands. Deren aktives Gemeindeleben spiegelte sich auch im Bezirk Tiergarten wieder: Drei Synagogen, die Schulanlage der orthodoxen Gemeinde Adass Jisroel in Siegmundshof 11,[11] zwölf jüdische Vereine und mehrere koschere Lebensmittelgeschäfte hatten vor 1933 im Gebiet des Bezirks ihren Sitz. In der Brückenallee 10 und in der Elberfelder Straße 12 (17?) befanden sich die Geflügel- und Kolonialwarenhandlungen von Georg Holzheim und Leweck Kempler, die Fleischerei von Sally Caro bzw. Paul Bukofzer war in der Essener Straße 20 und Nathan Rosenberg betrieb in der Jagowstraße 8 eine "Fleischwarenhandlung".[12] In der Altonaer Straße 4 befand sich ein Heim der Jüdischen Altershilfe Groß-Berlin e. V.[13] Im Bezirk lebten zahlreiche Funktionäre jüdischer Organisationen, so z.B. in der Altonaer Straße 26 Dr. Paul Nathan, ein paar Häuser weiter in der Nr. 35 Moritz A. Loeb, in der Bendlerstraße 20 Prof. Dr. Ferdinand Blumenthal, in der Lützowstraße 66 Sophie Horwitz, im Haus Lützowufer 24 war die Wohnung des Universitätsprofessors Arthur Nußbaum; sie alle waren Hauptvorstandsmitglieder des Central-Vereins deutscher Staatsbürger jüdischen Glaubens.

Diese Aufzählung ließe sich mit weiteren Persönlichkeiten fortsetzen. Erwähnt werden soll abschließend noch die Wohnung des führenden Repräsentanten des deutschen Judentums: Rabbiner Dr. Leo Baeck wohnte zumindest im Jahre 1926 in der Burggrafenstraße 19.[14] Diese Angaben verdeutlichen, daß das jüdische Leben integraler Bestandteil des überwiegend bürgerlichen Wohnumfeldes war, bevor mit dem Jahre 1933 ein fundamentaler Wandel stattfand: "Aus Nachbarn wurden Juden."[15]

Bereits ein Vergleich nüchterner Zahlen verdeutlicht das Ausmaß der Verfolgungen während der nationalsozialistischen Herrschaft. Die folgende Übersicht zeigt die rapide Verminderung der jüdischen Bevölkerung in Berlin wie im Bezirk Tiergarten zwischen 1933 und 1945. Mit den Ergebnissen der Volkszählungen vom 16. Juni 1933 und vom 17. Mai 1939, mit denen das Statistische Reichsamt die genauen Daten zur jüdischen Bevölkerung in Deutschland ermittelte, wurde die Verfolgung erheblich erleichtert. War 1933 die Begriffsbestimmung "Juden" noch nach der Konfession erfolgt, so unterschied der Zensus von 1939 auf der Grundlage rassistischer Definitionen zwischen "Glaubens-" und "Rassejuden". Als "Glaubensjuden" wurden die Mitglieder der jüdischen Gemeinden registriert. Der Begriff "Rassejuden" umfaßte auch die, die ohne jüdische Konfession im Sinne des Reichsbürgergesetzes von 1935 (einem der "Nürnberger Gesetze") ihrer Abstammung nach als jüdisch galten.

Jüdische Bevölkerung in Berlin und Berlin-Tiergarten 1933-1946[16]									
(Die %-Angaben beziehen sich auf die Gesamtbevölkerung.)									
	1933		1939				1945	1946	
			"Glaubens-juden"		"Rasse-juden"				
		%		%		%			%
Berlin	160.564	3,8	78.713	1,8	84.858	2,0	6.556	7.585	0,24
Tiergarten	12.286	4,9	5.312	2,5	5.658	2,6	161	180	0,11

Der aus diesen Zahlen ablesbare Rückgang der jüdischen Bevölkerung zwischen 1933 und 1939 spiegelt vor allem die Flucht in die Emigration wieder. Insgesamt flohen vor der Zerstörung der bürgerlichen, sozialen und wirtschaftlichen Existenzgrundlagen zwei Drittel der deutschen jüdischen Bevölkerung aus ihrer Heimat. Die Vertriebenen retteten sich in ein ungesichertes Leben mit dem Wagnis eines Neuanfangs in fremden Ländern, wo sie allerdings oft nur Geduldete waren. Aber die Auswanderung konnte sich angesichts der 1941 beginnenden Transporte in die Ghettos und Vernichtungslager zunächst als lebensrettend erweisen. Es gibt jedoch auch Beispiele, wo sich diese Hoffnung nach der Okkupation des Exillandes als grausame Illusion erwies.

Beginn der Verfolgung 1933

Die seit Februar 1933 andauernde Verfolgung der politischen Gegner des Nationalsozialismus beinhaltete Übergriffe und Mißhandlungen gegen die jüdische Bevölkerung. Bis zum Überfall auf Polen 1939 – mit dem der Zweite Weltkrieg begann – richtete sich die judenfeindliche Politik des nationalsozialistischen Regimes jedoch vorwiegend auf den Aufbau eines rassistischen Gesetzeskorpus. Ziel dieser sich ausweitenden Sondergesetzgebung war der Ausschluß aller Personen jüdischer Abstammung – nicht nur allein jüdischen Glaubens – aus dem öffentlichen Leben und ihre Degradierung zu einer abgesonderten und rechtlosen Bevölkerungsgruppe.[17]

Am Anfang der Verfolgung stand eine Kampagne, die alle Züge des traditionellen Antisemitismus in sich vereinte und zugleich eine Machtdemonstration der Nationalsozialistischen Deutschen Arbeiterpartei nach innen und nach außen sein sollte: der reichsweite Boykottaufruf gegen jüdische Selbständige am 1. April 1933. Dem "April-Boykott" waren Übergriffe lokaler NSDAP- und SA-Gruppierungen gegen jüdische Geschäftsleute in verschiedenen Orten vorausgegangen. Die Blockade der Geschäfte jüdischer Besitzer sollte nun als "spontane" Reaktion des Volkes gegen sogenannte Hetzkampagnen in der europäischen Presse inszeniert werden. Tatsächlich hatten einige ausländische Journalisten über die erste Verhaftungswelle in Deutschland berichtet, und vereinzelt war der Boykott deutscher Waren auf dem internationalen Markt diskutiert worden.

Örtliche Aktionskomitees der NSDAP und deren Sturmabteilung (SA) trugen den "Volkszorn" vom 1. April 1933, dem Planungen der Parteispitze vorausgegangen waren. Die Regierung selbst billigte die Aktionen, ohne sich jedoch direkt zu beteiligen. Mit der bekannten antisemitischen Gleichsetzung der jüdischen Gemeinschaft in Deutschland mit ausländischen Staaten und "feindlichen Kräften" hatte der Boykottaufruf des "Zentralkommitees zur Abwehr der jüdischen Greuel- und Boykotthetze", der an jenem Aprilsamstag in ganz Deutschland plakatiert war, den Ausschluß aus dem Gemeinwesen geistig vorbereitet: "Kauft nicht in jüdischen Geschäften und Warenhäusern!", "Geht nicht zu jüdischen Rechtsanwälten!", "Meidet jüdische Ärzte!" hieß es und: "Wer gegen diese Aufforderung handelt, beweist damit, daß er auf der Seite der Feinde Deutschlands steht."[18] Auch das Ziel der Kampagne, jüdische Geschäftsinhaber und damit "das Judentum an seiner empfindlichsten Stelle zu treffen",[19] folgte dem antijüdischen Stereotyp, das die freie Wirtschaft als genuin jüdische Domäne darstellte.

Die Appelle an tiefverwurzelte Vorurteile stießen bei der Bevölkerung auf unterschiedliche Akzeptanz. Zu Beginn der Einkaufszeit postierten sich SA- und NSDAP-Mitglieder vor den Geschäften jüdischer Besitzer. Tätlichkeiten sollten zwar vermieden werden, doch hatten der martialische Aufzug und die Plakate ausgereicht, die Kundschaft zurückzuweisen. Während es in kleineren Ortschaften gelang, die Kundschaft einzuschüchtern und am Einkauf in den umstellten Geschäften zu hindern, stieß die Aktion in Großstädten häufig auf Unverständnis: Viele Kunden ließen sich nicht am Einkauf hindern und aus Berlin wurde berichtet, vereinzelt sei es vor den Läden zwischen Parteimitgliedern und unbeirrten Käufern zum Handgemenge gekommen.[20]

Dennoch erreichte die Aktion ein Teilziel: Jüdische Geschäftsleute waren gebrandmarkt. Wer sich mit den Besitzern solidarisch zeigte, lief Gefahr, von den Posten und im antisemitischen Propagandablatt "Der Stürmer" öffentlich vorgeführt zu werden. In der Folgezeit mußten zahlreiche kleinere Läden schließen, da die Kundschaft ausblieb.

Mit der Boykottaktion war eine Trennungslinie zwischen "deutschen Volksgenossen" und "jüdischen Volksfeinden" gezogen worden. Das trotz der völligen Gleichberechtigung in der Republik verbreitete latente Mißtrauen gegen die jüdische Minderheit wurde bestärkt und grub sich tiefer im Bewußtsein der Bevölkerung ein.

Das planmäßige Ende des Boykottages bedeutete zugleich die vorläufige Einstellung antisemitischer Aktionen zugunsten der Diskriminierung auf rechtlichem Weg. Noch im April 1933 wurden die ersten rassistischen Gesetze verabschiedet. Mit dem "Gesetz zur Wiederherstellung des Berufsbeamtentums"[21] vom 7. April verloren politische Gegner und Menschen "nichtarischer Abstammung" – sofern sie sich nicht als Frontsoldaten im ersten Weltkrieg besondere Verdienste erworben hatten – die Anstellung im Staatsdienst. Auch "Arier" mit einem jüdischen Ehepartner waren betroffen. Am gleichen Tage wurde jüdischen Juristinnen und Juristen die Eröffnung von Anwaltskanzleien verboten. Der jüdischen Ärzteschaft entzog die "Verordnung über die Zulassung von Ärzten zur Tätigkeit bei den Krankenkassen" am 22. April 1933 die Zulassung als Kassenärztin bzw. -arzt sowie als Kassenzahnärztin bzw. -arzt am 2. Juni 1933. Viele mußten ihre Praxen schließen, da sie sich nicht mehr lohnten. Allein im Bezirk Tiergarten verloren 107 Ärzte ihre Praxis.[22]

Die Neueinschreibung an Universitäten wurde jüdischen Studenten am 25. April 1933 untersagt, Studierende der Medizin, Pharmazie und Jurisprudenz erhielten seit 1934 keine Zulassung zu den Examina mehr. Jüdischen Künstlern wurden 1933 ihre Verträge mit staatlichen Bühnen und Orchestern aufgekündigt. Sie schlossen sich ihrerseits im "Jüdischen Kulturbund" zusammen, um weiter ihren Beruf ausüben zu können.

Doch nicht nur die gesetzliche Ausgrenzung diskriminierte die jüdische Bevölkerung. Die großangelegten Verleumdungskampagnen des Propagandaministers Joseph Goebbels, von Julius Streichers Hetzschrift "Stürmer" und des Parteiblatts "Völkischer Beobachter" verbreiteten in Zerrbildern Abscheu vor den "jüdischen Volksfeinden". Auch die staatliche Förderung rassistischer akademischer Teildisziplinen, wie der Rassenkunde, stärkte ideologisch den Boden für den sozialen Ausschluß der jüdischen Minderheit aus der deutschen Gesellschaft. Sie verhalfen dem Antisemitismus durch ihre "Wissenschaftlichkeit" zu wachsendem Ansehen, die Lehren fanden rasch Eingang in die Schulbildung.

Das rassistische Vorgehen war jedoch nicht ausschließlich Sache von parteilichen und staatlichen Instanzen. Viele Beispiele zeigen, daß antijüdische Handlungen auch ohne Anweisung "von oben" erfolgten. Unpolitische Vereine, wie der "Reichsbund der deutschen Hausfrauenvereine", schlossen 1934 ihre jüdischen Mitglieder aus, ohne daß ihnen die Einführung einer "Arierklausel" auferlegt worden war.[23] Kommunale Institutionen brachten eigenmächtig judenfeindliche Beschilderungen in ihrem Einzugsbereich an, ohne daß sie ausdrücklich dazu aufgerufen worden waren. Ohne daß eine Vorschrift es gefordert hätte, verloren Angestellte jüdischer Herkunft im Anschluß an den "April-Boykott" ihre Stellung. Nachbarn und Kollegen brachen den Kontakt zu ihren jüdischen Bekannten ab, obwohl kein Gesetz ihnen den freundschaftlichen Verkehr verboten hatte.

Verschärfung der Entrechtung mit den "Nürnberger Gesetzen"

Die antijüdische Politik der ersten zwei Jahre der NS-Herrschaft stieß jedoch an eine innere Grenze: Nicht Feindschaft gegen das Judentum im religiösen Sinne war das Wesen des Antisemitismus, sondern der "Kampf gegen die jüdische Rasse". Eine Definition derer, die als Juden auszuschließen seien, eine rassistische Kategorisierung der gesamten Bevölkerung stand zunächst aus. Dieses änderte sich im Herbst 1935 mit der Verabschiedung der "Nürnberger Gesetze". Das "Reichsbürgergesetz" und das "Gesetz zum Schutz des Deutschen Blutes und der Deutschen Ehre",[24] die am 15. September 1935 auf dem Nürnberger Reichsparteitag der NSDAP von den versammelten Reichstagsmitgliedern eilig verabschiedet wurden, schufen die Handhabe. Das "Reichsbürgergesetz" legte fest, daß als "Reichsbürger" nur "Staatsbürger deutschen und artverwandten Blutes" galten. Eine "arische" Reichsbürgerschaft ist zwar nie eingeführt worden, und die jüdische Bevölkerung in Deutschland behielt vorerst die deutsche Staatsbürgerschaft, doch bot das Gesetz die Basis für 13 Verordnungen, mit denen die jüdischen Deutschen bis 1943 aller ihrer bürgerlichen Rechte beraubt wurden. Mit der 1. Verordnung zum Reichsbürgergesetz[25] erfolgte am 14. November 1935 die rechtlich verbindliche Unterscheidung zwischen "Volljuden", "Geltungsjuden" und "jüdischen Mischlingen 1. und 2. Grades". Zugleich wurden nun auch die letzten jüdischen Bediensteten aus dem öffentlichen Dienst entlassen.

Als "Jude im Sinne des Reichsbürgergesetzes" galt fortan, wer mindestens drei jüdische Großeltern hatte, unabhängig von seiner eigenen Konfession. Personen mit zwei jüdischen Großeltern, als "Mischlinge" bezeichnet, die sich zur jüdischen Religion bekannten, fielen als "Geltungsjuden" ebenfalls unter die Verfolgung. "Mischlingen", die nicht Mitglieder der jüdischen Gemeinden waren, wurden einige erleichternde Ausnahmen zugebilligt.

Das Reichsbürgergesetz beseitigte bürokratische Widersprüche und erleichterte so die weitere Einschränkung der Rechte der jüdischen Bevölkerung. Ein anderes der Nürnberger Gesetze war ein Produkt des rassistischen Menschenzuchtgedankens: Das "Blutschutzgesetz" verbot alle geschlechtlichen Beziehungen und Eheschließungen zwischen jüdischen und nichtjüdischen Männern und Frauen. Lediglich bestehende "Mischehen" durften – wenn auch unter wachsenden behördlichen Schikanen und Scheidungsforderungen – aufrechterhalten bleiben.

Auswandern oder Durchhalten?

Viele der im Lande ausharrenden jüdischen Deutschen trugen sich angesichts der zunehmenden Freiheitsbeschränkungen mit Auswanderungsgedanken. Anderen bedeutete ihre Identifikation mit ihrer Heimat Deutschland mehr als das Arrangement mit einem Leben mit geraubten Rechten. Nicht allein die persönliche Entschlußlosigkeit, sondern auch sich ausweitende bürokratische und finanzielle Hemmnisse vereitelten die Auswanderungsbestrebungen Vieler. Die Auswanderung in bestimmte Staaten hing von zahlreichen Auflagen ab: So forderten die Vereinigten Staaten von Amerika für die Einreise die Benennung amerikanischer Bürgen. Großbritannien ließ nur Verfolgte mit ausreichenden finanziellen Rücklagen oder gesuchten Berufen einwandern. Nur jüdischen Kindern gewährte dieses Land relativ großzügig die Aufnahme. Ebenso hatte die britische Mandatsmacht in Palästina die jüdische Einwanderung im Hinblick auf mögliche arabische Reaktionen mit ökonomischen Zulassungsbeschränkungen, Forderungen nach dem Nachweis von Vermögen oder einer dem Land zuträglichen Berufsausbildung beschränkt.[26] Obwohl jedes antijüdische Gesetz auch mit dem Ziel erlassen worden war, die jüdische Bevölkerung aus Deutschland zu vertreiben, erschwerten zugleich finanzielle Interessen des Deutschen Reiches die Auswanderung.

– So betrug die schon 1931 eingeführte "Reichsfluchtsteuer" 25 % des gesamten Vermögens der Auswandernden. Zusätzlich sank der Freibetrag 1934 von ursprünglich RM 200.000 auf RM 50.000.
– Der Besitz, den die Auswandernden in Deutschland zurückließen, wurde seit dem 14. Juli 1933[27] vom Reich beschlagnahmt.
– Barvermögen konnten nicht direkt ins Ausland transferiert werden, sondern blieben auf "Auswanderersperrmark"-Konten im Reich.
– Zur Auszahlung gegen Devisen wurden ungünstigere als die regulären Wechselkurse angerechnet. Mit diesen Regularien war eine Existenzgründung im Ausland nur sehr wohlhabenden Emigranten möglich.

Bis zur ersten Jahreshälfte 1938 hatte mit 143.000 Personen ein Viertel der jüdischen Bevölkerung Deutschland verlassen.[28] Für die Zurückbleibenden gewann das Sozialwerk der Jüdischen Gemeinden größere Bedeutung als je zuvor. Unter der 1933 gegründeten Dachorganisation "Reichsvertretung der deutschen Juden" (ab 1935: "Reichsvertretung der Juden in Deutschland") versuchten die Gemeinden, mit eigenen Schulen, Sport- und Kulturvereinen sowie der Gründung des jüdischen Winterhilfswerks, die Not aufzufangen, die aus sozialer Isolation und wirtschaftlicher Verarmung entstand. Ein umfassendes Auswanderungshilfswerk mit Beratungsstellen, Sprach- und Berufsbildungskursen unterstützte Emigrationswillige bei ihren Vorbereitungen.

Vernichtung der wirtschaftlichen Existenz

Die einschneidenden Ereignisse des Jahres 1938 beendeten die Möglichkeiten der jüdischen Minderheit, sich trotz der Beschränkungen mit dem Leben in Deutschland zu arrangieren. Seit Jahresbeginn zeichnete sich eine Radikalisierung in der judenfeindlichen Politik ab. Im Mittelpunkt der Maßnahmen stand der Ausschluß aus dem Wirtschaftsleben. Die sogenannten Arisierungen – die Übernahme von Betrieben und Geschäften jüdischer Besitzer durch Nichtjuden – waren seit 1937 im Gange. In einer ersten Phase erfolgten sie bis zum Herbst 1938 noch in Form "regulärer Verkäufe" unterhalb des Normalpreises. Unternehmer jüdischer Herkunft, welche gezwungenermaßen die Auswanderung vorbereiteten oder bei sinkender Auftragslage die Firmen nicht mehr halten konnten, boten ihr Geschäft zum Verkauf an. Angesichts der steigenden Anzahl zum Verkauf stehender Firmen sanken die Preise. Hinzu kam, daß der Einheitswert und nicht, wie sonst üblich, der aktuelle Verkehrswert des Unternehmens bei Festle-

gung des Verkaufspreises zugrunde gelegt wurde. Käufern war die Forderung einer Risikoreserve gestattet. Vom Betriebskapital forderten die Gauwirtschaftsführer einen Abschlag von 20 %. Es wird geschätzt, daß die zu diesen Konditionen getätigten Verkäufe 40 bis 60 % unter dem regulären Verkaufspreis lagen.[29]

Im Laufe des Jahres 1938 wurde die zweite Phase der Enteignungen, die zwangsweise "Arisierung", eingeleitet. Ein erster Schritt bestand in der Registrierung des jüdischen Eigentums, die im April 1938 begann. Wertsachen und Vermögen, die den Betrag von 5.000 RM überstiegen, mußten bis zum 30. Juni 1938 deklariert werden. Die Veräußerung des Besitzes wurde genehmigungspflichtig.[30] Am 14. Juni erging mit der "Dritten Verordnung zum Reichsbürgergesetz" die Definition der "jüdischen Gewerbebetriebe", welche die Anmeldung dieser Betriebe ankündigte. Die Registrierung wurde mit einem Erlaß des Reichsinnenministers einen Monat später in Gang gesetzt.

Mit lancierten Übergriffen auf die Geschäfte sollten ihre Besitzer zur Aufgabe gezwungen werden. Im Juni 1938 erreichten diese Überfälle in Berlin mit Schmiereien und Denunziationen ihren Höhepunkt. Gezielte Kampagnen der "arischen" Konkurrenz beschleunigten die Krise jüdischer Firmen- und Gewerbeinhaber. So vereinbarte z.B. die "Adefa" – die "Arbeitsgemeinschaft deutsch-arischer Fabrikanten" – für das Textilgewerbe, alle Verträge mit jüdischen Geschäftspartnern zu lösen und der eigenen Ware mit dem Etikett "Ware aus deutscher Hand" Marktvorteile zu verschaffen.[31]

Die Vernichtung der wirtschaftlichen Existenz betraf nicht nur jüdische Geschäfts- und Firmeninhaber. Seit Juni 1938 ergingen zahlreiche Berufsverbote in selbständigen Berufen, unter denen der Entzug der Zulassungberechtigungen für jüdische Ärzte und Rechtsanwälte das bekannteste ist. Nur wenigen gestatteten die NS-Behörden die Fortführung ihrer Tätigkeit als "jüdische Krankenbehandler" und "jüdische Konsulenten" für jüdische Klienten.[32]

Völlige Entrechtung

Nicht nur in wirtschaftlicher, sondern auch in staatsbürgerlicher Hinsicht erreichte die Rechtsberaubung 1938 ein neues Stadium. Die Personalpapiere wurden mit Hinweisen auf die jüdische Herkunft gekennzeichnet: Zum Jahresende wurde die neue, mit einem "J" versehene Kennkarte eingeführt. Gleichzeitig mußten Jüdinnen und Juden vom 6. Lebensjahr an die zusätzlichen Zwangsvornamen "Sara" und "Israel" annehmen. Jüdische Eltern hatten sich bei der Namensgebung für Neugeborene auf eine kleine Auswahl angeblich jüdischer Vornamen zu beschränken. Auf Betreiben der Schweiz, die eine genauere Kontrolle über die jüdischen Flüchtlinge wünschte, führte das Deutsche Reich neue, ebenfalls mit einem "J" versehene Reisepässe ein.[33]

1938 war auch das Jahr, in dem tätliche Angriffe auf die jüdische Gemeinschaft ein Mittel der Politik wurden. Nach dem "Anschluß" Österreichs im März war die dort lebende jüdische Bevölkerung einer Welle von physischen Attacken und Schmähungen ausgesetzt.

In Deutschland organisierte die Geheime Staatspolizei (Gestapo) am 15. Juni 1938 die erste massenhafte Gefangennahme: Alle jemals – auch wegen geringfügiger Delikte – vorbestraften Jüdinnen und Juden kamen in Konzentrationslager.

Dieser Maßnahme folgte am 28. Oktober der Versuch, ca. 50.000 Jüdinnen und Juden mit polnischer Staatsbürgerschaft und deutschem Wohnsitz nach Polen abzuschieben, nachdem dieses Land sie zu Staatenlosen erklären wollte.

17.000 Menschen wurden durch die Geheime Staatspolizei hinter die Grenzsperren deportiert. Nachdem Polen sich weigerte, sie aufzunehmen und mit Repressalien gegen deutsche Staatsangehörige in Polen drohte, brach Deutschland das Vorhaben ab. Mehrere tausend Personen wurden im Niemandsland an der polnischen Grenze interniert.

Das folgenschwerste Ereignis des Jahres 1938 war der Pogrom, der im ganzen Reich in der Nacht vom 9. zum 10. November 1938 entfacht wurde. Das Attentat des jungen jüdischen Emigranten Herschel Grynszpan auf den Legationssekretär Ernst vom Rath am 7. November in der deutschen Botschaft in Paris bot Partei und Regierung den willkommenen Anlaß, die Entrechtung abzuschließen und die Austreibung der jüdischen Bevölkerung aus Deutschland zu verschärfen. Vom Raths Todeskampf wurde in der deutschen Presse mit einschlägigen Drohungen gegen "das Judentum" als kollektiv Schuldigem an Grynszpans Tat begleitet: "Die Schüsse in der Deutschen Botschaft werden nicht nur den Beginn einer neuen deutschen Haltung in der Judenfrage bedeuten ..." sah der "Völkische Beobachter" voraus.[34]

Vom Rath starb am Nachmittag des 9. November 1938. Am Abend des gleichen Tages begingen im Münchner Alten Rathaus Spitzenfunktionäre und "alte Kämpfer" der Partei mit Adolf Hitler die Feier zum 15. Jahrestag des Münchner Putschversuchs von 1923. Als die Nachricht vom Tod des Gesandten gegen 21 Uhr kam, waren alle Funktionäre versammelt. Umgehend beriet Hitler sich mit Goebbels über die Inszenierung des Pogroms. Wie schon beim Boykott gegen die jüdischen Geschäfte am 1. April 1933 sollte auch jetzt der "Volkszorn" organisiert werden, ohne daß die federführende Rolle der Parteileitung sichtbar wurde. Nach seiner Beratung mit Hitler hielt Goebbels vor der Versammlung eine Hetzrede, in der er die judenfeindlichen Anschläge, die bereits nach dem Attentat eingesetzt hatten, hervorhob und sinngemäß ausführte, der "Führer" wünsche solche Aktionen zwar nicht zu organisieren, sie sollten jedoch auch nicht verhindert werden. Die Anwesenden verstanden die Botschaft und es lag nun an ihnen, die Anschläge in Gang zu bringen. Sie verständigten noch in der Nacht von München aus ihre Untergebenen im Reich. Partei, SA und SS gingen getrennt vor. Auf Seiten des SS- und Polizeiapparates herrschten zunächst Zweifel am Nutzen eines solchen Gewaltausbruchs. Schließlich aber wurde entschieden, auch sicherheitspolizeilich gegen die jüdische Bevölkerung vorzugehen. Der Chef der Sicherheitspolizei, Reinhard Heydrich, wies die Gestapo-Dienststellen im Reich an, den "geordneten" Ablauf der Ausschreitungen zu überwachen und "so viele Juden – insbesondere wohlhabende – festzunehmen, als in den Hafträumen untergebracht werden können".[35]

Nicht einmal zwei Stunden nach der Rede des Propagandaministers brannte das erste Haus eines Juden. Im ganzen Reich wüteten in der Nacht und an den folgenden Tagen SA- und Parteimitglieder gegen Synagogen, jüdische Einrichtungen, Wohnhäuser und Läden. Vielerorts wurden Juden mißhandelt und ermordet. Der Teppich aus Glassplittern der zerstörten Geschäfte, der in Berlin nicht nur den Kurfürstendamm, sondern z.B. auch die Turm-straße bedeckte, trug dem Ereignis den bekannten, allerdings die wirklichen Ereignisse verharmlosenden Namen "Reichskristallnacht" ein.

Mehrere Synagogen in Berlin brannten vollständig aus. In Tiergarten wurde der Tempel des Synagogenvereins Moabit und Hansabezirk in der Flensburger Straße 14, Ecke Lessingstraße 19, bis auf die Grundmauern zerstört. Die Ruine wurde 1939 abgerissen. Die Synagogen liberalen Ritus' der Jüdischen Gemeinde zu Berlin in der Levetzowstraße 7-8 und Lützowstraße 16 wurden beschädigt, doch konnten dort weiterhin Gottesdienste abgehalten werden.[36] Mehrere tausend jüdische Männer aus Berlin wurden an den folgenden Tagen verhaftet und in das Konzentrationslager Sachsenhausen gebracht.

Der Pogrom war die einzige judenfeindliche Maßnahme des NS-Regimes, die auf deutlichen Widerspruch in der Bevölkerung stieß. Auch Beobachter des parteieigenen Sicherheitsdienstes berichteten über zahlreiche kritische Reaktionen und Mitleidsäußerungen der Passanten. Ungeklärt ist jedoch, ob das Entsetzen eher der Zerstörung von Sachwerten oder den Angriffen gegen die Menschen galt.[37] Mit dem Ende der Ausschreitungen und der Rückkehr zur Judenverfolgung auf dem Verwaltungswege verebbte die Empörung rasch.

Unmittelbar im Anschluß an den Pogrom wurde die völlige Entrechtung und Verarmung der jüdischen Minorität in Deutschland besiegelt. Am 12. November berief Hermann Göring, Generalbevollmächtigter für den Vierjahresplan und designierter Nachfolger Hitlers, Vertreter verschiedener Institutionen zu einer Sitzung ein, um die nächsten Schritte der Judenpolitik zu beraten: Neben Goebbels kamen die Minister des Inneren, der Justiz, der Wirtschaft, der Finanzen, Beauftragte aus den Ministerien, der Chef der Sicherheitspolizei, der Ordnungspolizei sowie je ein Vertreter Österreichs und der Versicherungsgesellschaften. Das Gespräch, das über weite Strecken wie ein "brain-storming" anmutet, lieferte die Stichworte für die Maßnahmen der folgenden Monate: Abschluß der Ausschaltung aus dem Wirtschaftsleben, die endgültige Trennung der jüdischen von der übrigen Bevölkerung und die Verstärkung der Austreibung aus Deutschland.[38] Göring unterzeichnete noch am gleichen Tage drei entsprechende Verordnungen: [39]

– Die "Verordnung über eine Sühneleistung der Juden deutscher Staatsangehörigkeit" machte das deutsche Judentum kollektiv für das Pariser Attentat verantwortlich und erzwang eine finanzielle "Buße".

– Die "Verordnung zur Ausschaltung der Juden aus dem deutschen Wirtschaftsleben" verhängte die behördliche Schließung aller Handwerksbetriebe und Geschäfte von Juden zu Neujahr 1939.

– Die "Verordnung zur Wiederherstellung des Straßenbildes bei jüdischen Gewerbebetrieben" schob den Opfern der Unruhen die Verantwortung für die Beseitigung der Schäden zu.

Zur Jahreswende 1938/39 entzogen die Behörden der jüdischen Bevölkerung die letzten Möglichkeiten zur Teilhabe am gesellschaftlichen Leben: Die Kinder und Jugendlichen mußten die öffentlichen Schulen verlassen. Sie konnten ihre Ausbildung nur noch in den Schulen der jüdischen Gemeinden – wie z.B. in der Wilsnacker Straße 3 oder in Siegmundshof 11 – fortsetzen. Das jüdische Vereinswesen wurde untersagt. Lediglich jüdische Schulen, Kran-

kenhäuser, soziale Einrichtungen und der Kulturbund durften vom Januar 1939 an ihre Arbeit fortsetzen. Jüdischen Menschen wurde der Besuch von "arischen" Theatern, Konzerten und Sportveranstaltungen[40] untersagt. In vielen Städten verhängten die Behörden den "Judenbann" über einzelne Straßenzüge. Auch in Berlin war Juden das Betreten des Regierungsviertels und der Innenstadt um die Straße Unter den Linden verboten.[41]

Der Auslöschung der bürgerlichen Existenz folgte nun schrittweise die Unterstellung unter Polizeigewalt. Das Instrument wurde durch die behördliche Forcierung der Auswanderung geschaffen. Am 24. Januar 1939 ordnete Göring die Gründung einer unter der Leitung des Chefs der Sicherheitspolizei, Reinhard Heydrich, stehenden "Reichszentrale für jüdische Auswanderung" an.[42] Zur Beschleunigung der Auswanderungsverfahren bündelte diese Geschäftsstelle alle nötigen Behördengänge und trieb von reicheren jüdischen Auswanderern Sonderabgaben zur Auswanderungsfinanzierung der ärmeren ein. Als entsprechende jüdische Organisation, die mit der "Zentrale" zusammenarbeiten sollte, wurde im Juli 1939 die "Reichsvereinigung der Juden in Deutschland" vom Reichsinnenminister eingerichtet. Dieser Zwangsverband löste die "Reichsvertretung der Juden in Deutschland" in ihrer Funktion ab. Ihm unterstanden alle jüdischen Einrichtungen und Gemeinden im Reich und alle "Rassejuden" waren zur Mitgliedschaft zwangsverpflichtet.[43] De facto unterlag die Reichsvereinigung der Kontrolle der Geheimen Staatspolizei.

Am 27. September 1939, wenige Wochen nach dem Überfall der deutschen Wehrmacht auf Polen, wurde das Reichssicherheitshauptamt (RSHA) als ein Hauptamt der SS gegründet. Unter Heydrich als

Chef der Sicherheitspolizei und des Sicherheitsdienstes vereinigte es Kriminal- und Sicherheitspolizei. Die Gestapo war als Amt IV Teil des RSHA. Ihre regionalen Untergliederungen waren die Staatspolizei(leit)stellen in den Regierungsbezirken des Reichs. Das Amt "Auswanderung und Räumung", ab März 1941 "Juden- und Räumungsangelegenheiten" (IV B 4), des RSHA unter Adolf Eichmann in der Kurfürstenstraße 116, befand sich an der Grenze des Stadtbezirks Tiergarten. Diese Behörde sollte die für die Deportationen in die Ghettos und Vernichtungslager zuständige Organisation werden. Seit 1939 waren "Judensachen" also hauptsächlich Angelegenheit der Sicherheitspolizei. Auch die gesetzliche Verfolgung wurde fortgesetzt, wobei auf zwei Regelungen hinzuweisen ist, die das Leben der jüdischen Bevölkerung zutiefst veränderten. Das "Gesetz über die Mietverhältnisse mit Juden"[44] und die Heranziehung zur Zwangsarbeit. Seit April 1939 war der Mieterschutz für die jüdische Bevölkerung aufgehoben worden und es konnte umgehend gekündigt werden, wenn Behörden oder Einzelpersonen Anspruch auf die gemieteten Räume geltend machten. Allerdings mußte ihnen durch die eigens eingerichteten Wohnungsämter der jüdischen Gemeinden Ersatzwohnraum zugewiesen werden. In Berlin traf diese Regelung mit einem großangelegten Sanierungsprogramm des "Generalbauinspektors für die Reichshauptstadt" zusammen. Diese von Albert Speer geleitete Behörde war in die "Entmietungen" der jüdischen Bevölkerung soweit einbezogen, als sie Wohnungen für Umsetzmieter aus Sanierungsvierteln beanspruchte. In Tiergarten betraf dieser Sachverhalt vor allem das zum Abrißgebiet erklärte Alsenviertel, wo das Zentrum der geplanten neuen Hauptstadt "Germa-

nia" liegen sollte. Jüdinnen und Juden, die ihre Wohnungen verloren hatten, konnten nur in Häuser jüdischer Besitzer eingewiesen werden. In den Jahren zwischen 1939 und 1943 bekamen, ohne daß es direkt geplant gewesen wäre, jüdische Wohnungssuchende daher nur Zimmer in bestimmten Häusern der Stadt, umgangssprachlich "Judenhäuser" genannt, zugeteilt. Dieses Verfahren führte teilweise zur räumlichen Absonderung der jüdischen Bevölkerung in der Stadt. Nicht alle, aber ca. 30.000 Juden in Berlin verloren bis 1942 ihre Wohnung auf diese Weise.[45]

Im Rahmen der Kriegsvorbereitungen waren jüdische Männer und Frauen zur Zwangsarbeit in der Rüstungsindustrie herangezogen worden. Zunächst als "Kann-Vorschrift" zur Beschäftigung jüdischer Arbeitsloser mit Billiglöhnen im Dezember 1938 eingeführt, wurde deren Erwerbsarbeit am 3. Oktober 1941, also kurz vor Beginn der Massenverschleppungen, zum "Beschäftigungsverhältnis eigener Art" erklärt.[46] Die Ausführungsbestimmungen sahen vor, daß jüdische Arbeitsverpflichtete die ihnen zugewiesenen Arbeitsstellen anzunehmen hatten, daß sie in abgesonderten Kolonnen arbeiten mußten, keine Ansprüche auf Lohnzusatzleistungen besaßen und die Arbeitsschutzbestimmungen nur in eingeschränktem Maße galten.[47] Trotz der Schwerstarbeit von zehn bis zwölf Stunden täglich waren die Lebensmittelrationen auf ein Minimum beschränkt worden. Es war eine Pariaexistenz, auf die das Leben der jüdischen Deutschen hinabgedrückt worden war.

Bis zum Oktober 1941 konnten zwei Drittel aller Jüdinnen und Juden aus Deutschland fliehen. Der Alltag derjenigen, deren Auswanderungsbemühungen gescheitert waren, entfernte sich in immer stärkerem Maße von dem der Bevölkerungsmehrheit. Räumlich oft isoliert, entrechtet und aller materiellen und persönlichen Freiheit beraubt, lebten sie hinter "unsichtbaren Mauern". Noch aber waren sie deutsche Staatsbürgerinnen und -bürger und wohnten in den gleichen Straßen, wie die nichtjüdische Bevölkerung. So spektakulär die Verfolgung und Anprangerung der "Rassenschänder" auch war, ein generelles Kontaktverbot zwischen jüdischen und nichtjüdischen Menschen gab es bis zum Herbst 1941 nicht.

Dennoch zeugen alle Erinnerungsberichte der Überlebenden von dem Verlust der mitmenschlichen Beziehungen und von der Beschränkung auf die "Enge der eigenen Gemeinschaft", wie Inge Deutschkron[48] es ausdrückt.

Es war möglich, das Schicksal der jüdischen Gemeinschaft gleichgültig zu übersehen, ihre Entrechtung mit Apathie zu ignorieren. Indes – erwünscht war auch das nicht. Bis zum Beginn der Massenvertreibungen wurde die Propaganda nicht müde, die "deutschen Volksgenossen" immer wieder zur Wahrnehmung und zur Unterstützung der judenfeindlichen Maßnahmen aufzurufen.

Als vom 19. September 1941 an alle jüdischen Deutschen den gelben Stern – sichtbares Zeichen der Ausgrenzung und Vogelfreiheit – tragen mußten, kursierten Flugblätter mit dem Hinweis "Wenn Du dieses Zeichen siehst ... Dann wirst Du erkennen ... daß jeder Jude Dein Feind ist." Am 16. November 1941 rief Goebbels öffentlich auf, es habe "jeder die Pflicht, die Maßnahmen des Staates gegen die Juden zu würdigen und jedermann gegenüber zu vertreten".[49] Am 27. Februar 1942, fünf Monate nach dem Beginn der Deportation aus Berlin, titelte der "Völkische Beobachter" sogar: "Der Jude wird ausgerottet werden" und zitierte ein weiteres Mal Hitlers "Prophezeiung" vom 30. Januar 1939, daß ein Krieg in Europa zur Vernichtung des Judentums führen werde.

Beginn der Deportationen im Oktober 1941

Vor aller Augen und mit Hilfe der Kommunal- und Finanzbürokratie, der Deutschen Reichsbahn sowie der Schutzpolizei vollzog sich die Verschleppung der jüdischen Bevölkerung in die Ghettos und Vernichtungslager auf besetztem polnischen und sowjetischen Gebiet. Sie begann in Berlin am 18. Oktober 1941. In der Stadt lebten nach der Statistik der "Reichsvereinigung" noch 72.872 jüdische Einwohnerinnen und Einwohner im Sinne des Reichsbürgergesetzes. [50]

Die Vorbereitungen der Transporte liefen am 1. Oktober 1941 an: An diesem Tag erhielten führende Vertreter der Jüdischen Kultusgemeinde zu Berlin von der Gestapoleitstelle den Auftrag, an der Aufstellung der Listen der ersten 4.000 Deportationsopfer mitzuwirken. In der Synagoge Levetzowstraße war ein Sammellager herzurichten und die Betreuung der Gefangenen bis zum Abtransport zu übernehmen. Polizisten des 23. Reviers in der Beusselstraße 26 bewachten das Gebäude.[51] Damit lag im Bezirk Tiergarten ein zentraler Ort des Holocaust.

Diese Stätte befand sich in aller Öffentlichkeit, wie sich die im März 1943 mit ihrem Ehemann untergetauchte Herta Pineas im Mai 1945 erinnerte. Von Ihrer Wohnung in der Levetzowstraße 11 a in der Nähe des Sammellagers sah sie "die Wohnungsinhaber und Ladenbesitzer vor die Türen treten und ausführlich das Einladen der Juden in die Möbelwagen beobachten."[52]

In der Nacht vom 16. auf den 17. Oktober 1941 wurden die ersten eintausend jüdischen Menschen von den Arretierungskommandos der Geheimen Staatspolizei in ihren Wohnungen überrascht und in das Sammellager Levetzowstraße eingewiesen. Am 18. Oktober zogen sie in einem langen Fußmarsch durch die Straßen von der Synagoge zum Güterbahnhof Grunewald. Von dort aus kamen sie mit Personenzügen der Deutschen Reichsbahn in das Ghetto der polnischen Stadt Lodz im annektierten "Warthegau". Zur selben Zeit schwand die letzte rettende Möglichkeit, Deutschland zu verlassen, denn am 23. Oktober 1941 verhängte der Chef der Geheimen Staatspolizei, Heinrich Müller, auf Anweisung des Reichsführers SS das generelle Auswanderungsverbot.[53] Das "unsichtbare Ghetto" war zum Gefängnis geworden.

Zwischen dem 18. Oktober 1941 und März 1945 wurden mehr als 50.500 Berlinerinnen und Berliner "evakuiert", wie die Verschleppung im offiziellen Sprachgebrauch verharmlost wurde.

Als die Verschleppung der deutschen jüdischen Bevölkerung aus ihrer Heimat begann, war der Massenmord an den sowjetischen Juden bereits seit Sommer 1941 durch Kommandos der deutschen Sicherheits- und der Ordnungspolizei im Gange. Seit Sommer und Herbst 1941 fielen die Entscheidungen zum Völkermord an der jüdischen Bevölkerung in Europa, und die Planungen zum Bau der Vernichtungslager auf polnischem Boden begannen. Die Organisatoren der "Endlösung der Judenfrage" im Reichssicherheitshauptamt paßten die Verschleppung diesem Prozeß an. Es gab mehrere Ziele, zu denen die Deportierten gebracht wurden. Je nachdem, in welcher Phase der Planung und Durchführung der "Endlösung der Ju-

denfrage in Europa" ihr Name auf die Transportlisten gesetzt wurde, fuhren sie einem anderen Schicksal entgegen. Bis auf wenige hundert Menschen sind alle aus Berlin Fortgejagten ermordet worden.

Die Listen aus der Registratur der Gestapoleitstelle Berlin sind zum größten Teil erhalten geblieben,[54] denen die Zielorte und die Namen der Opfer zu entnehmen sind. Insgesamt haben 62 "Osttransporte" in die Ghettos und Vernichtungslager und 117 "Alterstransporte" Berlin verlassen:[55]

- In der Zeit vom 18. Oktober bis zum 1. November 1941 fuhren vier Züge mit mehr als viertausend Menschen[56] in das Ghetto von Lodz. Die Zwangsarbeit in den Ghettobetrieben sowie die Selektionen in die nahegelegene Vernichtungsstätte Chelmno und die Abschiebung der Ghettobevölkerung nach Auschwitz überlebten 178 Menschen aus Berlin.

- Am 14. November 1941 wurden ungefähr eintausend Personen[57] in das Ghetto der weißrussischen Stadt Minsk verschleppt. Nur sieben Berliner überlebten die fortwährenden Aussonderungen zu Erschießungen.

- Am 17. November 1941 wurden vermutlich achthundert Menschen[58] nach Kowno im besetzten Lettland transportiert und durch Angehörige eines Einsatzkommandos der Einsatzgruppe A der Sicherheitspolizei und des Sicherheitsdienstes sofort erschossen.

- Auch alle vermutlich eintausend Personen,[59] die am 27. November 1941 nach Riga deportiert wurden, fielen nach der Ankunft einer Massenerschießung durch die Sicherheitspolizei zum Opfer.

- In drei Transporten am 13., 19. und 25. Januar 1942 wurden mehr als dreitausend Menschen und am 15.

August 1942 weitere eintausend in das Ghetto von Riga verschleppt. Lediglich 31 von ihnen überlebten die Zwangsarbeit, die Aussonderungen zu Erschießungen und die Überstellung in das KZ Kaiserwald und andere Lager.

– Im Frühjahr 1942 wurden zwischen dem 28. März und dem 14. April mehr als zweitausend Menschen in das Warschauer Ghetto und vermutlich auch in kleinere Ortschaften im Distrikt Lublin des Generalgouvernements, dem besetzten Teil Polens, gebracht. Sie wurden in den Vernichtungslagern der "Aktion Reinhard" ermordet. Nur ein Berliner Jude konnte fliehen und überlebte. Die häufig wiedergegebene Angabe, sie seien nach Trawniki verschleppt worden, ist falsch.

– Während des Sommers und Herbstes 1942 verließen sieben Eisenbahnzüge mit mehr als viereinhalbtausend Menschen Berlin "nach dem Osten". Bis heute ist ihr Schicksal nicht endgültig aufgeklärt. Aller Wahrscheinlichkeit nach wurden die Opfer am 5. September und 19. Oktober nach Riga deportiert und am 3. Oktober nach Estland.[60] Das Ziel der übrigen Transporte ist unbekannt.

– Zwischen November 1942 und dem 5. Januar 1945 wurden ungefähr 17.000 Menschen in das Arbeits- und Vernichtungslager Auschwitz deportiert, von denen nur 178 überlebten.

– Seit Juni 1942 bestand das allgemein so bezeichnete "Altersghetto" für deutsche Juden in dem tschechischen Ort Theresienstadt (Terezin). Jüdinnen und Juden über 65 Jahren und solche, die besonderen "Schutz" genossen, sollten hier inhaftiert werden. Mit 117 "Alterstransporten" wurden zwischen dem 2. Juni 1942 und dem 27. März 1945 14.797 Menschen nach Theresienstadt verschleppt. Sie lebten in der ständigen Gefahr des Todes durch Hunger oder Erschöpfung, seit Frühjahr 1943 drohte der Weitertransport nach Auschwitz. Von diesen Verschleppten konnte die Jüdischen Gemeinde zu Berlin im April 1946 lediglich 1.628 Rückkehrer registrieren.[61]

Organisation der Deportationen

Im Rückblick lassen sich für die Reichshauptstadt zwei Organisationsphasen der physischen Entfernung der jüdischen Bevölkerung unterscheiden. Mit Ausnahme der Abholungen im Oktober 1941 erhielten die Opfer bis zum Oktober 1942 eine Nachricht über ihre "bevorstehende Abwanderung", ebenso die Formulare der "Vermögenserklärung" (siehe den Beitrag über die Vermögensverwertungsstelle des Oberfinanzpräsidenten) und eine Aufstellung über das Gepäck, das sie mitnehmen durften. Mit diesen Anweisungen sollte auch vorgespiegelt werden, daß sie in Arbeitslager auf besetztem Gebiet kämen.

Diese Täuschung währte nicht lange, denn bereits zur Jahreswende 1941/42 kursierten in Berlin Gerüchte, aber auch deutliche Informationen über die Massenmorde in den besetzten Gebieten. Von den meisten Deportierten waren jegliche Nachrichten ausgeblieben.[62]

Viele, die die Deportationsbescheide im Briefkasten vorfanden, wählten den Freitod, um nicht in die Hände der Geheimen Staatspolizei zu fallen. Andere unternahmen alle Anstrengungen, um vom Transport zurückgestellt zu werden. Sie versuchten, im Jüdischen Krankenhaus in der Iranischen Straße Atteste über die

"Transportunfähigkeit" zu erhalten. Weitere hofften, vom Betrieb zurückgefordert zu werden, denn auf Intervention der Rüstungsindustrie waren Zwangsarbeiterinnen und Zwangsarbeiter in kriegswichtiger Tätigkeit vorläufig von den Abtransporten ausgenommen.

Zwischen der Benachrichtigung und dem Erscheinen des Abholkommandos verstrichen in der Regel mehrere Tage. Einige Menschen entschieden sich zur Flucht, wenn sie zumindest die Aussicht auf ein erstes Quartier hatten. Manchmal gelang es, Wertsachen bei Bekannten, im Jargon "Aufbewarier" genannt, unterzubringen, um davon den Lebensunterhalt in der Illegalität bestreiten zu können.

Im Herbst 1942 änderte sich das Vorgehen der Geheimen Staatspolizei völlig. Wegen einer Korruptionsaffäre verloren die Beamten des Judenreferats der Staatspolizeileitstelle Berlin ihre Posten. Bis zur Neuorganisation wurde Alois Brunner, der Chef der Wiener "Zentralstelle für jüdische Auswanderung" (der Vertretung des Amtes IV B 4 in der "Ostmark") nach Berlin beordert. Der fanatische Antisemit setzte sich das Ziel, die Entfernung der jüdischen Bevölkerung aus Berlin nach Wiener Vorbild zu beschleunigen und den bis dahin zahlreichen Rückstellungsgesuchen Einhalt zu gebieten. Er forderte auch die Verkleinerung des Verwaltungsapparates der Jüdischen Kultusgemeinde. Unter seiner Ägide – er blieb bis zum Januar 1943 in Berlin – wurden die Ankündigungen der Abtransporte eingestellt.

Mit Überfällen in den Wohnungen und regelrechten "Straßenjagden" trieben Gestapobeamte ihre Opfer zusammen. Brunner führte zudem die Verpflichtung jüdischer Ordner ein, welche die Abholkommandos begleiteten und für den reibungslosen Ablauf haftbar gemacht wurden. Seit der Jahresmitte 1942 gab es in Berlin zwei große Sammellager: Die Synagoge in der Levetzowstraße sowie die Räume des ehemaligen Altersheims der Jüdischen Gemeinde in der Großen Hamburger Straße 26.

Von drei Bahnhöfen verließen die Züge der Reichsbahn die Stadt: Vom Güterbahnhof Grunewald, dem Anhalter Bahnhof und vom Güterbahnhof Moabit. Es ist noch nicht genau erwiesen, ab wann dieser zweite zentrale Ort des Holocaust im Bezirk Tiergarten – neben der Synagoge Levetzowstraße – für die Abfertigung der Züge genutzt wurde. Vor aller Augen führte der Weg der Deportierten von dem Sammellager in der Levetzowstraße durch Moabit, wie ein Zeitzeuge berichtet. "Im Frühjahr 1943 kam ich vom Dienst nach Hause und sah eine große Gruppe von Menschen durch die Lübecker Straße ziehen. Da ich mich wunderte und neugierig wurde, ging ich ihnen nach. Sie bogen in die Havelberger Straße und dann in die Quitzowstraße ein. Ich sah, wie sie (in) einen kleinen Weg in Richtung Bahngelände abbogen. Soweit ich aus sicherer Distanz beobachten konnte, wurden sie gleich verladen ..."[63]

Auch aus der Nähe des Bahnhofs konnten Passanten die Verladung der Vertreibungsopfer von der Putlitzbrücke aus verfolgen. Daran konnte sich Herta Pineas im Mai 1945 erinnern: "Die Umwohner des Bahnhofs Putlitzstraße beobachteten in Massen von der Brücke aus, die über die Gleise ging, wie diese Transporte zur Bahn kamen und vom ungedeckten Bahnsteig aus abgingen. Wenn wir nach Abfahrt des Zuges zurückkamen, standen die Zuschauer immer noch da – sollten sie nichts von den Dingen gewußt haben?"[64]

Fabrikaktion am 27. Februar 1943

Zu Beginn des Jahres 1943 verloren die jüdischen Zwangsarbeiterinnen und -arbeiter den Schutz vor der Deportation. Ihr Los war am 20. Februar besiegelt, als die neuen Richtlinien des Reichssicherheitshauptamtes ausgegeben wurden: Der für Jüdinnen und Juden, die in kriegswichtigen Betrieben arbeiteten, geltende Ausnahmepassus entfiel.[65] Daraufhin folgte die größte und brutalste Verhaftungswelle, die allen Zeitzeuginnen und -zeugen unter dem Namen "Fabrikaktion" unauslöschlich im Gedächtnis geblieben ist.

Die Abholaktion betraf auch einen Teil der Jugendlichen, die später zu der "versteckten Gruppe" von Jizchak Schwersenz gehörten, sowie u.a. Morris Weissmann, Lia Heidenreich und Iser Wajngardt, auf deren Lebensgeschichte in den folgenden Kapiteln noch eingegangen wird.

Am 27. Februar 1943, einem Sonnabend, umstellten und stürmten Einheiten der Sicherheits- und der Ordnungspolizei kurz nach Beginn der Frühschicht alle Betriebe in der Stadt, die jüdische Arbeiterinnen und Arbeiter beschäftigten.

Die neu eingesetzten Beamten des Judenreferats unter Walter Stock erhielten Verstärkung durch die "SS-Leibstandarte Adolf Hitler". Die Verhaftungen erfolgten direkt an den Maschinen, anschließend wurden die Opfer sofort in die Sammellager gefahren. In der Stadt waren eigens zu diesem Zweck vier neue Lager eingerichtet worden.

Eines dieser Sammellager befand sich in einem Pferdestall der Kasernen an der Rathenower Straße in Moabit. Neben dem großen Sammellager in der Synagoge Levetzowstraße und dem Güterbahnhof Moabit läßt sich damit ein weiterer Ort des Holocaust in diesem Bezirk lokalisieren.

Eine jüdische Krankenschwester, die als Betreuerin dort eingesetzt war, erinnerte sich später an die Zustände während der Einlieferung der Opfer: "Als wir ankamen, waren vielleicht schon 800 Menschen da, völlig verstört, frierend in ihren dünnen Arbeitskitteln, hungrig von der Arbeit ..., die schlimmsten Gerüchte schwirrten herum, und das Schrecklichste, die Mütter schrien nach ihren Kindern, die zu Hause auf sie warteten, die Männer bangten um ihre Frauen, die (in) anderen Fabriken arbeiteten, die jungen Mädchen weinten und klagten um ihre alten Eltern, die hilfsbedürftig und ohne Hilfe zu Hause saßen. Es herrschte eine unbeschreibliche Aufregung, eine Panikstimmung, die Menschen waren aus Angst um ihre Angehörigen halb wahnsinnig, man schrie nach dem Abtritt, nach einem Schluck heißen Kaffee, nach einem bißchen Stroh, um sich hinzusetzen, denn es war ja der schmutzige, rohe, feuchte Lehmboden des Pferdestalls unter ihren Füßen. ... Ohne Unterbrechung liefen die SS-Wagen mit immer neuen Leuten ein und ich werde nie das entsetzliche Bild vergessen, das sich uns bot, als wir den Verschlag eines dieser Autos öffneten: Eine alte Frau fiel uns blutüberströmt, ohnmächtig in die Arme. Hinter ihr taumelte ein vielleicht 17jähriges Mädchen vom Wagen, das Blut lief ihr über das Gesicht, daneben ein Mann, der aus einer Beinwunde blutete, seine Frau haltend, deren Kleider zerfetzt waren. Es waren Menschen, die sich 'zur Wehr gesetzt' hatten, wie die SS lachend erklärte."[66]

11.000 Menschen sollten an diesem und an den beiden folgenden Tagen gefangen genommen werden. Etwa 7.000 wurden nach Auschwitz deportiert. In den Tumulten, die vielerorts entstanden waren, konnten einige fliehen. Goebbels vermutete in seinem Tagebuch am 11. März 1943, es seien etwa 4.000 Menschen entkommen.[67] Sie waren, wie auch die meisten, die während der von Brunner initiierten Razzien entkommen konnten, spontan, ohne Vorbereitungen, nur mit den Kleidern am Leibe vor ihren Verfolgern davongelaufen. Oft irrten sie obdachlos und ohne Lebensmittel durch die Stadt. Viele wurden in der Folgezeit Opfer von Denunziationen, gezielten Fahndungen, plötzlichen Ausweiskontrollen oder aber ihrer eigenen Not, wenn sie sich keine Versorgungsmöglichkeiten mehr zu beschaffen wußten.

Niemand weiß, wieviele Menschen in Berlin versuchten, der Verschleppung durch die Geheime Staatspolizei zu entkommen. Die Unterlagen der Gestapo sind vernichtet worden. Meist wird geschätzt, daß es 5.000 Menschen waren,[68] doch ist die Zahl nicht verifizierbar. Etwa 2.000 der 72.872 Juden, die zu Beginn der Deportationen in Berlin gelebt hatten, konnten die Verfolgungen in der Illegalität überleben.

Am 10. Juni 1943 wurden die letzten Angehörigen der Verwaltungen der Jüdischen Kultusgemeinde zu Berlin nach Theresienstadt transportiert. Mit Ausnahme der in "Mischehe" Lebenden, die in der "Neuen Reichsvereinigung der Juden in Deutschland" zusammengefaßt waren, gab es nun fast keine legal lebenden Jüdinnen und Juden mehr in Berlin. Das Jüdische Krankenhaus in der Iranischen Straße bestand für sie als einzige jüdische Institution weiter. Hier waren neben dem Hospitalbetrieb Büros der Gestapo und ein Sammellager eingerichtet worden. Dennoch wurden die Verschleppungen fortgesetzt: Auf den Listen der "Alterstransporte" findet sich hinter den Namenslisten fast immer der Vermerk "nicht mehr bestehende privilegierte Mischehe". Auf den Namenslisten der "Osttransporte" aber fin-

den sich viele Namen von Menschen, die zunächst versucht hatten, der Geheimen Staatspolizei zu entkommen.

Passive Haltung der Bevölkerung und Denunziationsbereitschaft

War bei der Pogromnacht 1938 noch eine deutliche Ablehnung von Seiten der Bevölkerung zu erkennen, so läßt sich dies für die Deportationsvorgänge nicht erkennen. Die Öffentlichkeit nahm sie passiv hin. An diesem Punkt stimmen verschiedene Forscher überein.[69] Auch auf Seiten der Kirchen und des politischen Widerstands waren es nur Einzelpersonen, die sich für die verfolgte jüdische Minderheit einsetzten. Der britische Wissenschaftler Ian Kershaw erklärt diese passive Haltung aus der Depersonalisierung: Die Schaffung eines nicht-menschlichen Bildes von den jüdischen Deutschen war ein wesentliches Ergebnis der Propaganda und Politik des Regimes. Trotz weitverbreiteter Gerüchte und Nachrichten über die Massenmorde sei während des Krieges das – positive wie negative – Bewußtsein für die Judenpolitik aus der öffentlichen Anteilnahme gewichen: "Engagierte Juden-Hasser machten sicher einen geringen Prozentsatz aus, aber aktive Freunde der Juden machten einen noch kleineren Anteil aus", so das Fazit seiner Untersuchungen.[70]

Zu den aktiven Antisemiten, aber auch zu denen, die private Rache üben wollten, zählten jene, die Verstöße gegen die anti-jüdischen Vorschriften denunzierten. Der britische Historiker Robert A. Gellately hat jüngst nachgewiesen, daß die Geheime Staatspolizei ihre Ermittlungen nur zu einem geringen Teil aufgrund eigener Agententätigkeit aufnahm. Mehr als die Hälfte aller Ermittlungen in "Judenangelegenheiten" wurden aufgrund von Denunziationen aus der Bevölkerung eingeleitet.[71] Gellately nennt dieses Phänomen "Mitteilsamkeit". Er möchte damit zeigen, daß es oft eine Mischung aus Ordnungssinn, Eigennutz und Gehässigkeit gegenüber den Verratenen sowie tiefgreifender Identifikation mit den Behörden war, die zu den Denunziationen führte.[72]

Ein deutliches Zeichen für die um sich greifende Denunziationsbereitschaft ist auch ein Schreiben des Reichsinnenministers Frick vom 10. Januar 1939 an die Reichsstatthalter und außerpreußischen Landesregierungen. In ihm wird beklagt, daß die Zahl der Denunziationen wegen Umgangs mit Juden derart angestiegen seien, daß sie den geordneten Behördenverkehr störten. Es sei gewünscht, "daß diesem Unwesen nach Kräften Einhalt" geboten werde.[73]

Auch in Berlin gingen solche Schreiben bei der Gestapo ein: "Ich habe nämlich seit einiger Zeit bemerkt, das sich eine Jüdsche heimlich bei Leute hier im Haus versteckt und ohne Stern geht. (...) So was muss doch sofort unterbunden werden, schicken sie mal gleich früh so um 7 Uhr einen Beamten und lassen sie dieses Weib abholen",[74] schrieb eine lieber anonym bleibende Frau aus Charlottenburg im August 1943. Sie löste damit eine Verhaftungswelle gegen Unterstützer verfolgter Juden aus, der auch einige Helfer von Jizchak Schwersenz (siehe den gesonderten Beitrag in diesem Band) zum Opfer fielen.

Hilfe durch "Unbesungene Heldinnen und Helden"

Wer geflohene jüdische Verfolgte unterstützte, riskierte viel. Am 24. Oktober 1941, also wenige Tage nach Beginn der Deportationen, erging ein Geheimerlaß des Reichssicherheitshauptamtes, der anordnete, daß Personen, die in "freundschaftlicher Verbindung zu Juden" angetroffen wurden,[75] in ein Konzentrationslager im Reichsgebiet einzuliefern seien. Das weitere Schicksal jedes "Schutzhäftlings" war ungewiß. Hatten sich einmal die Tore von Sachsenhausen, Dachau oder Ravensbrück hinter den Gefangenen geschlossen, drohten ihnen der Hungertod, Erschießungen und Zwangsarbeit.

Die Menschen, die den Geflohenen Beistand leisteten, handelten oft in dem Bewußtsein, bei einer Entdeckung dem sicheren Tod ausgeliefert zu sein. Viele trauten ihren Nachbarn nicht und lebten in der ständigen Furcht vor Verrat. Aber sie halfen den Verfolgten dennoch. In Anlehnung an die Veröffentlichung von Kurt R. Grossmann "Die unbesungenen Helden" werden die Helferinnen und Helfer, die geflohene Jüdinnen und Juden unterstützten, oft mit diesem Ehrentitel bezeichnet.[76] Auch wenn sie vielfach keine genauen Kenntnisse von dem Massenmord hatten, nahmen sie die Verfolgungen, die für jeden in der Stadt sichtbar waren, deutlich wahr und deuteten die Zeichen richtig: daß es nur im Mord enden konnte.

Der Innensenator von Berlin ehrte zwischen 1958 und 1966 700 Personen, die sich uneigennützig für Verfolgte eingesetzt hatten. In diesem Buch sollen einige von ihnen ausführlicher gewürdigt werden, aber auch weitere Helferinnen und Helfer, die für ihren Mut und ihre Einsatzbereitschaft niemals ausgezeichnet wurden.

Es ist nicht genau bekannt, wie viele Menschen sich im Bezirk Tiergarten den Transporten durch Flucht in den Untergrund entzogen. Die Geschichtswerkstatt des Heimatmuseums Tiergarten hat aber über fünfzig Orte herausgefunden, an denen sich ein Versteck befand oder ein helfender Mensch gelebt hatte. In einem Ende 1993 fertiggestellten Bezirksfaltplan[77] wurden zunächst sieben exemplarische Fälle rekonstruiert. Diese und weitere Lebensgeschichten werden in diesem Band ausführlicher dargestellt.

Berichte über das Überleben

Die Versuche, in die Illegalität abzutauchen, sind mehr als Selbstbehauptung. Diese Überlebensstrategie des Widerstandes blieb lange Zeit publizistisch unbeachtet und ist erst durch die von den Betroffenen verfaßten Erinnerungsberichte bekannt geworden. In ihnen beschrieben sie das Leben im Versteck, welches von der ständigen Furcht begleitet war, durch die nichtjüdische Bevölkerung denunziert, aber auch von jüdischen Agentinnen und Agenten der Geheimen Staatspolizei verraten zu werden.[78]

Zu den bekanntesten Erinnerungen an das Leben im Untergrund von Berlin zählt Inge Deutschkrons Bericht "Ich trug den gelben Stern", in dem sie Ende der siebziger Jahre ihr Leben in der NS-Zeit beschrieb. Die Zwanzigjährige tauchte mit ihrer Mutter im Januar 1943 unter und lebte bis zur Befreiung in der Illegalität. Ein weiteres Beispiel stellt die 1980 veröffentlichte Lebensgeschichte des sehr populär gewordenen Entertainers Hans Rosenthal dar, der im ersten Teil des autobiographischen Buches "Zwei Leben in Deutschland" auf seine Erinnerungen an die Verfolgung und das Leben im Versteck ab 1943 einging.

Bereits mehr als ein Jahrzehnt früher war das Buch "Den Netzen entronnen. Die Aufzeichnungen des Joel König" von Esra Feinberg – jetzt Ezra BenGershôm – herausgekommen. Da diese Geschichte eine Reihe von Berührungspunkten mit dem Bezirk Tiergarten aufweist, wird in diesem Buch ausführlich darauf eingegangen.

Hinzuweisen ist noch auf das Tagebuch von Else Behrend-Rosenfeld "Ich stand nicht allein" und auf die relativ bekannte Lebensgeschichte von Lotte Bernstein, die als BDM-Mädchen Renate Anke überlebte. Lotte Bernstein gehörte einer illegalen Berliner zionistischen Pfadfindergruppe an, deren Geschichte ebenfalls erst zwei Jahrzehnte nach ihrer Befreiung vom Nationalsozialismus bekannt geworden ist: Ende der sechziger Jahre erschien – bezeichnenderweise zuerst in Israel – von Jizchak Schwersenz (dem Gruppenleiter) und Edith Wolff eine hebräische und kurz darauf eine deutschsprachige Fassung der Geschichte der Jugendgruppe "Chug Chaluzi" (Kreis der Pioniere).[79] Da es hier erneut viele Berührungspunkte mit der Bezirksgeschichte gibt, ist dieses Thema in einem besonderen Beitrag dargestellt.

Bemerkenswert ist, daß die bekannt gewordenen Berichte über das Leben im Untergrund nicht nur oft sehr abenteuerlich waren, sondern sich relativ häufig auf die Großstadt Berlin oder deren Umgebung beziehen.[80] Dies hängt zum einen sicherlich damit zusammen, daß auf dem Höhepunkt der Massenvertreibungen 1942 mehr als 60 % der deutschen Judenschaft in der Hauptstadt lebte.[81] Dies lag auch an der Vertreibung der jüdischen Bevölkerung aus den Dörfern und kleinen Orten in die Großstädte. Insbesondere Berlin bot mit der Anonymität einer Metropole relativ günstige Chancen für das erfolgreiche "Verschwinden" und Überleben im Versteck. Diese Tatsachen gelten in besonderer Weise für den Innenstadtbezirk Tiergarten.

Die Geretteten sprachen wie die Helferinnen und Helfer nach 1945 nur selten und zögernd von ihren Erlebnissen. Sie mußten nach dem Ende des nationalsozialistischen Regimes weiter mit den Menschen zusammenleben, welche die Herrschaft der NSDAP ermöglicht, ihre jüdischen Nachbarn ignoriert, verfemt oder ihnen die Hilfe aus Angst verweigert hatten. Im Mittelpunkt der folgenden Beiträge stehen die Lebensgeschichten von geretteten Männern und Frauen, Jugendlichen und Kindern, die Ende April 1945 ihre Befreiung erleben konnten. Bei vielen der hier zum ersten Mal öffentlich werdenden Lebensgeschichten erwies es sich als unmöglich, alle Details und Unklarheiten vollständig aufzuklären. Dies wird in vielen Fällen nicht mehr möglich sein. Aber wir haben uns dennoch zur Veröffentlichung entschlossen, weil wir die Erinnerung an diese Menschen wach halten wollen und hoffen, weitere Informationen zu bekommen.

Geschichten vom Überleben im Untergrund.

Vierköpfige Familie überlebte in einem Zimmer.
Das Quartier bei Helene von Schell in der Waldstraße 6.

Unter Mitarbeit von Harry, Werner und Peter Foß

Als am 30. November 1942 der jüdischen Familie Foß, die seit einem Vierteljahrhundert in der Pestalozzistraße 10 in Charlottenburg gewohnt hatte, die Deportation in ein Konzentrationslager drohte, bot ihnen Helene von Schell in ihrer Wohnung in der Waldstraße 6 ein Zimmer als Zufluchtsort an. Die Familie bestand zu diesem Zeitpunkt aus den Eltern Hans und Margot Foß sowie den Kindern Werner und Harry. Der älteste Sohn Peter war schon seit März 1939 in Palästina.

Die Familie Foß

Über seinen 1969 verstorbenen Vater berichtet Harry Foß: "Mein Vater wurde 1899 in Berlin geboren. Sein Leben unterschied sich in keiner Weise von dem Leben aller Deutschen, die hier gelebt haben. Man hatte keine anderen Lebensgewohnheiten, äußere Merkmale oder eine andere Hautfarbe." Der fünf Jahre ältere Bruder Werner Foß ergänzt: "Mein Vater war Kriegsfreiwilliger im Ersten Weltkrieg, mehr Deutscher als Jude, deutschnational, sogar Monarchist."

Der heute in Israel lebende älteste Bruder Peter Foß erinnert sich: "Anfang der dreißiger Jahre hat mein Vater gesagt: 'Ich bin ein Jude, ich bin ein deutscher Jude. Die Sache mit Hitler kann nicht allzu lange dauern, und dann können wir wieder unser altes Leben führen.' Das war die Ansicht von vielen deutschen Juden, die nicht

Werner, Margot, Hans, Peter und Harry Foß (von links nach rechts), ca. 1937/38.

verstanden haben, was da eigentlich vor sich geht." Die Mutter Margot Foß wurde 1899 als Einzelkind mit dem Mädchennamen Mohr in Ostrowo geboren. Sie war gelernte Bankkauffrau. Ihr jüngster Sohn Harry Foß beschreibt die seit einigen Jahren in einem Altersheim lebende Frau als kontaktfreudig: "Meine Mutter ist immer sehr offen auf die Menschen zugegangen, so daß sie schon von daher nie in irgendeiner Weise Ängstlichkeit gezeigt hat. Das hat sicherlich dazu beigetragen, daß wir die NS-Zeit überleben konnten."

Der 1923 geborene Peter Foß hatte im Kontrast zu seinen Brüdern eine zionistische Erziehung. Er war als Kind u.a. Mitglied des Jüdischen Pfadfinderbundes "Makkabi Hazair", des Jüdischen Turn- und Sport-Vereins "Bar Kochba-Hakoah" und besuchte die Theodor-Herzl-Schule

am Adolf-Hitler-Platz (heute: Theodor-Heuss-Platz).[82] "Meine Eltern hatten nichts dagegen, daß ich eine zionistische Schule besuchte. Aber es war allein meine eigene Entscheidung. Auch meine Auswanderung haben sie nicht unterstützt, sie haben sich aber nicht dagegen gestellt."

Die Auswanderung der in Berlin zurückgebliebenen Familie in das lebensrettende Ausland stellte sich als aussichtslos heraus, wie Werner Foß weiß: "Als für uns alle noch die Möglichkeit bestand, auszuwandern, hatten wir kein Geld. Meine Eltern hatten mal Fluchtpläne, das war aber schon vor dem Krieg, 1938. Die Mutter meines Vaters und sein Stiefvater lebten in Amsterdam und wollten uns nach Holland holen. Sie schickten einen Mann, der uns schwarz über die Grenze bringen sollte. Diesen Mann hat die Gestapo geschnappt." Deshalb tauchte die Geheime Staatspolizei vermutlich kurze Zeit später in der Pestalozzistraße auf: "Eines Tages, da lebten wir noch legal, erschien die Gestapo bei uns und hat eine Hausdurchsuchung veranstaltet, aber wie! Meine Mutter war nicht auf den Mund gefallen und sogar ziemlich frech zu denen: 'Wenn Sie alles rausschmeißen, sollen Sie es auch wieder zurücklegen' und so. Sie haben es sogar gemacht. Sie haben nichts gefunden, nichts Belastendes." Peter Foß kann sich daran erinnern, daß seine Familie schon Mitte der dreißiger Jahre von seiner Tante Lotte, die seit den zwanziger Jahren in Palästina war, die Möglichkeit zur Emigration bekam: "Schon 1935 schickte sie ein Zertifikat für meine Eltern nach Deutsch-

Margot und Hans Foß, 1940/41.

Hans Foß als Soldat, ca. 1917/18.
Der Soldat neben ihm ist ebenfalls Jude.

land. Da haben sie gesagt, 'Wie lange kann die Sache mit dem Hitler noch dauern, in die Wüste gehen wir nicht', und sie sind nicht gegangen."

Da die Großeltern eine relativ große Bedeutung hatten, soll kurz auf sie eingegangen werden. Die bereits von Werner Foß erwähnte Großmutter väterlicherseits, Emma Sittner, verwitwete Foß, sollte für das Überleben der Familie eine wichtige Rolle spielen. Sie betrieb mit ihrem zweiten Ehemann Eugen ein Café, an das sich ihr Enkel Peter noch entsinnen kann: "Sie hatten an der Levetzowstraße 20, Ecke Jagowstraße, ein Café. Auf der einen Seite war es eine Kneipe und auf der anderen Seite ein Café. In dieser Kneipe verkehrten hauptsächlich Kommunisten und Sozialdemokraten, also Linke." In diesem Lokal spielte Hans Foß gelegentlich Klavier. Möglicherweise hat die musikliebende "Unbesungene Heldin" Helene von Schell ihm dort einmal zugehört, wenn er Musik machte. Das tat er auch in der elterlichen Wohnung. Dazu Werner Foß: "Wir hatten ein Klavier, das durften wir noch behalten. Alles andere durften wir nicht mehr. Das Klavier hat uns eigentlich das Leben gerettet. Sonst hätten wir Fräulein von Schell nie kennengelernt." Die nach Holland ausgewanderte Großmutter Emma Sittner ist dort 1940 verstorben; ihr zweiter Mann Eugen ist von Holland aus deportiert worden, ebenso die Tochter Vera mit ihrem Mann und den zwei Enkelsöhnen: "Von denen haben wir nie wieder etwas gehört."

Peter Foß vor dem Haus Pestalozzistraße 10, vor seiner Emigration nach Palästina im März 1939.

In der Pestalozzistraße 10 wohnte bis zu ihrer Deportation auch die 68 Jahre alte Großmutter mütterlicherseits. Harry Foß erinnert sich an die Witwe seines verstorbenen Großvaters Adolf Mohr: "Die Mutter meiner Mutter, Frau Henriette Mohr, ist Jahrgang 1874 gewesen und wohnte in einer Wohnung im Hause Pestalozzistraße 10. Sie wurde im Juli 1942 nach Theresienstadt deportiert. Meine Großmutter mußte ihre Wohnung verlassen und wurde mit einem gecharterten Möbelwagen abtransportiert. Von ihr haben wir nichts mehr gehört, so daß sie höchst wahrscheinlich in Auschwitz umgekommen ist." Auch Werner Foß entsinnt sich: "Als meine Großmutter 1942 deportiert wurde, habe ich ihre Koffer getragen. Wir hatten eine Sondererlaubnis zum Fahren. Wir haben nie wieder was gehört von ihr." Henriette Mohr, geborene Zellner, wurde nach Minsk deportiert und ermordet.[83]

Kindheitserinnerungen

Die rassistische Verfolgung betraf die jüdischen Kinder und Jugendlichen ebenso, wie die Erwachsenen. Die zwei im Bezirk Tiergarten gelegenen jüdischen Schulen in Siegmundshof 11 (Hansa-Viertel) und in der Wilsnacker Straße 3 (Moabit) – beide Gebäude existieren nicht mehr – spielen in den Erinnerungen des 1928 geborenen Werner Foß eine Rolle. Deshalb lohnt es sich, ihn zum jüdischen Schulwesen[84] zu befragen: "Ich bin mit sechs Jahren in die 1. Berliner Volksschule in der Pestalozzistraße 89 eingeschult worden und blieb dort, bis ich als Jude diese Schule verlassen mußte und 1938 in die jüdische Volksschule in der Fasanenstraße 79-80 kam. (Dort war damals auch eine Synagoge. Nach der sogenannten Reichskristallnacht am 9.

November 1938 war das ganze Gebäude ausgebrannt.) Dann kam ich in die Joseph-Lehmann-Schule in der Joachimsthaler Straße 13. In meiner Klasse war zum Beispiel Max Degen – das war ein Bruderpaar, Michael und Max Degen – die haben überlebt. Dann gab es noch Horst Stern, er hat überlebt und ging nach Amerika. Ich habe nie wieder etwas von ihm gehört. Dann hatten wir einige 'Mischlinge', die haben es wahrscheinlich überlebt. Bald war diese Schule überfüllt und wir mußten weiter nach Siegmundshof in die Schule von Adass Jisroel. Das ganze Gebäude wurde später vom Staat beschlagnahmt und wir kamen in die Wilsnacker Straße 3. Diese Schule war eine jüdische Privatschule.[85] Da wir nachher keine Erlaubnis mehr hatten, die öffentlichen Verkehrsmittel zu benutzen, mußte ich jeden Tag den weiten Weg von der Pestalozzistraße in Charlottenburg bis zur Wilsnacker Straße hin und zurück laufen. Wir sind durch den Tiergarten gelaufen, durch die Technische Universität, soweit ich mich noch erinnern kann, am Flakbunker am Zoo vorbei. Nachdem auch dieses Schulgebäude konfisziert wurde, war das Ende der Odyssee: Wir kamen wieder zurück in die Joseph-Lehmann-Schule, die ich bis Ende Mai 1942 besuchte."

Werner Foß erinnert sich, wie wenig Illusionen die Jugendlichen damals hatten: "Ich weiß noch, wie wir in der Klasse gemalt haben. Wir haben uns damals vorgestellt, daß die Transporte gar nicht erst ankommen und gedacht, daß Züge dicht gemacht werden und die Leute in den Zügen vergast werden." Nach dem unfreiwilligen Ende seiner Schulzeit war der vierzehnjährige Werner Foß zwangsweise zur Arbeit verpflichtet: "Nachdem der Schulunterricht für Juden im Mai 1942 verboten wurde, mußte ich gleich anschließend zur

Werner und Harry Foß, ca. 1938.

Zwangsarbeit in die jüdische Gemeindeküche. Diese Arbeiterküche war in dem Gebäude der am 9. November 1938 verwüsteten Synagoge in der Pestalozzistraße 14 installiert. Dort habe ich bis zum 30. November 1942 gearbeitet, von früh um sieben bis abends um sieben. Für mich war die Arbeit in der Küche so mies, daß jede Veränderung Verbesserung bedeutete."

Dem jüngsten Kind der Familie, dem 1933 ebenfalls in Berlin-Charlottenburg gebürtigen Harry Foß, ist noch sehr gegenwärtig, wie er legal gelebt hatte: "Vom fünften Lebensjahr an – glaube ich – besuchte ich den jüdischen Kindergarten in der Grolmanstraße. 1939 wurde ich in der jüdischen Joseph-Lehmann-Schule eingeschult. Diese Schule besuchte ich bis zum Beginn der Sommerferien 1942. Von da an waren die jüdischen Schulen geschlossen, und ich hatte keinen Schulunterricht mehr. Auch als Kind mußte ich den sogenannten Judenstern tragen." Seit dem 19. September 1941 waren alle jüdischen Verfolgten über sechs Jahre verpflichtet, diesen Stern zu tragen. Er bestand aus einem etwa handtellergroßen schwarz ausgezogenen sechsstrahligen Stern aus gelbem Stoff mit der schwarzen Aufschrift "Jude".

In unmittelbarer Nähe des Wohnhauses der Familie Foß befand sich in der Pestalozzistraße 14-15 eine Synagoge, die über den Hinterhof zu erreichen war. In dieser Gegend war der Bewegungsspielraum des jungen Harry bereits in der Zeit der Legalität sehr eingeschränkt: "Dort wohnten zahlreiche jüdische Familien, unter anderem Kinder, mit denen ich spielen konnte. Bevor wir illegal lebten, kam es vor, daß ich, um von Nr. 10 nach Nr. 14 bzw. 15 zu gelangen, einen Umweg über die Schlüterstraße, Kantstraße und Leibnizstraße machte. Ich bin von der anderen Seite auf das Haus zu gegangen, weil zwischen Nr. 10 und 14 mehrere Jugendliche waren, vor denen ich Angst hatte. Ich dachte, daß sie mich verprügeln würden oder anspucken oder so, wenn ich mit dem Stern da vorbei gegangen wäre. Dieses Anpöbeln, Hinterherrufen von: 'Jude Itzig', 'Lebertran' und was es da für Sprüche gab, das war ja Tatsache. Das waren nicht nur unbegründete Befürchtungen. Das fiel weg, als wir illegal lebten. Man ging nicht mehr mit dem Stern."

Nachricht über die drohende Deportation

Die Erinnerung an den Tag, an dem die Nachricht über die bevorstehende Deportation eintraf, ist bei den Brüdern noch sehr

lebendig. Für Harry Foß und seine Familie ist die Deportation am 30. November 1942 vorgesehen gewesen. "An diesem Tag erhielten wir von einem Beauftragten der formell als Organisation noch bestehenden Jüdischen Gemeinde die Mitteilung, daß wir am nächsten Tag, also am 1. Dezember 1942, alle in der Wohnung zu bleiben hätten – 'zwecks Vermögenserklärung'. Aufgrund der Geschehnisse in den Jahren davor, in denen systematisch alle Wertgegenstände, die Juden besessen hatten, eingezogen worden waren, fühlte sich meine Mutter veranlaßt, diesen Beauftragten zu fragen, ob das nicht 'Abholung' bedeute.

Sie sagte, daß wir vier Personen sind und von daher keine Möglichkeit zur Flucht hätten. Daraufhin sagte dieser Mann, sehr ängstlich, daß das zutreffen würde und wir möglicherweise noch am selben Tag abgeholt werden könnten." An diesem Nachmittag befand sich Hans Foß noch nicht zu Hause. Er war als Zwangsarbeiter bei der Deutschen Reichsbahn beschäftigt. Dort arbeitete er in einem Schienenbautrupp, der Gleise auswechselte. "Er kam erst am Abend von der Arbeit und sah unsere bedrückten Gesichter. Meine Mutter war ganz ratlos."

Auch Werner Foß hielt sich gerade nicht in der elterlichen Wohnung auf, als die bedrohliche Mitteilung kam: "Als ich nach Hause kam, war natürlich große Aufregung. Zufällig war Fräulein von Schell, eine Freundin meines Vaters, da." Daran erinnert sich auch Harry Foß: "Trotz des Verbotes, mit Juden Kontakt aufzunehmen oder zu haben, kam sie uns fast jeden Tag besuchen, denn sie fühlte sich im Kreise unserer Familie wohl. Frau von Schell war alleinstehend und hörte gerne Musik. Mein Vater war musikalisch und spielte ganz ordentlich Klavier, zur Unterhaltung."

Zur Beachtung! A.

Zwischen dem Oberfinanzpräsidenten Berlin-Brandenburg und dem Oberbürgermeister der Reichshauptstadt Berlin ist vereinbart worden, daß bei der Bewertung der zu schätzenden Sachen ein vernünftiger mittlerer Preis auf der Grundlage des Vorkriegspreisniveaus, und zwar unter Berücksichtigung des allgemeinen Vorkriegsverkehrswertes der Sachen gelten soll.

Akt.-Z. d. OFP **Erm. 3187** a
lt. Straßenliste ....

Schätzungsblatt Nr. ....
(Gehören zu einer Wohnung mehrere Schätzungsblätter, so sind diese laufend zu numerieren.)

Berlin- **Charlottenburg** Straße: **Pestalozzi** Nr. **10** Lage: **Gth. I**

Früherer Mieter bzw. Untermieter: **Foss, Hans**
(Früherer Eigentümer der Gegenstände)

| Ungezieferfrei! — ~~Nicht ungezieferfrei!~~ /// | Schlüssel sind abgegeben bei: **Hauswart Stfl.lks** |
(Nichtzutreffendes bitte zu streichen!)

Inventar und Bewertung

Jeden Raum gesondert aufführen und mit Überschrift versehen (z. B. Schlafzimmer).
Nur zusammengehörige Sachen gemeinsam bewerten. — Kleinigkeiten als Sammelposten aufführen.

Lfd. Nr.	Stück	Gegenstand	Nähere Kennzeichnung	Bewertung in RM	Bemerkungen
1	1	Esszimer best. aus:	Eiche		
	1	Büfett			
	1	Anrichte			
	1	Tisch		200,—	
	5	Stühle			
	2	Sessel			
2	1	kl. Bücherschrank	Eiche	30	
3	1	Notenschrank		4	
4	1	kl. Tisch		3	
5	1	Couch		5	
6	2	Fenster Gardinen		5	
7	1	Teppich			wertlos
8	1	Geige m. Kasten		50	
9	1	Gitarre			
9a	1	kl. Schrank		5	
10	1	Schlafzimmer best. aus:	Eiche		
	1	Ankleideschrank			
	2	Bettstellen m. Auflagen		250	
	2	Nachttische			
	1	Waschtoilette			
	3	Stühle	zu übertragen Seitensumme: RM	552,—	

HW1 242a. Mat. 12066a. Din A 4. 8000. 2. 43 T

Nach der Flucht der Familie Foß in den Untergrund behördlich ausgefertigtes und bewertetes Inventarverzeichnis.

Lfd. Nr.	Stück-	Gegenstand	Nähere Kennzeichnung	Bewertung in RM.	Bemerkungen
—	—	Übertrag		552,—	
11	1	Vertikow		5,—	
12	1	Schrankkoffer		25	
13	1	Tischlampe		5	
14	1	Stehleiter		5	
15	2	kl. Tische		5	
16	1	Posten Flickwäsche		10	
17	4	gr. 4kl. Bettstücke		50	
18	5	Lampen		10	
19	1	Kommode		10	
20	1	Waschkommode		5	
21	1	Küchenschrank			
	1	Tisch, 2 Stühle		25	
		wenig Geschirr u.Hausrat			
22	ca.	300 Bücher			

(Stempel) Geschätzt auf 683 RM.
ub ...... % 6830 "
bleiben . . 6147,0 RM.

		hierzu Gebühren		683
				17,70
				700,70

Berlin, den 22.April 1943

Gewissenhaft aufgenommen und bewertet

Magel

Obergerichtsvollzieher.

Kostenberechnung

Gebühr	13,70
Schreibgeb.	2,—
Fahrkosten	2,—
	17,70 M

vereinnahmt im Titelbuch 1
Teilband E lfd. Nr. ....
Berlin, ...
... Berlin-Brandenburg
Vermögensverwertungsstelle
Im Auftrag,

zu übertragen Seitensumme: RM ....

41

Deutscher Reichsanzeiger

und

Preußischer Staatsanzeiger

Erscheint an jedem Wochentag abends in einer Vollausgabe und in einer Ausgabe ohne Zentralhandelsregisterbeilage. Soweit der Deutsche Reichsanzeiger und Preußische Staatsanzeiger in Gesetzen und Rechtsverordnungen als amtliches Verbindungsorgan bezeichnet worden ist, bezieht sich das auf die Vollausgabe. — Bezugspreis für die Vollausgabe durch die Post monatlich 2,30 ℛℳ zuzüglich Zustellgebühr, für Selbstabholer bei der Ungeigenstelle monatlich 1,80 ℛℳ. Bezugspreis für die Ausgabe ohne Zentralhandelsregisterbeilage durch die Post monatlich 2,— ℛℳ zuzüglich Zustellgebühr, für Selbstabholer bei der Ungeigenstelle monatlich 2,80 ℛℳ. Alle Postanstalten nehmen Bestellungen an, in Berlin für Selbstabholer die Ungeigenstelle SW 68, Wilhelmstr. 32.

Einzelne Nummern kosten 30 ℛₚf, einzelne Beilagen 10 ℛₚf. Einzelnummern werden nur gegen Vorauszahlung oder vorherige Einsendung des Betrages einschließlich des Portos abgegeben. Anzeigenpreis für den Raum einer fünfgespaltenen 35 mm breiten Petit-Zeile 1,10 ℛℳ, einer dreigespaltenen 92 mm breiten Petit-Zeile 1,85 ℛℳ. — Anzeigen nimmt an die Ungeigenstelle Berlin SW 68, Wilhelmstraße 32. Alle Druckaufträge sind auf einseitig beschriebenem Papier völlig druckreif einzusenden, insbesondere ist darin auch anzugeben, welche Worte etwa durch Fettdruck (einmal unterstrichen) oder durch Sperrdruck (besonders vermerkt am Rande) hervorgehoben werden sollen. — Befristete Angaben müssen 3 Tage vor dem Einrückungstermin bei der Ungeigenstelle eingegangen sein.

Nr. 181   Fernsprech-Sammel-Nr.: 19 33 33   **Berlin, Freitag, den 6. August, abends**   Reichsbankgirokonto Berlin, Konto Nr. 1/1913   Postscheckkonto: Berlin 415 21   **1943**

Bekanntmachung

Auf Grund des § 1 des Gesetzes über die Einziehung kommunistischen Vermögens vom 26. Mai 1933 — RGBl. I Seite 293 — in Verbindung mit dem Gesetz über die Einziehung volks- und staatsfeindlichen Vermögens vom 14. Juli 1933 — RGBl. I Seite 479 —, dem Runderlaß des Reichsministers des Innern vom 14. Juli 1942 — I 903/42 — 5400 — MBliV. vom 22. Juli 1942, Seite 1481 — über die Aenderung der Zuständigkeit bei der Einziehung kommunistischen Vermögens in Berlin und dem Erlaß des Führers und Reichskanzlers über die Verwertung des eingezogenen Vermögens von Reichsfeinden vom 29. Mai 1941 — RGBl. I Seite 303 — wird das inländische bzw. hinterlassene Vermögen der nachstehenden Personen zugunsten des Deutschen Reiches eingezogen:

1. Baruch, Minna Sara, geb. 26.5.1865, zul. gew. Berlin-Weißensee, Parkstr. 22,
2. Baruch, Adolf Israel, geb. 19.8.18.., gew. Berlin N 31, Brun..
3. ......, Ruth......

......, Jacoby, geb. 1.7.1898 ...... Bln.-Wilmersdorf, Meier-

74. Loewy, Ernst Israel, geb. 7.4.1899, zul. wohnh. gew. Bln.-Wilmersdorf, Meierottostr. 6,
75. Foß, Werner Israel, geb. 7.5.1928 in Berlin, zul. wohnh. gew. Bln.-Charlottenburg, Pestalozzistr. 10,
76. Foß, Margot Sara, geb. Mohr, geb. 20.1.1899 in Ostrowo, zul. wohnh. gew. Bln.-Charlottenburg, Pestalozzistr. 10,
77. Foß, Harry Israel, geb. 14.2.1933 in Berlin, zul. wohnh. gew. Bln.-Charlottenburg, Pestalozzistr. 10,
78. Brühl, Rolf Israel, geb. 11.5.1919 in Berlin wohnh. gew. Berlin, Walter-Fischer-Str. 6,
79. Breslauer, Eduard Israel, Leobschütz, zul. wohnh. gew. ...straße 13,
80. Brandt, Kät... in Angerbur... Dahlmar...
81. Bor...

Öffentliche Bekanntmachung über die Einziehung des "Vermögens" der untergetauchten Familie Foß.

MANFRED RIDDER

An den

Herrn Oberfinanzpräsidenten
Berlin/Brandenburg
Vermögens-Verwaltungsstelle

Berlin NW 40
Alt Moabit 143-144

Berlin-Zehlendorf-West   28. Mai 1943
Limastraße 10a   Rid/Ma.

Telefon: 85 19 06, Büro: 24 74 08
Postscheckkonto: Berlin Nr. 605 50

> Der Oberfinanzpräsident
> Berlin
> 1. JUN 1943
> Vermögensverwertung-
> Abteilungsstelle

Betr.: Kosten für die Entwesung der früheren Wohnung des Juden Hans Israel Foss, Berlin-Charlottenburg Pestalozzistrasse Nr. 1o

Die obige, von dem inzwischen aus Berlin entfernten Juden bewohnt gewesene Wohnung, musste entwest werden und ich überreiche Ihnen in der Anlage Rechnung und Bestätigung des Kammerjägers Arthur Hofmann über RM 89,6o mit der Bitte um Erstattung dieses Betrages aus dem Nachlass des genannten Juden. Die Rechnung selbst wurde von mir inzwischen an den Kammerjäger Hofmann bezahlt.

         Heil Hitler!

Anlagen

Kostenrechnung über die "Entwesung" der Wohnung der untergetauchten Familie Foß.

Geheime Staatspolizei
Staatspolizeileitstelle Berlin

Berlin C 2, Grunerstr. 12, Ecke Dirksenstr.

Eingangs- und Bearbeitungsvermerk

An den Herrn

Oberfinanzpräsidenten
Berlin-Brandenburg
Vermögensverwertungsstelle

B e r l i n   NW.40

Alt Moabit 143

Geschäftszeichen u. Tag Ihres Schreibens

Geschäftszeichen u. Tag meines Schreibens

Betrifft Räumung einer
Judenwohnung:

IV C 3 -J.E. fl.-
Berlin, den 19.4.43

    Die Wohnung des Juden Hans Isr.
F o ß , geb. 3.3.1893 in Berlin, zuletzt
wohnhaft gewesen in Berlin-Charlottenburg,
Pestalozzistr. 10, der flüchtig ist, ist
vom Bezirksbürgermeister in Charlottenburg
dem Bombengeschädigten, Herrn Wilhelm Seifert,
zugewiesen.

    Das Vermögen des Juden Foß wird
zugunsten des Deutschen Reiches eingezogen
und in einem der nächsten Reichsanzeiger
veröffentlicht.

    Einer vorzeitigen Räumung der Wohnung
steht daher nichts im Wege.

Im Auftrage:

Vordruck
Nr. 3
C/0060

.... Anlagen

Fernruf 51 00 23

Postscheck-Konto Berlin 2386
Stelle des Geheimes Staatspolizeiamts

Schreiben der Geheimen Staatspolizei an die "Vermögensverwertungsstelle" Alt-Moabit 143, wegen "Räumung einer Judenwohnung".

Helene von Schell

Die hilfreiche Quartiergeberin stammte aus Hamburg, wo sie 1903 geboren wurde. Harry Foß: "Sie war Angestellte, Sekretärin bei Wolframerz, einer Zweigfirma von Krupp. Ihre Arbeitsstelle war, soweit ich mich erinnern kann, in Berlin-Mitte in der Mohrenstraße 6." Über ihre Lebensgeschichte ließ sich außer den bei den beiden Brüdern haften gebliebenen Erinnerungen leider nur sehr wenig herausbekommen.

Helene von Schell wohnte bis kurz vor ihrem Tode in der Waldstraße. Sie ist 1956 in der sogenannten Ungerschen Kli-

Helene von Schell.
Die Aufnahme entstand bei der Silberhochzeit von Hans und Margot Foß am 26. Dezember 1947 in der Wohnung der Familie.

nik in der Derfflinger Straße 22 gestorben, wo sich die Hospital-Abteilung des Krankenhauses Moabit befand. Ihre Beerdigung erfolgte auf dem Friedhof am Plötzensee. Ihre Urne wurde in der Kaiser-Friedrich-Abteilung (Grabstelle: X-10-6) beigesetzt. Im Jahre 1973 ist der Grabstein abgeräumt worden. Nach einem Vorschlag der Geschichtswerkstatt im Heimatmuseum Tiergarten soll durch das Bezirksamt an dem Haus Waldstraße 6 eine Gedenktafel angebracht werden.

Das Versteck

Zunächst nahm Helene von Schell Hans Foß und den vierzehnjährigen Werner auf, kurz darauf kamen die Ehefrau Margot sowie der neunjährige Harry hinzu. Werner Foß erzählt, daß die Entscheidung zum Untertauchen erst an dem Abend gefallen ist, als Frau von Schell zu Besuch weilte: "Sie sagte 'Ihr geht da nicht mit. Ich nehme Euch mit zu mir.' Wir haben in aller Eile Koffer gepackt und sind noch in der Nacht aus der Wohnung verschwunden." Beinahe wäre die Flucht in den Untergrund für den Jugendlichen gescheitert, als ein Polizist wegen seiner Aufmachung stutzig wurde. Wenn Werner Foß nicht – wie auch in den nächsten Jahren – viel Glück gehabt hätte, könnte er nicht davon berichten: "Weil ich mit den zwei Koffern einem Schutzpolizisten aufgefallen war, kam er auf mich zu und fragte, wo ich hin wollte. Meiner Meinung nach muß er gesehen haben, daß da was nicht stimmte." Er trug den Ledermantel, den er von einem deportierten Freund geschenkt bekommen hatte: "Da war der Stern nicht aufgenäht, wie es vorgeschrieben war, genau mit soundso viel Stichen, sondern aufgeklebt. Aber an der Stelle des abgenommenen Judensterns waren noch Reste des Klebstoffs zu sehen gewesen. Er hat aber nichts gesagt."

Das erste vorübergehende Quartier von Margot und Harry Foß war nur ein paar Straßen von der Pestalozzistraße 10 entfernt: "Meine Eltern hatten noch Bekannte, die in der Nähe unserer Wohnung in der Herderstraße wohnten und bereit waren, die anderen zwei Familienmitglieder aufzunehmen. Das ging aber nur einige Tage, dann war das dort nicht mehr möglich. Nach einigen Tagen waren wir alle vier zusammen in der Wohnung der Frau von Schell in Moabit in der Waldstraße."

Die von Helene von Schell gemietete Wohnung, in der ein Zimmer der vierköpfigen Familie über zwei Jahre als Zufluchtsstätte diente, befand sich im dritten Stockwerk des Vorderhauses der Waldstraße 6. Sicherlich hat die außergewöhnliche und risikoreiche Wohnsituation dazu beigetragen, daß viele Details im Gedächtnis blieben, so bei Harry Foß: "Wenn man vom Treppenhaus her durch die Eingangstür in den Korridor kam, mußte man erst den Korridor durchgehen, daß heißt also an den Wohnungstüren des Ehepaars Seeliger vorbei, um am Ende des Korridors in die Wohnung der Frau von Schell zu gelangen.

Das war an sich eine Ein-Zimmer-Wohnung mit einer Küche, die größer war als das Wohnzimmer. Es gab einen gemeinsamen Vorraum für zwei getrennte Toiletten, für jede Wohnung eine. Sie waren nur durch eine Holzwand voneinander getrennt.

Durch den Korridor gelangte man in die Küche, die – soweit ich mich erinnern kann – etwa 28 Quadratmeter groß war. Sie war – schon als Frau von Schell die Wohnung noch alleine bewohnte – abgeteilt in einen Küchentrakt und einen Schlaf-Wohn-Trakt. Von der Küche aus konnte man in das Wohnzimmer gehen, das zur Straße hinaus lag, während die Fenster der Wohnküche zum Hof hinaus gingen.

Frau von Schell bewohnte selbst diesen Schlaf- und Wohntrakt der Küche und wir vier hatten das Wohnzimmer. Dort standen ein Bett und eine Couch. Mein Bruder und ich schliefen auf dem Fußboden. Da wurden immer Kissen als Schlafmöglichkeit zusammengelegt."

Das Haus und die Wohnung waren für die von Dezember 1942 bis zur Befreiung im April 1945 dort verbotenerweise Lebenden nicht unbekannt, wie Werner Foß sagt: "Wir hatten Fräulein von Schell schon vor unserer illegalen Zeit besucht. Natürlich haben wir den Judenstern ein bißchen verdeckt. Ich halte es für wahrscheinlich, daß Hausbewohner uns mal mit dem Stern gesehen haben könnten."

Die Räume hatten einen gemeinsamen Korridor mit der Wohnung des Schlossers Max Seeliger. Er war Funktionär der NSDAP und lebte dort mit seiner Ehefrau Bertha. Es ist unbekannt, ob Max Seeliger wirklich nicht wußte, wem er über zwei Jahre lang ab und zu in seiner Wohnung begegnete.

Die vier Untergetauchten bemühten sich, ihm aus dem Weg zu gehen, wie Harry Foß schildert: "Wenn er abends von der Arbeit kam, haben wir uns natürlich bemüht, uns so leise wie möglich zu verhalten. Er war wohl zu unserem Glück etwas schwerhörig, soweit ich mich da erinnere. Wenn er da war, oder man hörte Geräusche, ist keiner auf den Korridor gegangen und nach Möglichkeit auch nicht auf die Toilette. Das spielte sich weitgehend zu den Zeiten ab, wo er nicht in der Wohnung war.

Seine Frau war über den Grund unserer Anwesenheit voll unterrichtet und hielt zu uns. Nur konnte sie ihrem Mann nichts sagen, weil er ein von der Ideologie her überzeugter Nazi war, der aber sicherlich nicht glauben wollte, was letztlich mit den Juden geschehen ist: Deportationen und Gaskammern." Auch der Bruder Werner kann bezeugen, daß im Gegensatz zu dem Parteigenossen dessen Ehefrau Bertha Seeliger eingeweiht gewesen ist: "Sie hat von uns gewußt, gerade in diesem Hause, wo fast jeder Parteigenosse war."

Da die Familie sich offiziell nicht in dem Haus aufhalten durfte, war stets besondere Wachsamkeit angebracht, die noch mehr als bei den Erwachsenen das Leben des Jugendlichen Werner und vor allem des Kindes Harry einschränkte: "Wenn es klingelte und es nicht das vereinbarte Klingelzeichen war, haben wir uns natürlich versteckt. Mein Bruder und ich verschwanden im Kleiderschrank, mein Vater hinter dem Ofen und meine Mutter blieb in der Wohnküche, als Besuch." Auch außerhalb der Wohnung war Vorsicht geboten: "Wenn man draußen war, gab es ein gewisses Angstgefühl, natürlich. Vielleicht war ich noch etwas unbekümmerter, als mein Bruder. Es ist ja ein Unterschied, ob man zehn oder fünfzehn Jahre alt ist. Das macht eine Menge aus."

Überleben als "U-Boote": "Offiziell waren wir nicht mehr da."

Das Überleben in der Illegalität war mit großen Restriktionen verbunden, wie Werner Foß im Gedächtnis geblieben ist: "Die erste Zeit sind wir natürlich nicht auf die Straße gegangen. Wir hatten weder gefälschte Ausweise noch irgendwie Geld, um uns schwarz Lebensmittel kaufen zu können." Sein Bruder Harry Foß ergänzt: "Falsche Papiere hatten wir nicht. Es gab

Leute, die vielleicht vermögend gewesen sind und sich falsche Papiere beschaffen konnten. Die hatten wir nicht. Wir besaßen diese Kennkarten, die innen genauso aussahen, wie die für die übrige Bevölkerung, nur außen war ein großes 'J' drauf. Daran konnte man gleich erkennen, das ist ein Jude. Deshalb hat mein Vater die Kennkarte nach innen geklappt und so in die Ausweishülle getan. Wenn er in eine oberflächliche Kontrolle geraten wäre, das gab es ab und zu, auch um Deserteure zu fassen, hätte es vielleicht geklappt. Bei genauerem Hinsehen hätte man erkennen müssen, daß dieser zusätzlich verordnete Vorname – bei männlichen Personen 'Israel', bei weiblichen Personen 'Sara' – in dem Ausweis stand.

Mein Vater ist Gott sei Dank nicht in eine solche Situation geraten, so daß man jetzt hinterher nicht sagen kann, wie das ausgegangen wäre. Von dem Zeitpunkt des Untertauchens an trug keiner mehr den Judenstern, denn offiziell waren wir nicht mehr da. Nun begann natürlich eine schwere Zeit. Wovon sollten wir leben? Vermögenswerte hatten meine Eltern nicht mehr, die sind ihnen ja schon in den Jahren davor systematisch abgenommen worden. Lebensmittelkarten kriegten wir auch nicht mehr. Bis zum 30. November 1942 hatten wir die für Juden vorgesehenen Lebensmittelkarten, die alle mit einem 'J' über die ganze Seite bedruckt waren, bekommen. Es hatte vorher schon erhebliche Einschränkungen gegeben, beispielsweise bekamen wir Kinder keine Vollmilch, sondern nur Magermilch. Aber von dem Zeitpunkt an, als wir versteckt lebten, hatten wir gar keine Lebensmittelkarten mehr. Wenn man vorher Bekleidung brauchte, konnte man sich an die Jüdische Gemeinde wenden. Dort gab es eine Art Kleiderkammer, wo gebrauchte Sachen aus- und umgetauscht wurden. Aber illegal Lebende konnten das nicht mehr. Fräulein von Schell teilte das bißchen, was sie bekam, mit uns. Sie war Angestellte und bekam von daher nur die entsprechende Lebensmittelkarte, auf die man weniger Rationen erhielt, als beispielsweise auf eine Lebensmittelkarte für Arbeiter oder Schwerstarbeiter."

Damit die Familie überleben konnte, versuchten die Eltern, irgendeine Arbeit zu bekommen. Das war für "U-Boote" fast unmöglich. Jedoch fand Hans Foß eine Möglichkeit, bei der wieder das frühere Café seiner Mutter von Bedeutung war. Der jüngste Sohn berichtet: "Da erinnerte sich mein Vater an eine Familie Winkelmann, die im Café in der Levetzow-, Ecke Jagowstraße verkehrt hatte. Es waren zwei Brüder und eine Schwester, die als Kohlenhändler im Bezirk Wedding tätig waren. Mein Vater suchte Frau Erna Winkelmann in der Wiesenstraße auf. Natürlich war sie ganz erstaunt, nun meinen Vater vor sich zu sehen. Er sagte ihr, was los sei. Da Erna Winkelmann nicht im geringsten nationalsozialistisch angehaucht war, wollte sie uns helfen. Sie bot meinem Vater an, auf ihrem Kohlenplatz tätig zu sein: Kohlen in die Säcke zu schippen oder in die Tragen zu stapeln. Für meinen Vater war es eine sehr ungewohnte Tätigkeit, da er gelernter Einzelhandelskaufmann war. Nachdem er sich eingearbeitet hatte, trug er die Kohlen aus. Er brachte sie in die Wohnungen und belieferte Geschäfte, z.B. eine Bäckerei oder Fleischerei. Da ergab es sich, daß er als Trinkgeld nicht nur Geld, sondern gelegentlich Naturalien bekommen hatte, Brot oder auch mal Wurst oder Fleisch. Das war natürlich sehr gut für uns. Meine Mutter, die noch in der legalen Zeit in einem Umschulungskursus Putzmacherin gelernt hatte, versuchte auf dem Wege von Empfehlungen von einem zum anderen, alte Hüte aufzuarbeiten. Es gab trotz des fortschreitenden Krieges immer noch Frauen, die versuchten, sich modebewußt zu kleiden. Neue Hüte konnte man nicht auf Kleiderkarte kaufen. So hatte meine Mutter die Möglichkeit, das Hutmaterial in der Wohnung umzuarbeiten. Aber sie geriet immer in Schwierigkeiten, wenn sie nach ihrem Namen und der Adresse gefragt wurde. Sie nahm mich häufig mit, weil ich als Kind ganz hellblond war und genau das Gegenteil von dem verkörperte, wie man sich damals Juden vorstellte. Außerdem war das für mich immer eine Gelegenheit, aus der Wohnung zu kommen. Ich konnte nicht mit anderen Kindern spielen. Auch für meinen Bruder Werner, der fünf Jahre älter ist, war das natürlich alles sehr schwierig."

Der Jugendliche konnte ebenfalls dazu beitragen, daß Lebensmittel in das verborgene Quartier kamen: "Es wußte natürlich keiner, daß mein Vater illegal arbeitete. Später habe ich selbst mit geholfen. Ich bin mit einem zweirädrigen Karren kilometerweit gelaufen. Es ist mir aber nie was passiert."

Besonders für den Jüngsten, für den schon vom Alter her keine Möglichkeit bestand, zum Unterhalt der Familie beizutragen, war der Aktionsradius erheblich eingeschränkt: "Als Kind konnte ich die Wohnung in der ersten Zeit so gut wie nicht verlassen und keinen Kontakt zu anderen Kindern aufnehmen. So beschäftigte ich mich mit den Autobussen, die in der Waldstraße immer am Haus vorbeifuhren, an der Ecke wendeten und wieder zurückfuhren. Dort hatten drei Autobus-Linien Endstation. So saß ich am Fenster hinter der Gardine und guckte mir die verschiedenen Wagentypen an und notierte mir die Wagennummern, um zu sehen, ob die alle auf der einen Linie blieben oder auf der anderen eingesetzt wurden. Das war meine Beschäftigung. Mit einem Jungen hatte ich mich ein bißchen angefreundet, der interessierte sich auch für die Autobusse. Meine Eltern versuchten – ich hatte keine Schule mehr – mich immer mal ein bißchen voran zu bringen mit Lesen und Schreiben. Es gab manchmal kleine Diktate, aber sie hatten meistens keine Zeit und keinen Kopf dafür, sondern mußten sich bemühen und sorgen, daß wir überleben konnten. Im Hause war ein Lebensmittelgeschäft, welches einer älteren Frau und deren Sohn gehörte. Dieser war – glaube ich – eingezogen. Diese Frau bezog unter anderem Brot von der Brotfabrik Adolf Thiele in der Beusselstraße 36 Ecke Wiclefstraße. Das verkaufte sie auf Lebensmittelkarten an ihre Kundschaft. Gelegentlich habe ich für sie das Brot mit einem Handwagen von der Brotfabrik Thiele abgeholt und mich immer gefreut, wenn die mal ein Brot hatten, was beim Backen 'verunglückt' war, zermanscht oder zerbröckelt. Wenn ich so etwas bekommen konnte, haben sie mir das gegeben, so daß ich auf diese Weise Brot mit nach Hause nehmen konnte."

Nachdem die Familie Foß schon längere Zeit im Verborgenen gelebt hatte, gab es sogar für Harry Foß eine Gelegenheit, etwas Geld zu verdienen: "Später – es kann schon 1944 gewesen sein – brauchte die Firma, bei der Fräulein von Schell arbeitete, einen Boten, der die tägliche Post zu anderen Firmen oder zur Firma Krupp in der Tiergartenstraße brachte, weil die Postzustellung wahrscheinlich unregelmäßig geworden war. Sie hat gesagt, das könnte ich doch machen. Da bin ich jeden Nachmittag in die Mohrenstraße gefahren, zu der Firma Wolframerz. Ich habe Post in Empfang genommen und mit der BVG, Bus und Straßenbahn meistens zur Firma Krupp gefahren und hab das da

abgegeben. Ich bekam dafür 5 Mark in der Woche. Ich habe es meiner Mutter gegeben, damit sie etwas mehr Wirtschaftsgeld hatte. Unterwegs wurde ich häufig gefragt: 'Bist Du nicht in der Hitlerjugend?' Da habe ich gesagt: 'Ja.' Auf die Frage 'Gehst Du nicht zur Schule?' habe ich immer irgendwas erzählt, daß an dem Tag keine ist, oder so. Ich habe immer irgendwas erzählt, was den Fragesteller zufrieden gestellt hat."

So unwahrscheinlich es klingen mag, aber es wurden einige gefahrvolle Unternehmungen gewagt, die zum Glück immer gut verliefen. Werner Foß erinnert sich an Erlebnisse, die er mit seiner Mutter hatte: "Sie war damals 45 Jahre alt, sah wesentlich jünger aus und war eine hübsche Frau. Als sie mal einen Hut wegbrachte, hat sie die Bekanntschaft von einem Polizeioffizier gemacht, der Klemann hieß und sich wohl in sie verliebt hatte. Sie hat natürlich nicht gesagt, daß sie verheiratet ist und Kinder hat. Er ist mit ihr zum Pilze sammeln nach Frohnau gefahren. Einmal hat sie mich mitgenommen, da hat er gesagt: 'Mohrchen,' (meine Mutter ist eine geborene Mohr), 'wenn ich es nicht wüßte, würde ich denken, Dein Sohn ist ein Jude.' Er wollte immer wissen, wo wir wohnen. Das war sehr gefährlich. Jedenfalls hat er nicht rausgekriegt, wo wir gelebt haben, und das war unser Glück. Einmal ist meine Mutter mit ihm am Nollendorfplatz in eine Razzia auf Deserteure usw. reingekommen. Sie konnte nicht ihre jüdische Kennkarte vorzeigen, da war ein großes 'J' drin. Da war das Glück, daß der dabei war und sie vorgestellt hat als 'meine Frau'. Als angebliche Frau eines Polizeioffiziers ist sie nicht weiter überprüft worden."

Auch wenn der Jugendliche allein unterwegs war, hatte er sehr viel Glück: "Ich hatte eine Schulfreundin, die Marion Kaiser hieß. Wenn ich es ermöglichen konnte – wir hatten von früher noch Bekannte in Charlottenburg, wo wir uns ein paar Kartoffeln abholen konnten, ein bißchen Brot und so – habe ich oftmals einen Abstecher zur Helmstedter Straße gemacht. Die war an der Kaiserallee. Ich stand da vor dem Haus und wollte sehen, ob ich sie noch mal sehe. Ich hab mich natürlich nicht reingetraut und zu klingeln gewagt. Stundenlang stand ich da. Es war aber alles vergeblich, sie mußte wahrscheinlich schon deportiert worden sein. Meine Familie hatte sich Sorgen gemacht, besonders meine Mutter, wo ich bleibe." Wie inzwischen feststeht, ist das 1928 in Berlin geborene Mädchen tatsächlich nach Auschwitz deportiert und dort ermordet worden.[86]

Die "Tarnung" der Familie Foß war offensichtlich erfolgreich, denn sonst wären Erlebnisse, wie die im folgenden von Harry Foß berichteten nicht gut ausgegangen: "Der Blockwalter des Hauses, der Herr Seeliger, war offiziell auch zuständig für die monatliche Ausgabe der Lebensmittelkarten an die Hausbewohner. Da er tagsüber nicht da war, war das Aufgabe seiner Frau. Wenn sie gelegentlich irgendetwas vorhatte, bat sie meine Mutter, die Lebensmittelkarten an die Leute auszugeben und unterschreiben zu lassen. Unter anderem war da des öfteren ein kinderloses Ehepaar dabei, das im Quergebäude des Hauses wohnte. Wenn die Frau – da war der Mann mit dabei – die Lebensmittelkarten abholen kam, verwickelten sie meine Mutter immer in ein Gespräch. Sie wußten von daher, hier sind zwei Jungs. Da sagte meine Mutter, 'Ich hab noch einen, der älteste Sohn ist eingezogen' – damit das auch altersmäßig stimmte. Während der Illegalität gingen wir unter dem Namen Voß, wenn etwas zu schreiben war, mit V und nicht mit F, aber akustisch

ist das nicht zu unterscheiden. Wenn dieses Ehepaar Mühlpford die Lebensmittelkarten in Empfang nahm, haben sie immer eine ziemlich große Ration an Brotmarken abgeschnitten und meiner Mutter mit dem Hinweis gegeben, 'Ihre Jungs haben immer viel Hunger, mein Mann und ich sind alleine und brauchen nicht mehr so viel.' Sie haben immer Brotmarken dagelassen. Nach dem Kriege stellte sich heraus, daß dieses Ehepaar gute Freunde in Charlottenburg in der Pestalozzistraße Nr. 11 hatte. (Wir wohnten in der Pestalozzistraße 10.) Da kam wohl das Gespräch über die ausgegebenen Lebensmittelkarten auf die Familie Voß mit zwei Kindern. Durch die Beschreibung konnten die Freunde sich zusammenreimen, daß es sich höchstwahrscheinlich um die jüdische Familie Foß aus der Pestalozzistraße 10 handeln würde und haben das diesem Ehepaar gesagt. Sie haben es aber für sich behalten. Es waren zu unserem Glück keine Nazis und sie haben uns indirekt auf diese Weise unterstützt. Als der Krieg zu Ende war, haben sie uns das erzählt und gesagt, sie wollten uns nicht zusätzlich noch ängstigen. Im Gespräch kam es vor, daß meine Mutter sagte, 'Wir halten uns in der Wohnung unserer Freundin Frau von Schell auf, weil' – ich glaube, wir hatten eine Adresse in der Helmholtzstraße angegeben – 'unsere Wohnung dort durch Bomben teilbeschädigt ist, so daß man da nicht richtig kochen kann. Frau von Schell, die tagsüber nicht da ist, hat uns angeboten, daß wir uns da aufhalten können.' Das war einleuchtend und warum auch nicht. Unser illegaler Aufenthalt ist von vielen Glücksmomenten – wenn man das so ausdrücken kann – begleitet gewesen. Sonst hätten wir das so vermutlich nicht überleben können. Damit überhaupt mal etwas Abwechslung in den Ablauf hineinkam, ist mein Vater ab und zu – mein Vater schon deshalb, weil er in Berlin-Mitte aufgewachsen ist und in seiner Kindheit noch erlebte, wie die kaiserlichen Truppen immer zum Ehrenmal marschierten, er hatte ein Faible für Marschmusik – sonntags mit uns zu der Kaserne Rathenower Straße gegangen. Da war immer der sogenannte Wachaufzug des Wachregiments 'Großdeutschland'. Die marschierten Rathenower Straße, Alt-Moabit, Moltkebrücke Richtung Tiergarten durch das Brandenburger Tor zum Ehrenmal. Dort war die Wachablösung. Dann ging es wieder zurück. Wir sind mitgelaufen und es hat sicher niemand vermutet, daß da in Berlin untergetauchte Juden mitmarschierten."

Sehr gefährlich mutet auch das folgende Geschehen an, von dem der Bruder Werner Foß berichtet: "Einmal waren wir am Wedding, ich mit meinem Vater auf dem Kohlenplatz, ich glaube es war der 3. Februar 1943 und ein furchtbarer Tagesangriff. Mein Vater wollte rauchen, das war aber nicht erlaubt. Er war ein starker Raucher und er ging raus in die Nebenräume. Wir sagten, bleib doch hier, man weiß doch nicht, was passieren kann. Er hat sich überreden lassen. Kurz danach war ein furchtbarer Krach, Bomben gingen da runter, und da, wo er hatte rauchen wollen, war nichts mehr. Ich weiß nicht, ob er leichtsinnig wurde, oder noch von dem Schreck benommen war, da hielt er in der Reinickendorfer Straße einen offenen Lastwagen mit SS-Soldaten an und fragte: Sagt mal Kameraden, fahrt ihr nicht in Richtung Moabit. Da sagten die, fahren wir, kommt rauf Kameraden. Sie haben uns mitgenommen und haben uns bis zur Waldstraße 6 mitgenommen. Dort standen die Leute – wie nach jedem Angriff – vor den Häusern, haben diskutiert usw. und haben gesehen, wie wir von dem Lastwagen runtergehoben worden sind. Wir haben 'Heil Hitler' gesagt. Da müssen die letzten Zweifler ins Wanken gekommen sein, daß wir keine Juden sein konnten, da wir von der SS nach Hause gebracht wurden und 'Heil Hitler' sagten."

Weitere Versteckte in derselben Wohnung

Neben der Familie Foß lebten zeitweise noch zusätzlich einige von den gleichfalls untergetauchten Bekannten in der Wohnung von Helene von Schell, wenn diese kein anderes Quartier finden konnten. Dazu Werner Foß: "Wir waren manchmal sieben oder acht, so ein entfernter Verwandter, ich glaube Kohls hieß er, er ist nachher nach Amerika gegangen. Dann kam noch eine Bekannte namens Mimi dazu. Sie hat es auch bei Fräulein von Schell überlebt. Sie blieb bis Kriegsende da. Sie sah nicht jüdisch aus. Ich war mit meinem Vater der einzige, dem man den Nichtjuden nicht so ohne weiteres abgenommen hätte."

An weitere Illegale kann sich auch Harry Foß noch erinnern: "Frau Michels, die Mutter eines Jungen, der mit meinem ältesten Bruder Peter zusammen über die Jugend-Alijah nach Palästina auswanderte, lebte versteckt bei einem Fleischermeister und seiner Familie in der Nähe der Jannowitzbrücke. Sie kam immer jeden Mittwoch zu uns und brachte ihr Abendbrot mit, das immer sehr reichhaltig ausfiel: ganz dick mit Wurst belegte Brote. Das hat sie alles mit uns geteilt, was auch eine willkommene Überlebens-Hilfe war. An einem Mittwoch kam sie nicht und wir waren in großer Sorge: Was ist passiert? Hat sie irgendjemand erkannt? Sie kam ein oder zwei Tage später. Frau Michels war ausgebombt und wußte nicht, wohin. Sie lebte nun auch noch zehn Monate in der Wohnung, in der sie im Wohnteil der Küche zusammen mit Frau von Schell schlief. Das waren doch schon sehr schwierige Umstände."

Mit diesen weiteren Illegalen kamen Neuigkeiten in die Waldstraße, an die sich Harry Foß erinnert: "Wir hatten Bekannte in Berlin, die ebenfalls versteckt lebten, und gelegentlich mal zu uns kamen, manchmal nur, weil sie eine Nacht nicht wußten, wohin.

Von denen und über den britischen Sender BBC, der äußerst schwierig mit dem damaligen Volksempfänger zu empfangen war, erhielt man Informationen über die tatsächlichen Ereignisse. So konnte man schon ahnen, was los war."

Bomben auf Moabit

Ein großes Problem war für die Familie Foß der Schutz vor Bombenangriffen, denn sie konnten als Illegale nicht einfach in den Luftschutzkeller ihres Hauses gehen: "Dann kamen die Luftangriffe, die hier in Moabit besonders schlimm waren." Diese Erinnerung teilt Werner Foß mit der nichtjüdischen Mehrheitsbevölkerung von Moabit: "Fast jedes zweites Haus in der Waldstraße brannte aus oder wurde durch Sprengbomben vernichtet. Wir konnten uns im ersten Jahr natürlich nicht in den Luftschutzkeller wagen und mußten diese furchtbaren Angriffe oben in der Wohnung über uns ergehen lassen. Manchmal saßen wir im Schrank, um ein bißchen gegen die Splitter geschützt zu sein. Genützt hätte es auch wenig, die wären durch den Schrank durchgegangen. Bei Minen flog alles durch die Zimmer."

Möglicherweise hat eine Bombe dazu beigetragen, der Familie das Leben zu retten: "Soweit ich mich erinnern kann, war das erste ausgebombte Polizeirevier das in der Kantstraße, wo unsere Unterlagen lagen. Das war ein Glücksfall. Durch die anhaltenden Angriffe gab es so viel Bombengeschädigte oder Ausgebombte, daß viele noch nicht einmal ihre Papiere retten konnten. Wir wurden vermutlich deshalb auch als Ausgebombte angesehen."

Mit der zunehmenden Bombardierung wuchs die Angst nicht nur bei Harry Foß so sehr, daß sich die Familie entschloß, trotz der Entdeckungsgefahr in den Luftschutzkeller des Hauses zu gehen: "Bei dem ersten großen Bombenangriff, das war – glaube ich – der 1. März 1943, sind wir in den Hauskeller runter gegangen. In jedem Haus befand sich ein Luftschutzkeller. Bei solchen Angriffen waren alle Leute so aufgeregt, daß es nicht auffiel, wenn noch andere Leute mit in den Keller kamen, die auch hätten zu Besuch sein können. Im Grunde genommen waren wir immer angezogen und ein bißchen Gepäck stand bereit. Anfang September – ich glaube es war der 3. September 1943 – kamen die großen Luftangriffe mit Sprengbomben. Bei denen ist insbesondere der Stadtteil Moabit sehr in Mitleidenschaft gezogen worden. Da flogen die Fensterscheiben raus. Wir haben die Wohnung verlassen, sind in den Keller runter gegangen, dort ging das Licht aus. In dieser Aufregung ist es nicht weiter aufgefallen. Von da an konnte man beim Fliegeralarm nicht mehr in der Wohnung bleiben. Die Wohnung befand sich wie gesagt im dritten Stock."

Um zu vermeiden, bei jedem Bombenalarm immer wieder in den häuslichen Luftschutzkeller gehen zu müssen, bereiteten sich die Versteckten darauf vor, Zeit zu gewinnen. "Wir hatten folgende Regelung getroffen: Einer mußte immer aufbleiben und das Radio abhören. Man konnte nur zwei Sender empfangen, den Deutschlandsender und den Reichssender Berlin. Wenn der Deutschlandsender sein Programm abschaltete, wußte man, daß Fliegerverbände in das sogenannte deutsche Reichsgebiet eingeflogen sind. Wenn der Reichssender Berlin abschaltete, sind wir sofort aus der Wohnung, so daß wir noch vor Ertönen der Alarmsirenen das Haus verlassen hatten. Wir begaben uns in einen öffentlichen Luftschutzkeller. Manchmal passierte es natürlich, daß der Reichssender Berlin abschaltete und dann doch kein Alarm kam, da die Flugzeuge woanders hingeflogen sind. Dann sind wir nach einer Weile wieder leise in das Haus zurückgegangen. Man muß bedenken, daß es auf den Straßen sehr dunkel war, denn es gab Verdunklungsvorschriften: Es durfte aus den Fenstern kein Lichtspalt hervorscheinen und Laternen waren nicht an. Es war schon eine gespenstische Angelegenheit. Wenn wir bei einem Alarm in einem öffentlichen Luftschutzkeller waren, mußten wir nach der Entwarnung noch eine halbe Stunde durch die Straßen gehen, bis wir ins Haus zurückkehren konnten. Erst dann hatten wir die Gewißheit, daß die Hausbewohner unsere Rückkehr nicht bemerkten." Dies galt besonders in der Nacht.

"Oft hatte uns Frau Seeliger an der Tür erwartet. Wir warteten mitunter an der Tür, bis sie uns unbemerkt öffnete. Das war für uns ein Zeichen, daß ihr Mann nicht in unmittelbarer Nähe war. Sie hatte wahrscheinlich dafür gesorgt, daß er wieder in sein Bett ging oder ihn mit irgendetwas anderem beschäftigt. Jedenfalls konnten wir auf diese Weise unbemerkt über den Korridor gehen und wieder in die Wohnung zurück. Aus Vorsichtsgründen sind wir nicht mehr alle vier in denselben Luft-

schutzkeller gegangen, sondern haben uns getrennt: Entweder meine Mutter und ich in die Turmstraße 75, während mein Vater und mein Bruder Werner in die Waldenserstraße gingen oder umgekehrt. Es kam vor, daß mein Vater alleine woanders war. Wenn jemand etwas passiert wäre, wären wir nicht alle zusammen gewesen. Ich kann mich an eine Begebenheit erinnern, da war, glaube ich, mein Bruder mit. Werner war zu dem Zeitpunkt sechzehn Jahre alt und schon ausweispflichtig. Es gab wohl eine Bestimmung, daß männliche Personen zwischen 16 und 60 in ihren Wohnhäusern zu bleiben hatten, damit sie, wenn etwas passierte, helfen konnten. Sie durften nicht so ohne weiteres die öffentlichen Luftschutzkeller aufsuchen, es sei denn, daß sie unterwegs waren. Es ist zu einer Zeit, morgens um drei oder halb vier unwahrscheinlich, daß jemand um diese Zeit noch spazieren gegangen ist. In einer Nacht, als wir uns in einem öffentlichen Luftschutzkeller aufhielten, kam ein uniformierter Luftschutzwart, der auch polizeiliche Befugnisse hatte, auf meinen Bruder zu. Er fuhr ihn an: 'Zeigen Se mal Ihren Ausweis, junger Mann!' Da war meine Mutter so geistesgegenwärtig und antwortete: 'Sie können ruhig noch Du sagen zu dem Jungen, der ist erst 14.' Das reichte ihm und er ging weiter. Das sind natürlich Vorkommnisse, die einem innerlich mächtig zu schaffen machen konnten. Es hätte ja auch anders ausgehen können. Wenn die Luftangriffe beendet und wir wieder auf der Straße waren, dann kam für uns die Frage: Steht das Haus noch oder steht es nicht mehr? So schlimm es sicher für alle gewesen ist, die – wie man damals sagte – ausgebombt waren, aber sie konnten sich bei einer zentralen Stelle melden und man half ihnen dort weiter und sie wurden anderweitig untergebracht. Aber wenn uns das passiert wäre, weiß ich nicht, wie es weitergegangen wäre."

An ein anderes Erlebnis im Luftschutzkeller kann sich Werner Foß erinnern: "Bei einem Angriff war ich mit meiner Mutter hier in der Schule. In der Turmstraße 75 war ein großer öffentlicher Keller. Meine Mutter stand neben dem Luftschutzwart. Auf einmal brannte oben das ganze Dach, aber die anderen sollten das wohl nicht wissen. Da sagte der Luftschutzwart während des Angriffs zu mir, ich soll zum Polizeirevier laufen, das war am Spreeufer. Ich mußte die Turmstraße und die Gotzkowskystraße runter. Wenn man hochgeguckt hatte in den Himmel, sah man noch die Flugzeuge und wie die Flak wie verrückt schoß. Der Zoobunker war unmittelbar in unserer Nähe und möglicherweise wurde Moabit wegen des Abwehrfeuers so stark getroffen. Ich bin in einen Bombentrichter reingefallen, der war zwei Meter tief und da war ein Blindgänger drin, der ist nicht explodiert. Ich bin nicht wieder allein hoch gekommen, weil der Sand immer nachgab und immer auf die Bombe zurückgerutscht. Ich schrie um Hilfe, aber bei dem Flakfeuer hat's kaum einer gehört. Dann kam jemand mit einem Helm – ob der vom Luftschutz war, weiß ich nicht. Er hat sich hingekniet und die Hand ausgestreckt, um mich hochzuziehen. Als er aber gesehen hat, was da unten liegt, ist er weggelaufen und hat mir nicht geholfen. Ich weiß nicht, wie lange es gedauert hat, dann kam ein Hitlerjunge, der mich schreien hörte. Der war mutiger, und mit vereinten Kräften bin ich da rausgekommen. Wir waren kaum fünfzig Meter weg, da erfolgte ein furchtbarer Schlag. Wir flogen gegen das Gitter am Ufer der Spree, als die Bombe hochging. Ich bin nicht mehr zum Polizeirevier gelaufen. Verständlicherweise steckte mir noch die Angst in den Gliedern, nachdem ich dem Tode entronnen war."

Werner Foß hatte noch eine weitere lebensgefährliche Situation zu überstehen: "Einmal brannte in der Schule in der Waldenserstraße oben alles und da mußten alle Jugendlichen rauf zum Löschen. Ich hatte eine Rauchvergiftung und konnte ungefähr drei bis vier Wochen nichts mehr sehen. Ich konnte auch keinen Arzt aufsuchen, das ging nicht. Gegenüber von uns in der Waldstraße wohnte der Ortsgruppenleiter von Moabit, Richard Krause, das war ein hoher Parteifunktionär von Tiergarten. Ich weiß noch, wie er mich eines Tages in voller Uniform auf der Straße anhielt: 'Du heißt doch Werner?' – Ich sagte: 'Ja, Herr Ortsgruppenleiter.' – 'Deine Freunde haben gesagt, Du hast da mitgeholfen, als die Schule brannte. Ich habe sie vorgeschlagen für das Kriegsverdienstkreuz. Du mußt mir mal Deinen Namen geben, ich werde Dich auch vorschlagen.' – Da sagte ich, ich weiß nicht, wie mir das einfiel: 'Herr Ortsgruppenleiter, ich komm ja eigentlich aus Charlottenburg, bin da ausgebombt worden. Der Blockwalter' – ich wollte nicht sagen Ortsgruppenleiter, da hätte er sich erkundigen können, die kannten sich ja untereinander – 'hat mich schon vorgeschlagen dafür.' – Die Worte werde ich nicht vergessen: 'Ach so, denn ist gut, ick wollt Dir bloß nicht benachteiligen.' – Na ja, 'Heil Hitler' – 'Heil Hitler.' Andererseits war dieser Ortsgruppenleiter bei den Jugendlichen selbstverständlich furchtbar verhaßt. Sie riefen, was viele riefen. Ich weiß sogar, daß sie ihm Steine gegen die Scheibe geschmissen haben. Er wohnte im ersten Stock. Ich weiß noch von zwei Mal oder drei Mal, wo ich die Frau des Ortsgruppenleiters mit einem dicken Netz voll Kartoffeln traf. Sie war nicht mehr die jüngste, so daß ich mich angeboten habe: 'Frau Ortsgruppenleiter, ich trag Ihnen das.' Sie sagte, 'Das ist nett von Dir.' Sie sagte: 'Du bist der einzige anständige Junge hier in der Gegend.' Mit der Zeit lernte ich Jugendliche in meinem Alter kennen, aus der Emdener Straße, aus der Bugenhagenstraße, aus der Wiclefstraße, aus der ganzen Umgebung. Ich war sehr verwundert, daß die ganz offen darüber sprachen, was Radio London oder BBC brachten. Es war natürlich streng verboten, die Sender zu hören." Die Jungen verstanden sich untereinander: "Es waren Jugendliche mit einer kommunistischen Tendenz und ich war nur der Werner für sie. In der illegalen Zeit kannte ich nicht einen, der eine Uniform getragen hatte. Da ich klein war und etwas schwächlich aussah, bin ich nicht weiter gefragt worden, warum ich nicht in der Hitler-Jugend war."

Neben den bereits gesprächsweise erwähnten Nachbarinnen bzw. Nachbarn hatte Werner Foß einen "guten Draht" zu Gleichaltrigen: "Im Hinterhaus wohnte ein Fähnleinführer der Hitler-Jugend, Karlchen Sinn, ein überzeugter Nazi-Junge. Ich hab mich mit ihm ganz gut unterhalten und gesagt: 'Ich bin eigentlich aus Charlottenburg.' Nach dem Krieg waren wir ganz gute Freunde. Er hatte keinem etwas getan. Über uns wohnte eine Familie Auras. In die Tochter war ich ein bißchen verliebt, die war so alt wie ich oder ein Jahr älter. Da hab ich manchmal gewünscht, hoffentlich kommt bald wieder Alarm, damit ich sie im Keller wiedersehen konnte. Eines Tages, es war vielleicht Anfang 45, kam mit einem Bindfaden ein kleines Körbchen – wir hatten uns am Fenster grad unterhalten gehabt – mit Kartoffeln herunter. Da hab ich mich doch gefragt, warum? An und für sich müßten wir doch genauso viel auf Lebensmittelkarten kriegen, wie sie auch. Das schönste Gefühl war, als ich mit ihr im Keller in der Waldstraße stand und die Russen mit ihren Stalinorgeln auf den Bahnhof Beusselstraße schossen – das war vielleicht Luftlinie fünf-, sechshundert Meter. Es hörte sich an, als wenn die Welt untergeht – und ich stand neben ihr und sie zitterte und ich habe sie in den Arm genommen. Ich hab mich so gefreut und habe gar keine Angst gehabt, was da passieren könnte."

Teile der Nachbarschaft sind heil durch den Krieg gekommen, wie Harry Foß feststellt: "Das Haus Waldstraße 6 hat den Krieg überstanden. Ich glaube die Häuser Nr. 2, 3 und 4 waren durch Sprengbomben weg, 8 und 9 auch. Es standen die Häuser 5, 6 und 7. Die Nr. 8 oder 9, da war ein Kino, das war auch zerstört. Wir hatten jedenfalls diesbezüglich großes Glück." Nach der Erinnerung von Werner Foß hat seine Mutter einmal zu den Nachbarn im häuslichen Luftschutzkeller gesagt: "So lange ich hier bei Euch unten bin, passiert nichts."

Angst vor Denunziationen

Harry Foß berichtet: "Wir waren viel in der Wohnung und versuchten so wenig wie möglich raus zu gehen. Wenn wir die Wohnung verließen, versuchten wir möglichst unbemerkt zu bleiben. Wie viele Juden, die in Berlin versteckt lebten, hatten wir große Angst, von irgendwelchen Leuten erkannt und verraten zu werden. Es gab auch jüdische Spitzel, die angesetzt waren, andere Juden zu enttarnen. Es hätte durchaus sein können, daß meine Eltern irgendwelche Leute trafen, die zufällig in unserem Haus in der Pestalozzistraße oder im Nebenhaus gewohnt haben und sie erkannt hätten."

Das "Leben ohne Erlaubnis" hatte nur Erfolg, weil die Illegalen ständig auf der

Hut vor den Menschen waren, die ihnen hätten gefährlich werden können: "Es wohnte ein Mann im Hause, der war ein ganz überzeugter, übler Nazi. Er kriegte im Verlauf des Krieges dadurch, daß wir uns durch die Luftangriffe nicht mehr so verstecken konnten, wie wir es ursprünglich wollten, etwas mit. Er wollte von dem Hauswartsehepaar wissen, was wir denn immer in der Wohnung machen würden. Dann haben sie wohl gesagt, daß wir eine Wohnung hätten, die aber beschädigt sei. Er fragte nach, ob wir denn da polizeilich gemeldet wären und ließ nicht locker. Zu unserem Glück ist er kurz darauf ausgezogen."

Es ist erstaunlich, daß – von dieser Ausnahme abgesehen – keine Androhungen oder Denunziationen von Leuten aus der Umgebung erfolgt sind.

Zu der Zeit, als die Familie Foß illegal in der Waldstraße 6 lebte, gab es – laut dem Berliner Adreßbuch von 1942 – folgende Hausbewohnerinnen und -bewohner: Walter Auras, Werkzeugmacher; E. Bruchmann, Arbeiterin; Oswald Deutscher, Wickler; K. Gliese, Hobler; Walter Golubski, Dreher; Hermann Gottschalk, Maurer; Max Günther, Gastwirt; Bernhard Hausdorf, Kontorist; M. Henke, Arbeiter; Herrmann, Arbeiterin; W. Hoffmann, Elektrotechn.; Gertrud Holländer, Näherin; Walter Huth, Schneidermeister; Alfred Janitzky, Maschinenschlosser; Stanislaus Kaczmarek, Maurer; Fritz Kahlert, Schlosser; A. Kaminsky, Musikerin, Ww.; Ernst Kersten, Angestellter; Max Kittelmann, Beamter; Wladislaus Kowalski, Angestellter; Wilhelm Krüger, Fleischer; Otto Linke, Revisor; I. Matzer, Arbeiterin; A. Mehlmann, Arbeiterin, Ww.; M. Mühlpford, Arbeiter; Anna Nagel, Kauffrau; Lena von Schell, Angestellte; Herbert Schewe, Musiker; B. Schmidt, Arbeiterin; W. Schramm, Arbeiter; Max Seeliger, Schlosser; A. Sobieraj, Arbeiterin; Max Stiller, Angestellter; K. Szesczyk, Arbeiter; J. Wawrzynowicz, Arbeiter und Walter Wehler, Angestellter.

Die unterstrichenen Personen waren langjährige Mieter und wohnten mindestens seit 1933 in dem Haus. Ihre Namen sind auch deswegen aufgeführt, weil sich unter ihnen sicherlich einige befinden, die zumindest eine Ahnung hätten haben können, daß mit den Leuten in der Wohnung der Helene von Schell "etwas nicht stimmt". Vielleicht äußerten sie keinen Verdacht, weil in der gleichen Wohnung der Parteigenosse Seeliger wohnte?

Probleme des Zusammenlebens

Natürlich war das unfreiwillige Zusammenleben nicht einfach und manchmal brauchte der auf allen Beteiligten lastende Druck ein Ventil: "Fräulein von Schell war eingefleischte Junggesellin und hatte jahrelang allein gelebt. Nun hatte sie plötzlich vier und später sogar noch mehr Personen in ihrer Wohnung und mußte weitgehend auf eigene Bedürfnisse und Gewohnheiten verzichten bzw. sich einschränken. Sie war zudem außerordentlich pedantisch und verlangte von uns – das war ihr gutes Recht – daß, wenn Staub gewischt oder abgewaschen wurde, alles an seinem Platz zu stehen hat, wie sie es gewöhnt ist. Ein Deckchen unter der Blumenvase durfte nicht im Halbkreis verdreht sein, es mußte eben so sein, wie das von ihr vorgegeben war. Sie war sehr leicht erregbar, so daß oft Nichtigkeiten der Anlaß waren, eine Auseinandersetzung heraufzubeschwören. Einmal war sie so erregt, daß sie in ihrer Wut schrie – was nicht ihrer Einstellung oder Überzeugung entsprach: 'Macht, daß Ihr rauskommt, Ihr Judenpack.'" Bei diesen Zornesausbrüchen ist es aber geblieben und Helene von Schell hat ihre Schützlinge weiter verborgen.

Befreiung

Im Laufe des April 1945 war immer deutlicher geworden, daß das Ende des Krieges näher rückte, so auch für Harry Foß: "Durch die Nachrichten, die man hörte, wußte man, daß die Russen vor den Toren Berlins standen." Und sein Bruder ergänzt: "Mitte April begann der Kampf um Berlin. Wir hörten schon den Kanonendonner von der Oder her. Das Kriegsende habe ich vor dem Haus erlebt. Viele saßen in den Kellern. Ein Kampf in unserer Straße selbst hat nicht stattgefunden. Ein paar Stunden vor

dem Ende standen wir vor dem Haus und sahen, wie der Ortsgruppenleiter Krause mit zwei Koffern und seiner Frau türmen wollte. Er wurde von den Hausbewohnern beschimpft, aber es wurde ihm nichts getan."

Die Befreiung erlebte die Familie Foß im Keller des Hauses in der Waldstraße. Der erste sowjetische Soldat, den sie sahen, stand symbolisch für das Ende ihrer Flucht vor dem Tod und die Fortsetzung des Lebens in Freiheit. Dazu Werner Foß, der sechzehn Jahre alt war, als das Leben im Untergrund endlich zu Ende war: "Dann sahen wir die ersten Russen. Neben uns wohnte der stellvertretende Ortsgruppenleiter Schumann. Die Russen haben ihn in voller Uniform im Keller angetroffen – alle anderen hatten sich längst ihrer Uniformen

Die Familie Hans und Margot Foß (vorn) mit ihren Söhnen Werner (hinten rechts) und Harry (links), Anfang der fünfziger Jahre.

und Parteiabzeichen entledigt – und auf der Stelle erschossen."

Es war für die Familie Foß nicht einfach, den sowjetischen Soldaten klar zu machen, daß sie als jüdische Verfolgte in Moabit überlebt hatten. So teilt Harry Foß über die Befreiung vom Nationalsozialismus mit: "Als man sicher sein konnte, daß die Gegend von den Deutschen nicht mehr zurückerobert werden würde, konnten wir uns zu erkennen geben. Auf der russischen Kommandantur wollten sie es erst nicht glauben." Und sein Bruder erinnert sich: "Es gab einige jüdische Offiziere in der Roten Armee. Ich weiß noch, ich mußte ein hebräisches Gebet aufsagen, das konnte ich ja, und die Hose runterlassen, ob ich beschnitten bin. Dadurch, daß wir gesagt haben, daß die Leute im Haus alle gewußt haben, daß wir Illegale waren, konnten

wir uns für den Schutz, den man uns gewährt hatte, revanchieren. So schützten wir auch Herrn Seeliger. Nach dem Krieg hieß es, alle im Haus haben es gewußt. Ob es stimmt oder nicht, wird sich nie beweisen lassen. Es gab zum Beispiel einen wirklichen Nazi, einen Eisenbahner, der hätte uns bestimmt angezeigt, wenn er die Wahrheit gewußt hätte. Bei vielen anderen glaube ich, daß sie es zumindest geahnt haben. Wir haben zu den Hausbewohnern in der Waldstraße auch nach dem Krieg ein gutes Verhältnis gehabt. Darum ist meine Mutter da wohnen geblieben. Ich blieb in dem Haus, bis ich ausgewandert bin, mein Bruder, bis er geheiratet hat. Meine Mutter war die letzte Mieterin von denen, die damals in der illegalen Zeit dort gelebt haben."

Hans Foß an seinem Schreibtisch im Bezirksamt Tiergarten, Anfang der fünfziger Jahre.

Harry und Hans Foß bei einer Feier, Anfang der fünfziger Jahre.

Das Gefühl, wieder ein freier Mensch zu sein, bestand genauso bei Harry Foß: "Das war natürlich wie neu geboren. Es gab wieder Lebensmittelkarten, die kriegten wir auch. Wir sind in dem Haus wohnen geblieben. Die Nebenwohnung, da wohnte eine Familie Kersten, die ist schon während des Krieges mit Kind irgendwohin evakuiert worden. Die kamen nicht zurück und so sind wir in diese Wohnung gezogen. Das war Tür an Tür mit Familie Seeliger und Frau von Schell, wo wir weiter wohnten. Mein Vater starb 1969 und meine Mutter wohnte in der Wohnung noch bis 1980, bis zu ihrer Übersiedlung in das Seniorenheim der Jüdischen Gemeinde. Es war für eine achtzigjährige Frau sehr beschwerlich, immer die drei Treppen rauf und runter zu gehen."

Nach der Befreiung begann der entbehrungsreiche Alltag im zerstörten Berlin, auch für Werner Foß: "Der Krieg war aus, und ich mußte mit anderen Jugendlichen Aufräumarbeiten machen.
Endlich bekam ich wieder eine richtige Lebensmittelkarte. Wir hatten außerdem von den jüdischen Organisationen aus Amerika alle Vierteljahr ein Care-Paket für uns, was natürlich sehr viel geholfen hat. Damals gab es die Zigarettenwährung, es wurde alles in Zigaretten berechnet. Die Leute haben lieber nichts gegessen, aber sie mußten rauchen. Dann habe ich als Dachdeckerlehrling gearbeitet, aber das war mir zu schwer. Dann war ich in der Putlitzstraße im Kraftwerk. Ich hatte sogar noch ein Arbeitsbuch, wo das alles drin steht. Dann kam ich in die Schuhfabrik

Fleischmann, die in der Lehrter Straße neu eingerichtet wurde, wo ich als Durchnäher arbeitete, also Sohlen aufnähen. Ich arbeitete fast nur Nachtschicht, am Tage gab es gar keinen Strom. Ich habe anderthalb Jahre da gearbeitet. Ich bin zur Jüdischen Gemeinde in die Pestalozzistraße 14 gegangen, die inzwischen wieder gegründet worden war. Dort habe ich praktisch meine ganze Jugend verbracht.

1947 fing ich in der Auswanderungsabteilung an zu arbeiten und bin bis zu meiner Auswanderung im November 1948 nach Israel dort geblieben."

Versteck bei einem Schuster in der Altonaer Straße 17.
Erinnerungen eines jungen Juden und die lokale Recherche.

Zu den Menschen, die dem jüdischen Jungen Esra Feinberg am Jahresanfang 1943 mit einer Unterkunft geholfen haben, gehört der Schuhmacher Karl Geistler. Seine Werkstatt und Wohnung befanden sich in der Altonaer Straße 17. Es gelang dem Jugendlichen, im April 1943 mit falschen Papieren nach Ungarn zu entkommen. Ende 1944 langte er endlich in Palästina an, wo er kurz darauf begann, seine Erlebnisse aufzuschreiben. Veröffentlicht hat er sie in deutscher Sprache ursprünglich unter dem Pseudonym Joel König. Das 1967 veröffentlichte Buch "Den Netzen entronnen". Aufzeichnungen eines Überlebenden", auf dessen Grundlage 1978 ein viel beachteter Film entstand, kam 1979 als Taschenbuch neu heraus. 1993 folgte unter seinem richtigen Namen Ezra BenGershôm eine erweiterte Taschenbuchausgabe. Den Erlös aus seinem Buch brachte der Verfasser in eine Stiftung ein, die die Aufgabe hat, durch Vortrags- und Diskussionsveranstaltungen die Beziehungen zwischen jüdischen und nichtjüdischen Menschen auf eine neue Grundlage zu stellen.

Der Autor, der seinen Lebensunterhalt als Biochemiker verdiente, nahm 1947 einen vom Vornamen seines Vaters Gerson abgeleiteten hebräischen Namen an: Sohn des Gerson = BenGershôm. Im Vornamen wurde aus dem "s" ein "z" und seitdem heißt er Ezra BenGershôm.

Aus einer natürlichen Scheu heraus anonymisierte er die Personennamen und örtlichen Bezeichnungen.

Als Lesehilfe wird hier die richtige neben der anonymisierten Ausdrucksweise angegeben. Die verwendeten Zitate entstammen dem Buch "Den Netzen entronnen".[87] In Klammern wird die Seite nachgewiesen. Die Anonymisierungen von Personen und Orten sind anläßlich eines Besuches von Dr. BenGershôm im November 1993 in Berlin-Tiergarten nach mehreren Gesprächen und weiteren biographischen Informationen entschlüsselt worden. Herrn Dr. BenGershôm ist für Durchsicht des Manuskriptes und Beratung bei der Abfassung herzlich zu danken.

Die Rabbinerfamilie Feinberg in Würzburg. Esra als dreimonatiger Säugling auf dem Schoß seines Vaters, 1922.

Die Familie Feinberg

Esra Feinberg ist der Sohn des Rabbiners Dr. Gerson Elias Feinberg. Der 1876 in Roth (bei Nürnberg) geborene Vater war bis 1922 als Rabbiner und Seminarlehrer am jüdischen Lehrerseminar in Würzburg tätig. Die Mutter Sara Feinberg, geborene Pollak, stammt aus Ungarn, wo sie 1891 in Nagy Szöllös auf die Welt kam. 1911 wurden die beiden getraut. In Würzburg, wo die Familie wohnte, sind drei Söhne und zwei Töchter geboren.

Nach dem Umzug der Familie wirkte der Vater von 1922 bis 1929 als Rabbiner der Gesetzestreuen Jüdischen Gemeinde zu Heilbronn am Neckar, wo Esra seine Kindheit verbrachte. 1929 zog die Familie erneut um, als das Familienoberhaupt eine Stelle als Bezirksrabbiner von zwölf Gemeinden in Oberschlesien erhielt. Bis 1936 lebte die Familie in Groß-Strehlitz (zwischen Oppeln und Gleiwitz). Wegen finanzieller Schwierigkeiten des Preußischen Landesverbandes jüdischer Gemeinden im "Dritten Reich" mußte er die Tätigkeit in Oberschlesien beenden und die Familie zog nach Schönlanke (bei Schneidemühl). Dort fungierte Gerson Feinberg von 1937 bis 1939 mit erheblich verringerten Bezügen weiterhin als Rabbiner. Während dieser Jahre gab es erhebliche antisemitische Ausschreitungen, die sich in einem so abgelegenen Ort wie Schönlanke sehr stark bemerkbar machten.

Moses Aron Feinberg in seiner Scheinuniform, Berlin 1939.

Nach der Pensionierung 1939 zogen Dr. Gerson und Sara Feinberg nach Berlin, wo sie zuerst als Untermieter in der Wilmersdorfer Straße in Charlottenburg, dann im Hansaviertel in der Altonaer Straße 19 (?) und zuletzt bis zu ihrer Deportation am 15. August 1942 in der Solinger Straße 1 gelebt haben. Die Eltern wurden nach Riga deportiert und ermordet.[88]

Die älteste Tochter Dora (im Buch: "Ruth"), geboren 1915, war seit ungefähr 1935 mit Salomon Weiss verheiratet. Sie lebte mit ihrem Mann in der Tschechoslowakei, die bei der Zerstückelung dieses Staates durch das nationalsozialistische Deutschland von Ungarn annektiert worden war. Dies hatte zur Folge, daß Dora Weiss mit ihren Töchtern ebenfalls depor-

tiert wurde, sie ist wie ihre Eltern "verschollen". Salomon Weiss war zum Frontarbeitsdienst eingezogen und ist in sowjetische Kriegsgefangenschaft geraten, aus der er nach Kriegsende zurückgekehrt ist. Der Witwer heiratete die jüngere Schwester des Autors, Hanna ("Toni"), die 1920 geboren worden war. Sie lebten zusammen in der Tschechoslowakei, bis sie vor dem kommunistischen Regime in die Bundesrepublik Deutschland flohen. Beide sind in den vergangenen Jahren nach längerer Krankheit gestorben.

Der älteste Sohn der Familie, Isaak Julius, genannt Isi (im Buch "Jakob"), ist ein Jahr nach seiner Schwester Dora 1916 geboren. Nachdem er das Gymnasium von Groß-Strehlitz verlassen hatte, ging er

Moses Aron Feinberg bei polnischen Partisanen, 1944.

nach Berlin und setzte den Schulbesuch an dem jüdischen Gymnasium von Adass Jisroel (Siegmundshof) fort. Anschließend arbeitete er in einer Lackfabrik. Im Herbst 1941 wurde er nach Posen verschleppt. Es trafen noch einige Briefe von ihm ein, bis sie im Frühjahr 1942 ausblieben. Er wurde in Lodz ermordet.[89]

Der zweitälteste Sohn hieß Moses Aron, genannt Moni ("Leon"), und wurde 1918 geboren. Er brach 1936 die Schule ab, um an einem deutschen Technikum in Bodenbach (Sudetenland) eine Ausbildung als Techniker zu beginnen. Allerdings mußte er die Lehre aus finanziellen Gründen vorzeitig beenden. Er kehrte im Herbst 1937 nach Berlin zurück, um am Adass-Jisroel-Gymnasium das Abitur zu erwerben. Er zog mit seinen Brüdern Isaak und Esra zusammen. Alle drei lebten unter anderem bei dem jüdischen Kellner Max Kohn zur Untermiete, der eine Wohnung in der Elberfelder Straße 21 hatte.[90] Moni entkam 1944 in Polen einem Deportationstransport und schloß sich Partisanen an. Er hat die Zeit des Nationalsozialismus überlebt und ist 1988 in Kanada nach längerer Krankheit gestorben.

Ein deutsch-jüdischer Pfadfinder entdeckt die braun uniformierte Welt

Der jüngste Sohn des Rabbiners, Esra Feinberg, geboren 1922, verbrachte seine Kindheit in Heilbronn. Als er im April 1928 in die Schule kam, konnte er bereits etwas lesen und schreiben. Diese Kenntnisse besaß er, weil er an den Schularbeiten seiner Schwester Hanna teilgenommen hatte. Das hebräische Alphabet brachte ihm sein Vater bei. Als dieser 1929 Bezirksrabbiner in Oberschlesien wurde, besuchte Esra dort weiter die Schule. 1933 war er in einem

Esra Feinberg als Achtjähriger in Oberschlesien, 1930.

Gymnasium und mußte nicht nur dort die zunehmende Diskriminierung erleben. Die Zahl der jüdischen höheren Schülerinnen und Schüler war ab 1933 immer mehr zurückgegangen. "Was sie und was auch meine älteren Brüder vorzeitig aus der Schule trieb, waren die ständigen Schikanen und Pöbeleien. In den unteren Klassen blieb außer mir kein jüdischer Schüler mehr."[91] Von den bisherigen Schulkameraden wurde er jetzt nur noch geduldet. Nach dem "rassenkundlichen" Unterricht bekam er die Bemerkung zu hören: "Weißt du, wenn man dich so sieht, mit deinem Gesicht und deinen blonden Haaren, möchte man gar nicht glauben, daß du Jude bist!"[92] Sein nichtjüdisches Aussehen sollte sich in der Zeit des illegalen Lebens als persönliches Glück erweisen, weil es ihm das Überleben erleichterte.

In Groß-Strehlitz gab es für jüdische Jungen und Mädchen zwei Lager der Jugendbewegung: Der Ortsgruppe des nicht-zionistischen "Bundes deutsch-jüdischer Jugend" standen die zionistischen Jugendlichen gegenüber. Während diese das Leben in Israel – damals noch Palästina – favorisierten, betonten die erstgenannten, daß sie deutsch und jüdisch waren. "Mein Vater erhob nicht viel Einwände, als ich dem Bund deutsch-jüdischer Jugend beitrat. Er erhob noch weniger Einwände, als ich im Jahre 1919 zum Misrachi hinüberwechselte."[93] Die Mitgliedschaft zuerst in der deutsch-jüdischen Jugendgruppe und danach dem religiös-zionistischen Bund "Misrachi"[94] wurden vom Vater gutgeheißen.

Als der Preußische Landesverband jüdischer Gemeinden dem Vater 1936 das Rabbinergehalt kürzen und ihn schließlich vorzeitig in den Ruhestand versetzen mußte, tauchte die Frage der Auswanderung der Familie auf. "Mein Vater war damals sechzig Jahre alt, und er konnte sich nicht mit dem Gedanken befreunden, die Strapazen der Auswanderung auf sich zu nehmen und sich an die Sprache und Lebensweise fremder Länder anzupassen. Er wollte den Rest seines Lebens in Deutschland verbringen."[95] Die Tochter Dora lebte zu diesem Zeitpunkt nicht mehr in Deutschland. Das Mädchen Hanna blieb bei den Eltern wohnen, wo sie im Haushalt half, Moses Feinberg ging zur Ausbildung in das Sudetenland und der Sohn Isaak wurde zum Schulbesuch nach Berlin geschickt.

Ihm folgte Esra, der das Gymnasium in Groß-Strehlitz hatte verlassen müssen, weil er wegen einer unvorsichtigen Äußerung im rassenpolitischen Unterricht dem Direktor unangenehm aufgefallen war.

Hanna Feinberg in der Kluft des Bundes deutsch-jüdischer Jugend, 1934

Der Schulleiter setzte alle Hebel in Bewegung, um ihn von der Schule zu entfernen, fand jedoch im Lehrerkollegium keine vollständige Unterstützung. Der Schüler verließ "freiwillig" die Anstalt. "Das Abgangszeugnis brachte mir Überraschungen. In einigen Fächern erhielt ich bessere Noten, als ich sie verdiente. War das eine stille Protestnote und Sympathiekundgebung? Wenn ich an die herzliche Art denke, mit der mir einige Lehrer zum Abschied die Hand drückten, möchte ich es wohl glauben."[96]

Er konnte wegen des zunehmenden Antisemitismus keine staatliche Schule mehr besuchen und ging ab April 1937 ebenso wie seine Brüder auf das jüdische Gymnasium in Berlin. Mit seinem älteren

Bruder, der vor dem Abitur stand, wohnte er "in Pension" bei der jüdisch-orthodoxen Familie von Simon Weichselbaum in der Altonaer Straße 10. Die Weichselbaums, deren Familienoberhaupt zu dieser Zeit noch Versicherungsvertreter war, konnten zunächst weiterhin ihren gutbürgerlichen Lebensstil pflegen.

Die Schule war nur wenige Minuten von dem angemieteten möblierten Zimmer entfernt. Die Erinnerung an den Gebäudekomplex ist bei Ezra BenGershôm heute noch sehr lebendig: "Es war ein ziemlich umfangreiches Bauwerk; nicht nur das Gymnasium fand darin Platz, sondern auch noch eine Volksschule und eine Synagoge, beide ebenfalls im Besitz der Adass-Jisroel. Von den Klassenzimmern aus sah man auf der Spree schwerbeladene Lastkähne vorüberziehen."[97] Die Schule war sehr gut, denn unter den hochqualifizierten Lehrern waren viele entlassene Hochschuldozenten.

Das Leben in der deutschen Hauptstadt war für den damals noch relativ unbekümmerten Fünfzehnjährigen sehr interessant, deshalb hat er das entsprechende Kapitel in seinem Erinnerungsbericht "Erregendes, packendes Berlin" genannt. Er interessierte sich vor allem für Chemie und durfte in der Schule sein Labor einrichten. Mit dem Fahrrad erkundete er die Standorte der chemischen Institute der Berliner Universität und Fabriken für Laboratoriumsbedarf und bekam viele fachbezogene Kontakte.

Im Jahr 1937 war es für die Geschwister noch relativ ruhig. Die Eltern wohnten in Schönlanke und bis zu ihrem Umzug nach Berlin wurden die Schulferien in der Regel dort verbracht.

Im Gegensatz zu Schönlanke erfuhr der Jugendliche in Berlin wesentlich mehr über die Verfolgung der jüdischen Bevöl-kerung und alarmierte die Eltern dementsprechend. Die zunehmende Schikanierung in dem kleinen Ort trug dazu bei, sich mit der Frage der Auswanderung erneut zu beschäftigen. Als Zwischenschritt wurde überlegt, daß die entsprechenden Bemühungen besser von Berlin aus durchzuführen wären, aber es gelang wegen der vielen erforderlichen Genehmigungen und der Schikanen der Behörden nicht, von Schönlanke wegzukommen.

Seit der Rückkehr des Bruders Moni im Herbst 1937 nach Berlin lebten alle drei Brüder in einem möblierten Zimmer. Es befand sich in der Elberfelder Straße 21 im dritten Stock. Hauptmieter war der jüdische Kellner Max Kohn. "Er war ein alleinstehender Mann, der seinen Lebensunterhalt in einem Nachtrestaurant am Alexanderplatz verdiente. Tagsüber in seiner Wohnung traf man ihn selten in wachem Zustand an."[98] 1937/38 mußten die Brüder häufig umziehen, da ihre Eltern keine Vollpension mehr bezahlen konnten. Sie mußten selbst für ihr Essen sorgen.

Im Sommer 1938, als Esra Feinberg sich wie gewohnt mit chemischen Experimenten beschäftigte, wandte er sich der galvanischen Technik zu. "Bald war ich von der Leidenschaft besessen, alles zu verkupfern oder zu vernickeln."[99] Diese Faszination führte zur "Bekanntschaft" mit der Geheimen Staatspolizei: Als er versuchte, eine galvanische Fabrik in der Chausseestraße zu besichtigen, geriet er in den Verdacht der Spionage. Ein Schutzpolizist (Schupo) brachte ihn "pflichtgemäß" zu dem in der gleichen Straße gelegenen Polizeirevier und anschließend zum Polizeipräsidium am Alexanderplatz: "Dieser Schupo hatte mich, ohne einen Augenblick seine gemütliche Berliner Art und sein gutmütiges Gesicht zu verlieren, von der Freiheit der Straße zum Polizeirevier befördert und vom Polizeirevier zur Gestapo."[100] Die Vernehmung bei der Geheimen Staatspolizei endete nach einer dreiviertel Stunde mit dem Verbot, jemals wieder zu einer Fabrik zu gehen und hatte damit ein glimpfliches Ende.

Der Pogrom am 9. November 1938 in Berlin

Seit dem Sommer 1938 waren die Schaufensterscheiben von jüdischen Geschäftsinhabern mit deren Namen auffällig gekennzeichnet worden. Vielleicht war dies schon die Vorbereitung auf die Pogrome am 9. November 1938? Diesen Tag erlebte der Jugendliche in Berlin. Am darauffolgenden Morgen fuhr er mit dem Fahrrad durch die Stadt. "Der Feuerschein am Himmel und die Nachrichten, die schnell von Mund zu Mund gingen, trieben mich am zehnten November schon früh morgens auf die Straße. Ich fuhr von einer Synagoge zur anderen und durchquerte auch einige Geschäftszentren in Charlottenburg und in der Stadtmitte. Stellenweise, dort wo der Asphalt mit Glasscherben übersät war, mußte ich absteigen und das Fahrrad tragen."[101] Neben den Splittern hat er eine glotzende Menschenmenge in Erinnerung, die weder schadenfroh war, noch protestierte. Als er zurück in die Elberfelder Straße kam, erfuhr er von der Verhaftung des Vermieters. Max Kohn kam erst einen Monat später wieder in die Wohnung zurück. "Auf unsere Fragen nach seinen Erlebnissen im Konzentrationslager bekamen wir nur ausweichende Antworten. Wir bedrängten ihn auch nicht viel, denn der Mann war schwer krank. Er lebte danach nur noch einige Monate."[102]
Zur gleichen Zeit war auch der Vater der Feinberg-Brüder verhaftet und in das Konzentrationslager Sachsenhausen verschleppt worden. Die elterliche Wohnung hatten Hitler-Jungen verwüstet. Nach mehreren Wochen wurde Gerson Feinberg mit der Auflage entlassen, auszuwandern. Doch gelang es ihm trotz großer Anstrengungen nicht, ein Visum für die Vereinigten Staaten zu erlangen.

Neben den bereits in Berlin lebenden drei Brüdern zogen – nach der Überwindung vieler bürokratischer Hürden – auch die Eltern mit der Schwester hierher. Sie wohnten zuerst in der Wilmersdorfer Straße bei einer jüdischen Frau polnischer Herkunft zur Untermiete, mit der es viel Streit gab. Ab Juni 1939 lebte die Familie dort wieder zusammen, nachdem die Brüder aus finanziellen Gründen hatten ihr möbliertes Zimmer aufgeben müssen.

Da alle Familienmitglieder hebräische Namen trugen, betraf sie die seit dem 1. Januar 1939 geltende Regelung, dem Rufnamen den Zwangszusatz "Sara" bzw. "Israel" hinzuzufügen, nicht. Als der Beamte des 22. Polizeireviers in der Wullenweberstraße 11 Esra Feinberg wegen der angeblich unterlassenen Beantragung auf Namensänderung anschnauzte, konnte dieser darauf verweisen, daß alle schon hebräische Namen hätten.

Nachdem die Schulen von Adass Jisroel im März 1939 geschlossen werden mußten, ging Esra Feinberg bis Dezember 1939 in die Oberschule der Jüdischen Gemeinde in der Wilsnacker Straße 3 in Moabit, die auch die Gymnasiasten aufnahm. Ein Jahr darauf – zu dieser Zeit hielt er sich zur Umschulung in Steckelsdorf auf – wurde diese Schule in das ehemalige Schulgebäude von Adass Jisroel verlegt.

Jugendgruppe aus dem Vorbereitungslager in Steckelsdorf bei Rathenow, 1940.

Umschulung in Steckelsdorf

Mitte Dezember 1939 ging der Jugendliche nach Steckelsdorf in ein landwirtschaftliches Ausbildungsgut. In dem siebzig Kilometer westlich von Berlin im Kreis Rathenow gelegenen Landwerk betrieb eine jüdische Umschulungsorganisation seit 1938 eine "Ausbildungsstätte für jugendliche Auswanderer, die gärtnerische oder landwirtschaftliche Berufe erlernen sollten."[103]

Seit dem 1. September 1941 war auch hier das Tragen des Judensterns vorgeschrieben und Esra Feinberg fühlte sich verbannt und ausgeschlossen. Er berichtet in einer öffentlichen Diskussion 1993 im Heimatmuseum Tiergarten über sein damaliges Empfinden: "An dem Tag, an dem wir den Judenstern anheften mußten, zeigte ich ihn in dem landwirtschaftlichen Gut, wo wir arbeiteten, spottend einer Katze. Ich dachte, es gibt doch noch Lebewesen, denen es gar nichts ausmacht, ob wir den Stern tragen oder nicht."

Am 21. Mai 1942 wurde polizeilich mitgeteilt, daß drei Tage später die als "Umsiedlung" genannte Deportation bevorstehe. Auf Anraten seines Vaters erlebte Esra diesen Tag schon nicht mehr in Steckelsdorf, sondern war bereits mit der Eisenbahn nach Berlin unterwegs.

"Untergetaucht leben heißt, zur Einsamkeit verurteilt zu sein"

In der Bahn hatte im Mai 1942 sein illegales Leben begonnen: Auf dem Weg zum

Bahnhof, mitten im Wald, wo ihn niemand sah, trennte er den Stern von der Kleidung ab und stieg in den Zug. "Ich schloß mich in der Toilette ein, holte den Judenstern aus der Tasche und meine Kennkarte mit dem großen 'J' darauf, machte mit der Schere von beiden kleine Schnitzel, ließ sie in kleinen Portionen in das Klosettbecken fallen und spülte mehrmals nach. Dann kehrte ich zu meinem Platz im Abteil zurück und blickte zum Fenster hinaus."[104] Er fühlte, daß er ein Stück Freiheit gewonnen hatte.

In Berlin-Tiergarten angekommen, fand der nun polizeilich gesuchte Jugendliche zuerst im Hansaviertel bei dem früheren Direktor des geschlossenen jüdischen Gymnasiums von Adass Jisroel einen ersten Unterschlupf. Die Wohnung von Nachman Schlesinger befand sich in der Lessingstraße 13 im zweiten Stock des Vorderhauses. Dort blieb er nicht lange: "Inzwischen hatten meine Eltern ein anderes vorläufiges Obdach für mich gefunden, bei einer gewissen Frau Gold, einer älteren alleinstehenden Witwe, mit der meine Mutter befreundet war. Sie bewohnte in der Levetzowstraße, nur fünf Minuten von meinen Eltern entfernt, eine Mietwohnung im Hinterhaus zu ebener Erde."[105] Leider konnte sich Ezra BenGershôm bei seinem Besuch in Berlin nicht mehr an den richtigen Namen der Frau erinnern, die ihm in einem länglichen, schmalen Zimmer ein Quartier zur Verfügung gestellt hatte.

Er mußte in der ständigen Furcht leben, beim "Auftauchen" von der Bevölkerung denunziert zu werden. Dies hätte eine Auslieferung an die Geheime Staatspolizei und die Deportation zur Folge gehabt.

Vier Wochen nach seiner Einquartierung in der Levetzowstraße mußte er die Wohnung schnellstens wieder räumen, da seine Helferin eine behördliche Mitteilung erhalten hatte. Der Untermieter, der vorher in dem Zimmer wohnte und deportiert worden war, hatte Möbel zurückgelassen, die abgeholt und zugunsten des Deutschen Reiches verwertet werden sollten. (Siehe den Beitrag über die Vermögensverwertungsstelle in diesem Band.)

Nachdem die Wohnung in der Altonaer Straße 19 (?) nach einem Luftangriff zerstört worden war, zogen die Eltern in die Solinger Straße 1 in Moabit, wo er sie heimlich besuchte. Im Hause bestand ein sehr zurückhaltendes Verhältnis zu den Nachbarn und alle verhielten sich unauffällig. Dieses Verhalten erwies sich als lebenswichtig, denn die Leute kannten sich untereinander nicht und stellten keine Fragen. Eine Woche danach zog er wieder zu der Witwe in die Levetzowstraße.

Ein mit einem schweren Bombardement zusammenhängendes Erlebnis ist Ezra BenGershôm bis heute in Erinnerung geblieben, von dem er 1993 berichtete: Am Schleswiger Ufer brannte ein Häuserblock. Die Menge der Schaulustigen war so groß, daß eine Menschenkette zur Absperrung erforderlich wurde, um die Löscharbeiten nicht zu behindern. Als aus der Ansammlung heraus Klagen zu hören waren, rief der Luftschutzwart: "Keine Sorge, Ihr bekommt die leeren Judenwohnungen." Nach dieser bösartigen Äußerung war in den Gesichtern der Menschen weder Ärger noch Protest zu bemerken, sie zeigten vollkommen kalte, gleichgültige Mienen.

Am 12. August 1942 erhielten Gerson und Sara Feinberg den Deportationsbescheid. Drei Tage später sind beide mit dem 18. Ost-Transport nach Riga deportiert worden, von wo aus sie nicht mehr zurückkehrten.

Da sein Bruder Moni und die Schwester Hanna noch nicht auf der Deportationsliste standen, konnten sie legal in der Solinger Straße wohnen bleiben. Im Gegensatz zu ihnen lebte Esra illegal in der von den Eltern verlassenen Wohnung. Er mußte einüben, sich lautlos in den Räumen aufzuhalten. "Ich legte meine knarrenden Lederschuhe ab und schlich barfuß oder in Strümpfen umher. ... Nach einigen Tagen war ich imstande, einigermaßen lautlos dahinzuleben. Ich hatte gelernt, Porzellanteller unhörbar aufeinanderzusetzen, die Badewanne ohne Plätschern vollaufen zu lassen, wohlgetarnt hinter Tüllvorhängen die Fenster zu öffnen und zu schließen, die Stellen im Korridor zu vermeiden, wo die Diele am lautesten knackte, Husten und Niesen zu unterdrücken, und wenn sie sich nicht mehr unterdrücken ließen, schnell den Kopf unter ein Kissen zu stecken, aufzuräumen, auszukehren und Geschirr zu spülen, so behutsam und leise, als wären die Möbel und das Geschirr aus hauchdünnem Glas gemacht."[106]

Eine dramatische Veränderung trat am letzten Tag des Jahres 1942 ein, als die Freundin des Bruders, die wie er und seine Schwester zwangsverpflichtet in der Rüstungsindustrie arbeitete, in die Wohnung gestürzt kam. Sie berichtete, daß sie mit ihrer Mutter deportiert werden sollte, aber entkommen konnte. Die Verfolger waren ihr auf den Fersen, klopften und polterten an der Wohnungstür. Als es ruhig blieb, zogen sie wieder ab. Daraufhin wurde beschlossen, die Wohnung zu verlassen. Hanna hatte die Hoffnung, daß ein befreundeter Schuster bei der Suche nach einem neuen Quartier helfen würde.

Bleibe bei einem Schuster

Aus der Zeit, als die Eltern Feinberg noch in der Altonaer Straße lebten, kannten sie Karl Geistler, dessen Schuhmacherwerkstatt und Wohnung sich in unmittelbarer Nachbarschaft im Haus Nr. 17 befanden. Das Haus in der Altonaer Straße ist nicht mehr vorhanden.

Der etwa siebzig Jahre alte Schuhmachermeister hatte Esras Mutter versprochen, ihn aufzunehmen, wenn er untertauchen müßte. Dieser Mann hatte offensichtlich kein Bewußtsein von der Gefahr, der er sich aussetzte. Nach der "Flucht aus der elterlichen Wohnung"[107] lebte Esra Feinberg illegal bei dem Schuster. Da es unmöglich war, den ganzen Tag bei Karl Geistler zu verbringen, und um ihn nicht mehr als unbedingt erforderlich zu belasten, hielt sich der Jugendliche so oft wie möglich auf der Straße auf. Eine selbst hergestellte Hitler-Jugend-Uniform, das nichtjüdische Aussehen und ein Verhalten, welches keine Angst verriet, trugen dazu bei, daß seine illegale Existenz nicht aufgedeckt wurde.

Esra Feinberg verbrachte weiterhin viel Zeit in der Wohnung seiner deportierten Eltern. Nachdem die Schwester der Zwangsarbeit ferngeblieben und untergetaucht war, lebte sie ebenfalls illegal bei dem Schuhmacher und kümmerte sich um dessen Haushalt. Die Lebensmittelversorgung des alten Mannes und seiner jungen "Gäste" klappte relativ problemlos, weil manche Kunden des Handwerkers mit Naturalien bezahlten bzw. damit die Dauer der Reparatur verkürzten. Sein Butterfäßchen war immer wohlgefüllt, wie sich Ezra BenGershôm erinnert.

"Die Wohnung des Schusters war für eine illegale Unterkunft wie geschaffen. Sie hatte zwei Zugänge: durch den Laden und vom Treppenflur. Wir brauchten an keinen Türen vorbeizugehen, aus deren Gucklöchern uns neugierige Nachbarn hätten nachspüren können.

Der Laden war sehr geräumig. Dort standen eine Schleif- und Polierbank und die Regale mit den Schuhen. Hier roch es immer nach Leder und Leim und nach frisch gesägtem Kiefernholz, denn der vordere Teil des Ladens mitsamt dem großen Schaufenster war nach Bombenschäden schon zweimal erneuert worden. Von der Straße sah man im Schaufenster Herren- und Damenschuhe, die immer vor Neuheit glänzten."[108] Hinter dem Ladentisch, der Kundschaft verborgen, befand sich eine Falltür zum Keller. Aus dem "Berliner Zimmer" hinter dem Laden kam man in das Schlafzimmer von Karl Geistler und in einen Korridor. "Durch den Korridor gelangte man zu meinem kleinen Zimmer, zur Toilette und zur Küche.

Die Fenster von Zimmern und Küche gingen nach dem Hof. Sie waren alle, ausgenommen das Küchenfenster, mit Scheibengardinen versehen."[109] Die dort fehlende Gardine wurde von Hanna Feinberg nachträglich angebracht. Das Haus war zwar auch durch Bombeneinwirkung beschädigt, aber noch bewohnbar.

Als es im Zusammenhang mit den zunehmenden Bombenangriffen vorgeschrieben wurde, die Dachböden zu entrümpeln, um die Löscharbeiten zu erleichtern, boten sich Moni und Esra für diese Arbeiten an. Sie wollten mit Lebensmitteln entlohnt werden. Da sein Bruder vom Alter her als "Arier" hätte Soldat sein müssen, gaben sich die beiden als "Fremdarbeiter" aus. Sie mußten lernen, gebrochen Deutsch zu reden und stellten sich als Bulgaren vor.

Der Schuster Karl Geistler, der seine Werkstatt in der Altonaer Straße 17 hatte, 1939. Zu dieser Zeit war die Frau des Schusters noch am Leben.

Auf die Dauer war es aber auch bei dem Schuster nicht sicher. Aus dem ursprünglich guten Impuls zum Helfen wurde er leider zu einem "Raubretter", wie es Ezra BenGershôm heute formuliert. Geistler fand es schade, daß die Möbel und Haushaltsgegenstände in der Wohnung der deportierten Eltern in der Solinger Straße zurückgeblieben waren. Er überredete seine "Gäste", im Laufe einiger Wochen die Wohnung auszuräumen und die Schusterwerkstatt mit den herbeigeholten Sachen zu "schmücken".

Bei dem Schuhmacher blieben Esra und seine Schwester, bis das Leben dort immer unerträglicher wurde. "Der Schuster machte kein Hehl daraus, daß er mich gern los sein wollte. Er schleuderte mir Kränkungen ins Gesicht, die ich mir unter normalen Umständen gewiß nicht hätte gefallen lassen. Eingedenk all dessen, was ich ihm schuldete, stand ich da und erwiderte nichts."[110]

Um der Untätigkeit und der bedrükkenden Situation zu entfliehen, gab er sich in seiner nachgemachten HJ-Uniform bei einem Ingenieur in Charlottenburg als Schüler eines von ihm erfundenen italienischen Gymnasiums aus, der sich etwas Taschengeld verdienen wollte. Als "Laufbursche Wilhelm Schneider" beförderte er Meßinstrumente. Entgegen allen Regeln des konspirativen Lebens zog er den Mann ins Vertrauen, weil er das Gefühl hatte, sich ihm ohne Gefahr offenbaren zu können. Diese Einschätzung war richtig, wie der Ingenieur bestätigte: "Das ist ja eine schöne Eröffnung, die Sie mir da machen! Ich wußte schon lange, daß mit dem Hitlerjungen Wilhelm Schneider etwas nicht stimmt. – Aber Donnerwetter, wie kann man sich nur so durchschlagen!"[111] Er war ein alter Sozialdemokrat und Nazigegner und hielt es für selbstverständlich, dem

jungen Juden zu helfen und kritisierte in aller Offenheit das nationalsozialistische Regime.

Gemeinsam mit einem Freund des Ingenieurs, ebenfalls Sozialdemokrat, der eine leitende Stellung in einem chemischen Betrieb – im Buch ist von der Firma Riedel de Haën die Rede – besaß, gelang es ihm, Papiere für die Ausreise nach Ungarn zu besorgen. Hierbei spielte eine Frau eine wichtige Rolle, die Briefpapier eines nicht mehr bestehenden Geschäfts besaß. Darauf wurde ihm bescheinigt, "zur Abwicklung kriegswichtiger Betriebsangelegenheiten" nach Wien fahren zu müssen.

Flucht aus Berlin

Die Zusammensetzung des bei der Flucht aus Deutschland mitgenommenen "phantastischen Fluchtgepäcks" verdeutlicht die damals bei dem Jugendlichen vorhandene Naivität: "Später mußte ich selbst darüber den Kopf schütteln, was alles ich in meinem Fluchtgepäck mitgeschleppt habe. Die zwei großen, schon vorsorglich gepackten Koffer enthielten Hemden, Unterwäsche, einen Anzug, Handtücher, ein Paar Schuhe, eine hebräische Bibel, ein deutsch-hebräisches Wörterbuch, die 'Psychologie des Jugendalters' und 'Lebensformen' von Eduard Spranger, den 'Zauberberg' von Thomas Mann, ein Lehrbuch der ungarischen Sprache, ein Miniaturwörterbuch und einen Sprachführer des Ungarischen, einen Stadtplan von Wien, Fotografien meiner Eltern und Geschwister und einiger Chawerim (Kameraden, d.V.) vom Landwerk, endlich noch eine arabische Sprachlehre zum Selbstunterricht."[112] Zu diesem Gepäck, von dem er annahm, daß er so etwas nie wieder kaufen können würde, kamen noch Schallplatten, u.a. mit der

Esra Feinberg. Die Aufnahme wurde nach seinem Entkommen aus dem Machtbereich der Geheimen Staatspolizei 1944 in Rumänien aufgenommen.

Kreutzersonate und der Frühlingssonate von Beethoven und elektrische Schaltuhren – für die Einhaltung der Schabbath-Regeln – sowie ein silberner Becher aus dem Besitz seines deportierten Vaters hinzu. Vom Schuster wurden die Schuhe noch einmal besohlt.

Mit den falschen Papieren gelang es ihm, im April 1943 nach Wien und zwei Monate darauf nach Ungarn zu entkommen. Er traf im Juni in Budapest ein. Seine Schwester Hanna, sein Bruder Moni und dessen Freundin kamen ihm in den folgenden Monaten nach. Esra Feinberg blieb in Budapest, erlebte den Einmarsch der deut-

schen Wehrmacht im März 1944 und floh nach Rumänien weiter. Als er die ersten sowjetischen Soldaten sah, empfand er das Gefühl der Befreiung.

Noch im gleichen Jahr gelangte er über Constanza (Rumänien) auf einem türkischen Schiff nach Palästina. Bei der Einwanderung dort Ende 1944 wurde er acht Mal verhört und detailliert nach seiner Herkunft und den Erlebnissen ausgefragt, blieb aber dem britischen Geheimdienst verdächtig. (Palästina war seit dem Ersten Weltkrieg von Großbritannien beherrscht.) Es wurde ihm anfangs nicht geglaubt, daß er lebend aus Deutschland hatte entkommen können. Sein Bericht erregte ziemliches Aufsehen. Er mußte immer wieder die gleichen Fragen beantworten und Vorträge über seine Erlebnisse halten, denn er war einer der wenigen Zeugen, die berichten konnten, wie sich Menschen im nationalsozialistischen Deutschland verhalten hatten. Der junge Jude war nicht passiv geblieben und hatte sich nicht in den Tod deportieren lassen. Allerdings mußte er sich auch gegen die Stilisierung zu einem Helden wehren.

Ihm wurde 1945 geraten, seine Erlebnisse in einer hebräischen Zeitung zu veröffentlichen. Damit war das allgemeine Interesse an seiner Lebensgeschichte jedoch nicht befriedigt, sondern eher noch angewachsen.

An der Universität Jerusalem studierte er Biochemie und erwarb dort den Doktortitel. Von 1953 bis 1960 war er wissenschaftlicher Mitarbeiter an den Universitäten Cambridge (England), Wisconsin (USA) und Amsterdam. Bis 1986 leitete Dr. BenGershôm das biochemische Labor in einem Kinderkrankenhaus in Rotterdam. Danach faßte er mit seiner dänischen Frau, den beiden Söhnen und zwei Töchtern, den Beschluß, in Israel zu leben.

"Die Heimat war Feindesland geworden."
Jüdischer Lehrer verbarg sich in der Essener Straße 23.

Eva-Karin Bergman, unter Mitarbeit von Jizchak Schwersenz

Für Jizchak Schwersenz hatte neben Charlottenburg, dem Ort, an dem er 1915 geboren wurde und wo er heute wieder lebt, der Bezirk Tiergarten eine ganz besondere Bedeutung: Der jüdische Lehrer hatte in der Adass-Jisroel-Schule in Siegmundshof das Abitur nachgeholt und später dort, wie in der Schule in der Wilsnacker Straße Unterricht gegeben. Er wohnte in seiner legalen Zeit am Holsteiner Ufer und in der Tile-Wardenberg-Straße und als Untergetauchter häufig bei der Familie Fleischmann in der Essener Straße. Über ihn und die von ihm 1943/44 geleitete illegale Jugendgruppe gibt es reichhaltige Literatur.[113]

Kindheitserinnerungen

Zunächst verbrachte Heinz-Joachim – so lautete sein Vorname vor der Hebräisierung – die Kindheit unbeschwert bei den Eltern Helene und Wilhelm Schwersenz. Sein Vater war Kaufmann, hatte im Ersten Weltkrieg dem Deutschen Reich als Soldat gedient. "Er fühlte sich den preußischen Tugenden in besonderer Weise verpflichtet."[114]

Der Junge lebte seit 1921 in der Berliner Straße 154 (heute: Otto-Suhr-Allee) in Charlottenburg, wohin er nach der Scheidung der Eltern mit seiner Mutter umgezogen war. Er besuchte von 1921 bis 1925 die Volksschule in der Spreestraße, anschließend das Schiller-Realgymnasium in der Schillerstraße, welches er – kurz vor dem Abitur – 1933 verließ.

Häufig unternahm der Jugendliche – wie viele Berlinerinnen und Berliner – ausgedehnte Spaziergänge in den Tiergarten. Der gleichnamige Bezirk hatte – insbesondere im Hansa-Viertel und der Gegend um die Synagoge in der Levetzowstraße – einen verhältnismäßig hohen Anteil an jüdischer Bevölkerung und dementsprechende religiöse und kulturelle Einrichtungen. Häufig hielt Jizchak Schwersenz sich bei der Familie Sinasohn auf. Die Mutter der Familie war die Cousine seiner Mutter und ihr Ehemann ist Rektor an der Volksschule von Adass Jisroel gewesen.

Die Familie Schwersenz lebte dem Sohn ein jüdisch-liberales Verhalten vor und versuchte, ihn gleichermaßen zu prägen. Gelegentlich fand ein Besuch in der großen Synagoge in der Levetzowstraße statt, die im übrigen dem Jungen wegen ihrer pompösen und überladenen Ausstattung nicht zusagte.

Als Neunjähriger trat er dem jüdisch-orthodoxen Jugendbund "Esra" bei und wechselte mit dreizehn Jahren zum Jüdischen Pfadfinderbund "Kadima" (Vorwärts).[115]

Der Junge besuchte frühzeitig zweimal wöchentlich eine jüdische Religionsschule, in der er die Grundlagen der hebräischen Schrift und Sprache sowie jüdisches Wissen vermittelt bekam.

Die Familie stand seiner Entwicklung zum Zionismus zwiespältig gegenüber, die Mutter führte jedoch gern den Haushalt mit koscherer Zubereitung von Mahlzeiten – den religiösen Speisevorschriften entsprechend. Als der Sohn aber mit vierzehn

Jahren seinen Vornamen Heinz-Joachim ablegte und sich den hebräischen Namen Jizchak zulegte, lehnte die Mutter dies zunächst ab.

Pfadfinder

Bei den jüdischen Pfadfindern wurde er 1931 mit sechzehn Jahren Führer einer Jugendgruppe und mußte nach der "Machtergreifung" der NSDAP miterleben, wie sein guter Freund und Pfadfinderkamerad Jacob Ehrenfreund von den Nazis verhaftet, in eine Irrenanstalt und schließlich in ein Konzentrationslager verschleppt wurde.

Jizchak Schwersenz beobachtet einen SS-Aufmarsch vor dem Olympiastadion, 1936.

Ihre Kluft trugen die Pfadfinder nach der Machtübernahme am 30. Januar 1933 nur noch verdeckt.

Vor dem Hintergrund der zunehmenden Verfolgung der jüdischen Minderheit wurde untereinander viel über die Auswanderung nach Palästina und andere aufnahmebereite Länder geredet. Es galt, sich auf das Leben in der neuen Heimat vorzubereiten.

Als Jizchak Schwersenz mit seiner Jugendgruppe in den Sommerferien 1933 auf vierwöchiger Ferienfahrt in Holland war, erreichte ihn ein Telegramm der Mutter mit dem Text: "Nicht zurückkommen!" Er befolgte ihren Rat und blieb zwei Jahre in Holland auf einer Hachschara, die der beruflichen Vorbereitung für eine erhoffte Auswanderung nach Palästina diente. Hier lebte er zusammen mit Max Ehrenfreund – dem Bruder des verhafteten Jacob – der den Malerberuf erlernte, während Schwersenz sich landwirtschaftliche Fertigkeiten, wie den Gemüseanbau, aneignete.

Eigentlich hätte er schon 1935 nach zwei Jahren Hachschara ein Einwanderungszertifikat für Palästina erhalten sollen: Doch Dr. Josef Burg vom "Bachad-Bund religiöser Pioniere" schrieb ihm: "Du bekommst kein Zertifikat für Palästina, Du mußt noch ein Jahr hier in Deutschland für die jüdische Jugend arbeiten."[116] So fuhr Schwersenz – nach einer kurzen Episode als Lehrer im Landschulheim in Herrlingen bei Ulm – im Sommer 1937 wieder nach Berlin.

Abitur und Lehrer

Zunächst unternahm er viele Anstrengungen, um das Abitur nachzuholen, was ihm im Realgymnasium in Siegmundshof gelang. Die Schule mit dem Namen "Adass

Jisroel" gehörte der 1869 von der Jüdischen Gemeinde Berlins abgetrennten orthodoxen Gemeinschaft.

Er fand in der Nähe der Schule ein Zimmer und zog zur Familie Lewinsohn, die in der vierten Etage des Hauses Holsteiner Ufer 17 lebte. Dr. Lewinsohn war Lehrer an der jüdischen Schule in der Wilsnacker Straße. Vorher war er bis zu seiner Entlassung als Studienrat im Grauen Kloster tätig gewesen. Das zur Untervermietung freie Zimmer hatte Jizchak Schwersenz durch ein Inserat entdeckt. In seinem bescheidenen Zimmer befand sich ein kleiner Kocher, so daß er sein Frühstück und Abendessen selbst zubereiten konnte. Er fühlte sich bei Lewinsohns sehr wohl, auch gefiel ihm die Nähe zur Spree. Die Bezie-

hung zu dieser Familie war enger, als zu seinen nächsten Vermietern in der Tile-Wardenberg-Straße 28, zu denen er kein besonderes Verhältnis hatte und deren Namen er heute nicht mehr weiß.

Nach einem Jahr Studium in der Jüdischen Lehrerbildungsanstalt in der Lindenstraße, welches er Ostern 1939 beendete, war er als Lehrer an der 6. Jüdischen Volksschule in der Choriner Straße 74 tätig. Vom ersten Mai 1939 an leitete er die Jugend-Alija-Schule am Siegmundshof 11 und in der Choriner Straße. Nach Kriegsbeginn wurde der Unterricht nur in der Choriner Straße weitergeführt. Mit dem Wort Jugend-Alija wurde die organisierte Einwanderung von Jugendlichen nach Palästina bezeichnet (Alija = Aufstieg

Luftschutzwache im Schulhaus Choriner Straße 74 (rechts Jizchak Schwersenz), Januar 1941.

Kennkarte von Jizchak Schwersenz mit Markierung "J", ausgefertigt vom 21. Polizeirevier in der Claudiusstraße 1, 1939.

= Einwanderung nach Palästina). Diese allgemeinbildende Schule befand sich ebenfalls in Siegmundshof 11, und es wurde in Fächern unterrichtet, die für die Emigration relevant waren. Als die Bildungsanstalt beim Kriegsbeginn 1939 geschlossen werden mußte, konnte der Lehrer noch in einer Schule in der Choriner Straße 74 lehren.

Um überhaupt Unterricht erteilen zu dürfen, bekam er vom Schulrat des nationalsozialistisch ausgerichteten Tiergartener "Schulratsbezirks Berlin-Tiergarten II" am 8. Mai 1939 einen mit dem obligatorischen Hakenkreuz versehenen "Unterrichtserlaubnisschein". Dieser berechtigte ihn, "nichtarische Schüler" an Privatschulen und bei Familien zu unterrichten. Diese Genehmigung galt bis zum 31. März 1941. Als die Schule im Herbst 1941 geschlossen werden mußte, war er zwangsverpflichtet als Helfer in einer jüdischen Volksküche in der Gormannstraße 2 im Prenzlauer Berg. Von dort brachte er den zur Deportation bestimmten Menschen im Sammellager in der Synagoge Levetzowstraße das Essen.

Eine besondere Erinnerung an die Zeit kurz nach der Einführung des offen zu tragenden Judensterns ist ihm haften geblieben: "Auch Euch wird die Sonne wieder scheinen", flüsterte ihm eine freundliche Frau aus der Nachbarschaft am Holsteiner Ufer zu, was Jizchak Schwersenz in

**Der Schulrat
des Schulratsbezirks
Berlin= *Tiergarten* 5**

Tagebuch=Nr. *29/39*

Berlin *Tiergarten*, den *8. Mai* 19*39*

Unterrichtserlaubnisschein.

3 RM Verw. Geb.

Herrn
~~Frau~~ ~~Fräulein~~ *Siegbert Schwarberg*

geboren am *30. 5. 1915* zu *Berlin*,

z. 3t. wohnhaft in Berlin *NW 87, Holsteiner=Ufer 17*

erteile ich auf den Antrag vom *3. Mai* 19*39* widerruflich
die Erlaubnis zur Erteilung von Unterricht *an nichtarische Schüler
nach Maßgabe der Zeugnisse* ——————

einzelne Personen und Gruppen von *2* — 5 Personen, in Familien sowie an Privatschulen
Staatsbereich zunächst bis zum 31. März 19*40*.

Die Erlaubnis berechtigt nicht zur Einrichtung und Leitung von privaten Schulzirkeln,
Familienschulen und ähnlichen Unterrichtsveranstaltungen.

In den Ankündigungen und Anschlägen ist jede irreführende Angabe zu unterlassen.

Die Verlängerung der Unterrichtserlaubnis ist 4 Wochen vor Ablauf unter Beifügung
des Erlaubnisscheins und eines Berichts über die unterrichtliche Tätigkeit im abgelaufenen
Jahr bei dem für den Wohnbezirk zuständigen Schulrat zu beantragen.

Bei Verlegung des Wohnsitzes und der Tätigkeit in einen anderen Schulratsbezirk ist der
Erlaubnisschein dem für diesen Bezirk zuständigen Schulrat vorzulegen, der Auskunft über die
persönlichen Verhältnisse des Inhabers zu verlangen berechtigt ist. Wird die Vorlegung binnen
einer Frist von 4 Wochen nach Beginn des Unterrichts versäumt, so kann die Unterrichtserlaubnis
zurückgezogen werden.

Für diesen Erlaubnisschein ist nach der allgemeinen Verwaltungsgebührenordnung vom
30. 12. 26 eine Verwaltungsgebühr von drei Mark erhoben worden.

Schulrat.

wenden!

Unterrichtserlaubnisschein.

seinen Berichten heute noch als Lichtblick in dieser Zeit schätzt.

Seine Tätigkeit als Lehrer brachte ihm, wie schon erwähnt, schließlich die Leitung der Schule, was auch mit der großen Zahl der bereits deportierten Lehrkräfte zusammenhing. Am 1. Mai 1939 hatte er in der Jugend-Alijah-Schule noch 150 Schülerinnen und Schüler zu betreuen. Der 1923 mit dem Namen Gerd (Gad) Beck geborene Schüler von Schwersenz gehörte der illegalen Jugendgruppe "Chug Chaluzi" (Kreis der Pioniere) an und übernahm im Februar 1944 die Leitung, als Schwersenz aus Deutschland floh.

Schwersenz spricht von dieser Zeit als der "Blütezeit der jüdischen Arbeit". Eine solch positive Einschätzung – die von vielen hier gebliebenen Angehörigen der jüdischen Gemeinschaft geteilt wurde – rief aber auch Kritik, wie von der Philosophin Hannah Arendt, hervor: Diese meinte, man hätte die Energie darauf richten müssen, so viele Juden wie möglich aus Deutschland und den okkupierten Gebieten herauszubringen und zu retten. Jizchak Schwersenz meint heute: "War wirklich – nach damaligem Erkenntnisstand – mehr möglich? Ich denke, wir haben alles getan, um die Menschen zu stärken, um ihnen Mut zu machen ..."[117]

Jugendarbeit

Auch in seiner Freizeit widmete er sich jungen Menschen, vor allem durch seine Mitarbeit im zionistischen Pfadfinderbund "Makkabi Hazair" und in Organisationen der Jugend-Alijah, in denen er seit 1938 in verantwortungsvollen Positionen war. Ihm gab sein Glaube Kraft und Mut, ebenso wie seine Ideale der Jugendbewegung, die er glaubhaft weitergeben konnte. Spä-

ter im Versteck – als "U-Boot" – zeigte sich die Notwendigkeit solcher Fähigkeiten deutlich.

Zum Zeitpunkt der Reichspogromnacht vom 9. auf den 10. November 1938 befand sich Jizchak Schwersenz in der Fasanenstraße in Charlottenburg und sah die dort gelegene große Synagoge brennen. Auf dem Heimweg wurde er kurz vor seinem Haus vom Sohn des Rabbiners Rosenthal, der ebenso am Holsteiner Ufer wohnte, aufgehalten: "Geh' jetzt bloß nicht nach Hause, vor eurer Tür steht der Lastwagen der Gestapo!"[118] So ging er weiter zu seinen Verwandten in die Essener Straße 23, wo er sich einige Tage versteckte. Auf diesen Ort wird später ausführlicher eingegangen.

Zu jener Zeit befanden sich in der Wilsnacker Straße 3 Unterrichtsräume der jüdischen Gemeinde. In einem Zimmer der Haushaltungsschule konnte die letzte Feier "Jom Hazofim" – Tag des jüdischen Pfadfinders – stattfinden, wie sich Jizchak Schwersenz in seinem Buch erinnert: "Die Tradition kennt im Frühjahr des jüdischen Jahres den Geburtstag der Bäume und vergleicht den wachsenden jungen Baum mit dem sich entwickelnden jungen Menschen. Es war ein schöner Brauch geworden, den Festtag unserer Jugendbewegung auf dieses alte jüdische Fest zu legen. Der letzte Jom Hazofim fand im Februar 1942 statt. An diesem Fest nahmen unsere drei noch verbliebenen Berliner Gruppen mit 50 Chawerim (Kameradinnen und Kameraden, d.V.) teil. Wir hätten keinen Raum mehr für die Feier bekommen, wenn wir sie nicht als schulische Veranstaltung, als Lernvorführung mit Lichtbildern, getarnt hätten. Auf diese Weise aber erhielten wir einen großen Saal der jüdischen Haushaltungsschule in der Wilsnacker Straße. Der Vorführungsapparat mußte natürlich für den Fall einer polizeilichen Kontrolle bereitstehen."[119]

Illegalität

Ein Mensch, der im Zusammenhang mit dem Überleben von Jizchak Schwersenz unbedingt erwähnt werden muß, ist Edith Wolff, auch Ewo genannt, die "lieber auf Seiten der Verfolgten als auf Seiten der Verfolger"[120] stehen wollte. Die 1904 in Berlin geborene Tochter nichtreligiöser Eltern konvertierte 1934 aus Protest gegen den Antisemitismus zum jüdischen Glauben![121] Durch Schwersenz lernte sie jüdisches Brauchtum kennen. Die "Mutter" des Chug Chaluzi mußte ihn überzeugen, sich nicht am 28. August 1942 um 18.00 Uhr in der Tile-Wardenberg-Straße zur Deportation einzufinden. Zunächst lehnte er es grundsätzlich ab, mit falschen Papieren zu leben. Edith Wolff überredete ihn aber zum illegalen Leben und so kaufte Heinz Joachim, wie er sich kurze Zeit nannte, für 50 Reichsmark einen Reisepaß auf den Namen Ernst Hallermann und galt fortan als Mitglied der "Deutschen Arbeitsfront".

Er lernte schnell, beim Laufen gekonnt ein starkes Hinken zu simulieren, denn von seinem Alter her wäre er als "Arier" eigentlich wehrtauglich gewesen.

Vom Beginn seiner neuen Identität an lebte er siebzehn Monate untergetaucht an mehreren Orten in Berlin.[122] Eine wichtige Adresse befand sich – wie schon genannt – in der Essener Straße 23. In diesem Hause wohnte in der Parterrewohnung die Familie Fleischmann, die später auch andere Chug-Chaluzi-Mitglieder bei sich versteckte. Der Unterschlupf bei dieser Familie erschien ihm besonders sicher, da der Vater Julius Fleischmann als Schwerverwundeter des Ersten Weltkrieges gelähmt war

und für eine Deportation nicht in Frage zu kommen schien. Die Ehefrau Sophie, die ihn aufopferungsvoll umsorgte, war eine Cousine von Jizchaks Mutter. Der Sohn Arno war schon nach Schweden emigriert, während die Tochter Eva (hebräisiert: Chawa) ebenfalls dem Chug Chaluzi angehörte. In seinen Erinnerungen hebt Schwersenz hervor: "Die Fleischmanns waren liebevolle und wahrhaft fromme Menschen, denen Nächstenliebe und Gastfreundschaft über alles ging. Wer auch immer zu ihnen kam, nahm mit größter Selbstverständlichkeit an den Mahlzeiten teil und erhielt auch ein Nachtquartier. Meine Mutter pflegte Familie Fleischmann als Menschen von jüdischem Adel zu bezeichnen."[123]

Im Frühjahr 1943 kam es für Jizchak Schwersenz zu einem dramatischen Erlebnis: Plötzlich und unvermittelt stand die Gestapo vor der Tür, um die Eheleute für die Deportation nach Theresienstadt abzuholen. Durch eine beherzte Reaktion gelang es Sophie Fleischmann, den gerade anwesenden Jizchak Schwersenz zu warnen. Sie rettete ihm das Leben, indem sie ihn durch einen Hinterausgang entkommen ließ. Aus sicherer Entfernung mußte er hilflos zusehen, wie seine Beschützer auf einem LKW abtransportiert wurden.[124]

Als die Geheime Staatspolizei am 27. Februar 1943, dem Tag der "Fabrikaktion", öffentlich Betriebe und Fabriken durchkämmte, um der letzten Jüdinnen und Juden habhaft zu werden, trafen sich in Edith Wolffs Wohnung elf junge Menschen und gründeten den Chug Chaluzi. Sie wollten sich nicht deportieren lassen, wie sich Schwersenz entsinnt: "Es war ihnen gelungen, von den Lastwagen abzuspringen, sich zu verstecken oder über die Dächer zu fliehen, als sie die Gestapo-Autos auf der Straße sahen."[125] Diesem geheimen Kreis

"Lagerleben" auf dem Dach. Mitglieder der von Jizchak Schwersenz (hinten Mitte) geleiteten Jugendgruppe, Artilleriestraße 14, Sommer 1941.

schlossen sich in der Zeit zwischen seiner Gründung und dem Kriegsende etwa vierzig Kinder und Jugendliche zwischen neun und zweiundzwanzig Jahren an, wobei der aktive Kern der Gruppe aus sechs bis acht Personen bestand.

Die Gruppe erstellte ein systematisches Programm, was verschiedene Aktivitäten umfaßte, wie Theaterbesuche, aber auch die Abhaltung des Schabbat, den man nun heimlich zu Hause feiern mußte, so z.B. bei den Zwillingen Miriam (Margot) und Gad (Gerd) Beck. Sie stammten aus einer Mischehe – der Vater war Jude und die Mutter Christin – und waren von daher nicht ganz so stark gefährdet, wie die "Volljuden". Edith Wolff fungierte bis zu ihrer Verhaftung am 19. Juni 1943 als eine Art Managerin, deren wichtigste Aufgaben darin bestanden, Nachtquartiere und Lebensmittel zu beschaffen.

Besonders problematisch waren die Wintermonate, in denen eine Übernachtung im Freien oft unmöglich wurde. Hinzu kam die zunehmende Angst der Menschen, die Verstecke anboten, selbst von der Gestapo verhaftet zu werden und die fehlende Möglichkeit, eigene Lebensmittelkarten bekommen zu können, um damit eine Grundversorgung sicherzustellen. Die Jüngste der Gruppe, die neunjährige Liselotte Bernstein – deren Eltern bereits deportiert waren – fand relativ leicht ein Versteck, da sie überhaupt nicht "jüdisch" aussah. Am schwersten war es in der Gruppe für die "reinrassigen" Juden, wie

Jizchak Schwersenz, Poldi (richtig: Leopold/Jehuda Chones) und Zwi (richtig: Heinz Abrahamson),[126] die schon älter waren, während die "Mischlinge" noch zum Teil zu Hause unterkommen konnten. Poldi, der besonders eng mit Jizchak Schwersenz befreundet war, ist als einziger des inneren Kreises der Gruppe von den Nazis umgebracht worden.

Flucht in die Schweiz

Ernst Hallermann, dessen Identität Jizchak Schwersenz angenommen hatte, war in Wirklichkeit ein Freund von Edith Wolff, der als Helfer der Gruppe tätig war und seinen Reisepaß als verloren gemeldet hatte. Dessen Identität benutzte Jizchak Schwersenz bis zum 12. Februar 1944, wechselte dann in die eines Werner Obst und floh als Luftwaffenoffizier schließlich über Singen in die Schweiz.[127] Er sorgte dafür, daß die Gruppe von dem Genfer Büro des Hechaluz unterstützt wurde. Die Jugendlichen blieben im Untergrund, bis sie endlich 1945 aus der Illegalität wieder auftauchen konnten.

In der Schweiz studierte Jizchak Schwersenz und wandte sich wieder der Jugendarbeit zu, bis er 1953 nach Haifa in Israel auswanderte, wo er bis zu seiner Pensionierung als Gymnasiallehrer tätig war. Seit 1991 lebt Jizchak Schwersenz wieder in seinem Geburtsbezirk Charlottenburg.

Er begann 1979 mit seinen Vortragsreisen durch die Bundesrepublik Deutschland, um über sein Schicksal und das seiner Jugendgruppe Chug Chaluzi zu berichten. Erst beim Schreiben seiner Erinnerungen wurde sich der wegen seiner Verdienste 1994 von der Pädagogischen Fakultät der Universität Hamburg mit dem Doktortitel ehrenhalber ausgezeichnete Zeitzeuge der seinerzeitigen Gefahr bewußt: "Damals hatten wir nicht viel Angst. Wir konnten, wir durften nicht darüber nachdenken, was uns hätte passieren können, denn damit hätten wir nicht leben können." [128]

Politischer Widerstand im Kaffeekränzchen.

Die jüdische Kommunistin Ottilie Pohl aus der Beusselstraße 43.

Andreas Borst

Ottilie Pohl leistete dem nationalsozialistischen Regime Widerstand aus politischer Überzeugung. Sie wohnte in der Beusselstraße 43, mitten im proletarischen Kiez, wo die Kommunistin fast jedem Kiezbewohner ein Begriff war. Heute kennen viele die Pohlstraße in Tiergarten-Süd, die die Bezirksverordnetenversammlung 1947 nach ihr benannte (Ludendorffstraße hieß sie seit 1936, davor Steglitzer Straße). Ihren Genossen im Untergrund zu helfen, war für sie als Kommunistin selbstverständlich. Wegen ihrer jüdischen Herkunft wurde die 76jährige 1942 nach Theresienstadt deportiert, wo sich ihre Spuren verlieren.

Ottilie Levit wurde 1867 in Schönwalde in der Niederlausitz geboren. Sie zog nach dem Besuch der Volksschule und der einjährigen Ausbildung in der "Putz- und Federbranche" als junge Frau – wahrscheinlich vor der Jahrhundertwende – nach Berlin. 1893 heiratete sie Wilhelm Pohl. Der 1867 geborene Ehemann war nicht jüdischer Herkunft. Ihrer Verbindung entstammen zwei Kinder: 1895 wurde Fritz und 1900 Gertrud geboren. Die Spuren der Kinder konnten noch nicht aufgefunden werden.

Nachdem die Familie Pohl im April 1915 in den 4. Stock des Vorderhauses der Beusselstraße 43 zog, starb im gleichen Jahr der Mann, nur 48 Jahre alt. Daraufhin gab die gelernte Putzmacherin ihr Hausfrauendasein auf und arbeitete als Bürogehilfin beim Magistrat von Berlin, bis 1924 ihr Arbeitsplatz abgebaut wurde. Ihr Sohn Fritz unterhielt sie fortan.

In den dreißiger Jahren ergriff sie wieder ihren erlernten Beruf und führte ein Putzmachergeschäft in der Beusselstraße, wo Hüte und Mützen im Schaufenster auslagen. Besonders beliebt war Ottilie Pohl bei den Kindern im Proletarierviertel, die auf ihrem Heimweg von der Schule oft einen Umweg gingen, um bei ihr vorbeizuschauen, denn sie steckte ihnen dann Kleinigkeiten zu.

Der politische Weg führte Ottilie Pohl über einen Arbeiterbildungsverein für Frauen und Mädchen, wo sie unter den Bedingungen der Bismarckschen "Sozialistengesetze" arbeitete, zur Sozialdemokratischen Partei Deutschlands. Sie war in Moabit als SPD-Funktionärin tätig. Im Ersten Weltkrieg brach sie mit der SPD und trat zur Unabhängigen Sozialdemokratischen Partei Deutschlands über, für die sie 1920 in der Berliner Stadtverordnetenversammlung saß.

Später wurde Ottilie Pohl Mitglied der Kommunistischen Partei Deutschlands. Sie war damals im Aufsichtsrat der Konsumgenossenschaft Groß-Berlin. Während des BVG-Streiks vor der Machtübergabe verpflegte sie in der Solidaritätsküche die Streikenden. 1932 ging sie schließlich in Rente, ab 1938 bezog sie eine Witwenrente aus der Invalidenversicherung, zuletzt monatlich 57,80 Reichsmark.

Nachdem sie ihr Geschäft – wahrscheinlich in der zweiten Hälfte der dreißiger Jahre – schließen mußte, stand sie als Arzthelferin dem jüdischen Kinderarzt Dr. Joseph zur Seite. Dieser unterhielt in der Beusselstraße bis 1940 seine Praxis als

"Krankenbehandler" – so mußten sich die seit Juli 1938 mit Berufsverbot belegten jüdischen Ärzte bezeichnen lassen. Sie durften nur noch jüdische Kranke behandeln. Der Hebamme Pauli, mit der Ottilie Pohl befreundet war, half sie bei häuslichen Entbindungen. Auch als Babysitter hat sie sich in dieser Zeit betätigt.

Ottilie Pohl engagierte sich in der "Roten Hilfe", einer 1933 illegal gewordenen KPD-Nebenorganisation, die kommunistische Häftlinge und ihre Angehörigen unterstützte. Nach den Massenverhaftungen von 1933/34 sammelte diese Hilfsorganisation Geld, Kleider und Lebensmittel für die vielen gefangenen Genossen. In der gesamten NS-Zeit wurde jeder zweite Kommunist verhaftet, insgesamt sollen es etwa 150.000 Personen gewesen sein.[129]

Die Rote Hilfe Moabit traf sich oft zum "Kaffeeklatsch" oder in Gartenlauben, was auch eine gute Tarnung war. Die Leiterin des "Kaffeekränzchens" war Rosa Lindemann, die bei der Geheimen Staatspolizei den Spitznamen "die rote Katze" erhielt. Sie war Mitglied der illegalen KPD-Bezirksleitung Berlin-Brandenburg.

Nach 1945 lebte Frau Lindemann in der Rostocker Straße 36. Damals erinnerte sie sich im "antifaschistischen Impetus" an diese Moabiter Frauengruppe: "Mit Stolz aber möchte ich die Tatsache erwähnen, wie aktiv unsere Moabiter Frauen in diesem unterirdischen Kampfe waren. Unsere Rote Hilfe bestand aus einer Gruppe zuverlässiger, aufopfernder Frauen, die sich einmal in der Woche regelmäßig trafen, um ihre Weisungen in Empfang zu nehmen. Wir waren doch nur ein 'soooo' harmloses Kaffeekränzchen. Und im Sommer ging es nach Villa Rosa in der Jungfernheide."[130]

Die Gruppe unterstützte die Opfer der Nazi-Verfolgung, sammelte Geld für die Angehörigen der Inhaftierten und half untergetauchten Widerstandskämpfern. Konkret sah das so aus: "Einige unserer Frauen halfen den Männern, deren Frauen verhaftet waren, in der Wirtschaft und betreuten die Kinder. Wir hatten über dreißig Familien erfaßt und konnten manches Leid lindern. Es war für uns eine besondere Freude zu hören, wie froh unsere Genossen in den Gefängnissen und Zuchthäusern darüber waren, daß wir uns um ihre Angehörigen kümmerten und sie umsorgten."[131]

Zu dieser Widerstandsgruppe gehörte auch der herrenlose Dackel von Wilhelm Pieck – als Schutzengel. Seit der Verhaftung des KPD-Vorsitzenden Ernst Thälmann 1933 war Pieck Parteivorsitzender. Mit einem Teil des Politbüros emigrierte er nach Paris, um von dort aus die Widerstandsarbeit zu koordinieren und anzuleiten sowie für die Herstellung von Schriften zu sorgen, die über ein System von Grenzstellen nach Deutschland geschleust wurden. Sein in Deutschland zurückgelassener Hund war bei der Genossin Martha Krüger in Pflege, die 1941 im gleichen Prozeß wie Ottilie Pohl angeklagt wurde.

Zu den Aktivitäten der Moabiter Gruppe gehörte es auch, kleine Streuzettel mit Parolen gegen Krieg und Naziterror sowie Flugblätter zu fabrizieren. Dort stand beispielsweise zu lesen "Schreibt überall Euer NEIN an!" oder "Werft alle Bilder von Hitler und seinen Komplizen auf die Straße!" Diese Streuzettel verlor man dann "zufällig" in der Eisenbahn, in einer Markthalle oder auf der Straße. Die Flugblätter wurden auch in Betrieben, Briefkästen, Warteräumen und Telefonzellen mit äußerster Vorsicht unter das Volk gebracht.

Über Ottilie Pohls Rolle in der Roten Hilfe berichtete Rosa Lindemann: "Ein unmöglich gab es für sie nicht, immer wußte sie Rat. Für die Gemeinschaft sorgen war der Inhalt ihres Lebens."[132] In diesen nach dem Kriege verfaßten Berichten schwingt zwar viel Pathos und Glorifizierung mit, es werden aber doch Charakterzüge von Ottilie Pohl erkennbar.

Offenbar versteckte Ottilie Pohl in der Beusselstraße auch Verfolgte, wie dem vor einem Vierteljahrhundert in der DDR erschienenen Buch "Deutsche Widerstandskämpfer" zu entnehmen ist: "Des öfteren verbarg sie illegal lebende Widerstandskämpfer in ihrer Wohnung."[133] Der damit verbundenen Gefahr war sie sich stets bewußt: Bespitzelungen drohten von allen Seiten, besonders wenn mutige Menschen versuchten, jüdischen Familien zu helfen.

Schließlich brachte die "Vorbereitung eines hochverräterischen Unternehmens", so hieß es damals "im Namen des Volkes", die 73jährige Ottilie Pohl ins Gefängnis. Ihr "Hochverrat" bestand darin, daß sie dem aus Skandinavien eingeschleusten illegalen kommunistischen Funktionär Rudolf Hallmeyer eine Unterkunft bei Martha Krüger vermittelt hatte.

Hallmeyer kam als "Instrukteur" nach Deutschland, im Auftrage der Pariser Auslandsleitung der KPD. Da es keine Verbindung mehr zwischen Emigrationsleitung und Widerstand gab, sollte in Deutschland eine zentrale Parteileitung gebildet werden.

Ottilie Pohl wurde von dem Genossen Erwin Hanke angesprochen, ob sie nicht ein Quartier wüßte für jemanden, "der sich nicht überall sehen lassen könne", wie es in der Urteilsschrift vom 30. April 1941 heißt. Sie wollte ihn zunächst persönlich in Augenschein nehmen und traf, nachdem ihn der Genosse beschrieben hatte, Rudolf Hallmeyer am Bahnhof Beusselstraße. Sie fragte ihn, ob er Emigrant sei, was Hallmeyer verneinte. Daraufhin erklärte sie, daß sie ihn zwar nicht beherbergen könne,

Ottilie Pohl.

ihm aber ein Quartier vermitteln wolle. Zu diesem Zweck suchte Ottilie Pohl Martha Krüger auf, die Hallmeyer für einige Tage aufnahm.

Als dieser am 24. August 1940 "aufflog" – wie Hallmeyer wurden auch die anderen Instrukteure, darunter Willi Gall und Arthur Emmerlich, zum Tode verurteilt – gerieten auch Ottilie Pohl und Martha Krüger zwischen die Mühlsteine der NS-Justiz. Vier Tage nach Rudolf Hallmeyer wurde Ottilie Pohl verhaftet. Vom Kammergericht zu einer Gefängnisstrafe von acht Monaten verurteilt, konnte sie erst Ende 1941 das Frauengefängnis in der Kantstraße als freier Mensch verlassen.[134]

Endlich wieder frei, setzte sie ihre Widerstandsarbeit im "Kaffeekränzchen" fort. Am 19. November 1942, kurz nach ihrem

76sten Geburtstag, wurde die alte Frau von der Gestapo abgeholt und am Tag darauf mit dem 75. Alterstransport in das Ghetto Theresienstadt deportiert. Zum Verhängnis wurde ihr jedoch diesmal nicht die Begünstigung des kommunistischen Widerstands, sondern ihre jüdische Herkunft.

Ottilie Pohl war arm. In der von ihr vor der Deportation verfaßten Vermögenserklärung heißt es: "An warmer Kleidung besitze ich gerade, was ich zum Leben brauche, ziehe ich zum Teil an." 102 Reichsmark betrug der Wert ihres Hausrats, der im Auftrag der Oberfinanzdirek-

tion aufgelöst wurde.[135] Ottilie Pohl ist aus Theresienstadt nicht wiedergekommen.

An ihrem Wohnhaus in der Beusselstraße 43 hängt seit 1989 ihr zum Angedenken eine Tafel:

> In diesem Haus wohnte von 1919 bis 1929 die Tiergartener Stadtverordnete *Ottilie Pohl (USPD), geboren 14.11.1867.* Sie wurde als Jüdin und Widerstandskämpferin 1940 verhaftet und 1943 im KZ Theresienstadt ermordet.

Unterschlupf bei Fräulein Bornemann in Alt-Moabit 21-22.
Zwei Freundinnen blieben unzertrennlich.

Unter Mitarbeit von Ines Knuth

In der von Hilde Bornemann betriebenen Musikalienhandlung in Alt-Moabit 21-22 erhielt die jüdische Laborantin Käte Bermann 1942 etwa ein Jahr lang Unterschlupf. Das Geschäft befand sich gegenüber dem Konservatorium von Max und Paul Heller (Alt-Moabit 111), wo ihre Freundin, die Klavierlehrerin Elsa Teschner, tätig war. Leider war es nicht möglich, weitere biografische Informationen über Hilde Bornemann herauszubekommen.

Die 1898 in Berlin geborene Käte Bermann hatte als Laborantin in der Hals-Nasen-Ohren-Abteilung der Charitée gearbeitet, bis sie das Krankenhaus wegen ihrer jüdischen Abstammung verlassen mußte. Anschließend war sie als Sprechstundenhilfe bei jüdischen Ärzten, die nur noch für jüdische Kranke praktizieren durf-

ten, tätig. Sie war sehr musikalisch und nahm an vielen Konzerten im Konservatorium teil.

Die Familienangehörigen

Ihre Eltern waren Siegbert Bermann (geboren 1862) und Ida Bermann. Der Vertreter für Nahrungsmittel und seine Ehefrau lebten mindestens seit 1930 in Charlottenburg in der Schillerstraße 6. Nach dem Jüdischen Adressbuch für Gross-Berlin von 1931 waren zu dieser Zeit auch deren Töchter Hertha und Käthe (die Schreibweise variiert) hier gemeldet. Unter dieser Adresse wurden ab 1939 nicht mehr die Eltern aufgeführt, sondern bis 1943 nur noch Käte Bermann.

Siegbert und Ida Bermann sind 1942 nach Theresienstadt deportiert worden. Nach dem "Gedenkbuch. Opfer der Verfolgung der Juden unter der nationalsozialistischen Gewaltherrschaft in Deutschland 1933-1945" ist Siegbert Bermann dort am 3. Dezember 1942 ums Leben gekommen. Es ist noch ungeklärt, ob die ebenfalls dort aufgeführte Ida J. Bermann, 1873 geborene Pick, identisch ist mit der Mutter von Käte Bermann. Die in dem Gedenkbuch aufgeführte Frau ist in Auschwitz mit Sicherheit ermordet worden, sie gilt als "verschollen".[136] Der Terminus "verschollen" bedeutet in diesem wie in den anderen Fällen, daß für das vom Bundesarchiv in Koblenz und dem Internationalen Suchdienst des Roten Kreuzes 1986 zusammengestellte Gedenkbuch[137] trotz aufwendiger Recherchen kein Todesdatum ermittelt werden konnte. Dies ist ein Indiz für die Menschenverachtung der Nazis. "Das Opfer galt den SS-Bewachern so wenig, daß oft nicht einmal sein Tod vermerkt wurde."[138]

Leider wissen wir auch über die Verwandtschaft von Käte Bermann sehr wenig. Wir halten es für notwendig, darauf hinzuweisen und hoffen, daß die hier wiedergegebenen dürftigen Informationen dazu beitragen, zukünftig noch mehr über Frau Bermann herauszubekommen. Von der Schwester Hertha Bermann ist nur bekannt, daß sie 1890 geboren ist. Sie wanderte schon vor 1933 nach Uruguay aus. Über die weitere Verwandschaft von Käte Bermann, d.h. die Geschwister ihres Vaters, informierte uns die 1939 nach England emigrierte Enkeltochter ihres Onkels, Eva Grenfell: Der ältere Bruder des Vaters, Max Bermann, geboren 1855 in Namslau, ist kurz vor der Vertreibung aus Burgweide-West im Jahre 1942 gestorben. Dessen Tochter Frida, geboren 1890, ist 1942 nach Auschwitz verschleppt worden, nachdem ihr Ehemann am 6. Dezember 1938 im Konzentrationslager Buchenwald ermordet worden war. Deren Tochter Eva, geboren im November 1921, gelangte am 8. Mai 1939 nach England, wo sie heute noch lebt. Ihr sind die biographischen Informationen zu verdanken.

Norbert Bermann, der jüngere Bruder von Siegbert Bermann, Jahrgang 1863, ist 1937 in Berlin, also noch vor dem Beginn der Massendeportationen, gestorben. Sein im Jahre 1900 geborener Sohn Hermann überlebte. Ein weiterer Bruder des Vaters, Alfred Bermann, geboren 1956 ebenfalls in Namslau, starb 1927 in Wien. Dessen 1884 in Wien geborener Sohn emigrierte nach Amerika und starb dort 1960. Der 1921 in Wien geborene Enkel Peter Bermann wanderte bereits vor dem Krieg nach Amerika aus, wo er noch lebt.

Die vier Brüder hatten eine Schwester, Käte Bermans 1858 in Namslau geborene Tante Anna. Sie war mit Waldemar Epstein verheiratet, der sehr jung starb. Anna Epstein ist 1924 gestorben. Ihre Tochter Erna, geboren 1892 in Breslau, überlebte den Holocaust in der Schweiz.

Die Freundin und Lebensretterin Elsa Teschner

Käte Bermann war sehr eng mit der Klavierlehrerin Elsa Teschner befreundet, die sie seit der Schulzeit – sie besuchten eine Privatschule – kannte. Sie hatten gemeinsame künstlerische Interessen. Die Freundin wurde 1887 in Ostpreußen geboren. Von dort kam sie mit ihrer Mutter, als die Ehe der Eltern auseinandergegangen war, nach Berlin.

Elsa Teschner war eine "Tochter aus gutem Hause", wenn auch unvermögend.

Die Klavierlehrerin Elsa Teschner bei einem Vorspielnachmittag im Altersheim Südende (Mitte: Elsa Teschner, davor links: Ines Kunze), 13. Mai 1934.

Die kleine und zierliche Frau bildete wahrscheinlich auch ihre Freundin am Klavier aus. Sie unterrichtete im Konservatorium von Max und Paul Heller, Alt-Moabit 111. Die Musikpädagogin fühlte sich wahrscheinlich zu Höherem berufen und war wohl mit ihrem Schicksal, welches ihr nicht den gewünschten Erfolg als Musikerin bescherte, unzufrieden. So ist sie "nur" Klavierlehrerin geworden und unterrichtete in der Moabiter Musikschule.

Zu ihren Schülerinnen gehörte Ines Kunze, verheiratete Knuth, die sie als "besessen von ihrer Musik" in Erinnerung hat. Sie lebte eine Zeit lang in der Elberfelder Straße 14 (?) bei einer jüdischen Frau zur Untermiete, bis sie in die Essener Straße zog.

Nach der Deportation der Eltern untergetaucht

Nach der Deportation ihrer Eltern mußte Käte Bermann 1942 untertauchen, um nicht ebenfalls in ein Konzentrationslager gebracht zu werden. Zunächst fand sie in der von Hilde Bornemann geführten Musikalienhandlung etwa ein Jahr lang Unterschlupf. Es ist zu vermuten, daß die im Hellerschen Konservatorium tätige Musiklehrerin im Zusammenhang mit dem Kauf von Musikinstrumenten oder Noten regelmäßigen Kontakt mit der Geschäftsfrau hatte.

Als sich herausstellte, daß sie bei Bornemann nicht dauerhaft bleiben konnte, offenbarte sich ihre Freundin Elsa Teschner dem Drogisten Georg Kunze. Wie seine

M. u. P. Hellers
Konservatorium der Musik
Alt Moabit 111

Donnerstag, d. 30. März 1939, 7¹/₂ Uhr (pünktlich)

Vorspielabend

im Vortragssaal (Gartenhaus 1. Stock)

Vortragsfolge

a) Volkslied b) Kleiner Walzer	Karl Zutz 1)
Zwei Volkslieder für Violine	Werner Gieler 2)
C. M. v. Weber. Ballet a. d. „Preziosa"	Hannelore Kammer 3)
W. A. Mozart. a) An den Mai b) Menuett a. d. Op. „Don Juan"	Sigrid Kutscha 3)
Zwei kleine Stücke für Akkordeon	Margrit Börner 4)
P. Fries. Bauerntanz für Akkordeon	Joachim Hildebrandt 4)
B. Schumann. Im frischen Grün	Eva Ochsendorf 5)
a) G. Verdi. Melodie a. d. Op. „Der Troubadour" b) Volkslied	Evelyn Knaack 1)
a) M. P. Heller. Armes Waisenkind b) J. A. Berg. Schwedisches Volkslied	Horst Rusch 1)
a) G. Bizet. Toreco-Lied a. d. Op. „Carmen" b) J. Strauß. Melodie a. d. Opitte. „Die Fledermaus"	Harry Wyrwoll 1)
G. Kanter. a) Bauerntanz b) Kleiner Walzer für Akkordeon	Lothar Waldmann 4)
M. Ritter. Polonaise	Elisabeth von Dufais 5)
F. Spindler. Jagdstück	Horst Waschik 5)
F. Bellini. Chor a. d. „Unbekannten" für Violine	Siegmar Mobes 2)
R. Schumann. Erster Verlust	Ingeborg Freymann 6)
E. Grieg. Walzerlied	Anneliese Rohr 6)
P. Fries. Walzer-Melodie für Akkordeon	Horst Wanzke 4)
a) Norddeutsche Volksweise b) Die Lindenwirtin für Akkordeon	Gertrud Simon 4)
York'scher Marsch	Ernst Köhler 1)
a) W. Mozart. Ländlerischer Tanz b) L. Mozart. Schwabentanz c) Walzer aus Oberösterreich für Blockflöten und Gitarre	Ursula Barek 6), Hilde Bock 6), Lore Fischer 6), Gerba Tekmer 6) Ruth Wermke 6), Frl. Annemarie Braun 3)
L. Dancla. Mazurka für Violine	Ursula Köhler 7)
F. Burgmüller. a) Auf der Jagd b) Ballade	Wolfgang Satz 5)
Ch. Gounod. Méditation für Violine	Fritz Bohne 6)
R. Wagner-Krug. Chor und Marsch a. d. Op. „Tannhäuser"	Boris Oehmig 8)
F. Kuhlau. Rondo A-dur	Dietrich Schantz 8)
R. Krenzlin. Mazurka	Brigitte Frenzel 5)
A. Boieldieu. Ouvertüre zu „Der Calif von Bagdad"	Annemarie Wagner 5) Ellen Coper 5)
O. Schmielin. Perpetuum mobile für Violine	Horst Hippler 2)
Lieder zur Laute	Frl. Annemarie Braun 3)
a) F. Himmel. Melodie b) C. M. v. Weber. Melodie a. d. Op. „Oberon" c) Volksweise	
W. A. Mozart. Fantasie d-moll	Günter Okoniewski 8)
M. Wagner. Böhmischer Tanz	Frl. Doris Winkler 5)
F. Chopin. Walzer Des-dur	Irmtraud Schwengler 5)
S. Leberl. Faust-Walzer	Rolf Sahm 8)
(unter teilweiser Benutzung der Liszt'schen Bearbeitung)	
F. Chopin. Polonaise A-dur	Frl. Liselotte Kunz 5)
D. Scarlatti. Sonaten-Studie	Frl. Martha Flek 5)
J. Raff. Cavatine für Violine	Hr. Jakob Gather 2)
W. A. Mozart. Sonate F-dur, Satz III	Ottokar Elze 8)
Ch. Dancka. Duo für zwei Violinen	Hr. Jakob Gather 2) Hr. Ernst Zschech 2)
F. Liszt. Deutscher Siegesmarsch „Von Fels zum Meer" für zwei Klaviere zu acht Händen	Frl. Liselotte Kunz 5) Frl. Gitta Menzler 5) Frl. Ursel Lekmann 5) Frl. Elfriede Polster 5)

Wird unterrichtet von:

1) Frl. G. Winzforra, 2) Hrn. H. Burke, 3) Frl. H. Bauer, 4) Hrn. St. Wicher, 5) Frl. E. Teschner, 6) Frl. Stenert, 7) Frl. Ch. Haese, 8) Hrn. Direktor M. Heller.

Die beiden angekündigten
Experimental-Vorträge
können erst nach Ostern stattfinden.

Nähere Mitteilungen folgen.

Programmzettel von Vorspielabenden im Hellerschen Konservatorium. Anneliese Rohr, verheiratete Holzhausen-Rohr und Ines Kunze, verheiratete Knuth, als Klavierschülerinnen von Fräulein Elsa Teschner.

Tochter Ines Knuth berichtet, befand sich das Geschäft in der Bochumer Straße 27, Ecke Alt-Moabit 83. Ihr Vater konnte einen Kontakt zu einer Offizierswitwe in Kreuzberg vermitteln, wo Frau Bermann bis zu ihrer Befreiung versteckt lebte. In der Wohnung der alten Dame, die sich in Kreuzberg befand, konnte sie in einer früheren Mädchenkammer überleben. Das kleine Zimmer hatte ein Fenster und eine hinter einem Schrank versteckte Tür, durch die sie klettern mußte, um den Raum zu betreten oder zu verlassen.

In der Zeit hatte Herr Kunze sie weiterhin durch Überlassung von Naturalien – Seife usw., auch mal Brot oder Fett – unterstützt. Als er zufällig in einem ausge-

Käte Bermann (rechts) mit ihrer Freundin und Helferin Elsa Teschner, Ende der sechziger Jahre in Bad Salzuflen.

bombten Haus den Ausweis einer Toten fand, die gewisse Ähnlichkeit mit der Untergetauchten hatte, überließ er ihr das Papier. Damit hätte sie einen legalen Anspruch auf Lebensmittelkarten geltend machen können. Frau Bermann traute sich allerdings nicht, den Ausweis tatsächlich zu benutzen, obwohl sie in keiner Weise "jüdisch" aussah. Sie erzählte einmal Frau Knuth, daß sie eines Tages auf einer Brücke stehend den Ausweis am liebsten ins Wasser geworfen hätte.

Nach 1945 arbeitete Käte Bermann wieder in der Charitée und war bis zum Erreichen des Rentenalters berufstätig. Über ihre Erlebnisse in der Illegalität hat sie sehr wenig mitgeteilt, da sie von dieser Zeit nichts mehr hören wollte. Nach 1947 bewohnten Käte Bermann und Elsa Teschner je ein Zimmer in einer Pension in der

Lietzenburger – Ecke Uhlandstraße. 1947 lautete ihre Anschrift: Lietzenburger Straße 41. Käte Bermann kümmerte sich fürsorglich um ihre Freundin, die in der Folge eines Unfalls 1947 erblindete. Von diesem Zeitpunkt ab verschlechterte sich der Gesundheitszustand von Elsa Teschner immer mehr, bis sie von ihrer Freundin in einem Pflegeheim in der Clayallee untergebracht werden mußte. Bis zu dem Tod von Elsa Teschner 1978 hatte sich Käte Bermann um ihre Freundin, der sie ihr Leben verdankte, sehr bemüht. Die beiden Freundinnen hingen sehr aneinander. Käte Bermann hat am Ende ihres Lebens im Seniorenheim in der Meinekestraße gewohnt und ist 1989 in einem Pflegeheim in der Fuggerstraße gestorben. Das Grab befindet sich auf dem städtischen Friedhof in Wilmersdorf.

Alt-Moabit 21-22: Zufluchtstätte in der Fleischerei Zenk.
Wie das Ehepaar Weissmann und andere überlebten.
Unter Mitarbeit von Heinz Schmidt

Zu denen, die den Mut aufbrachten, um trotz der Gefährdung der eigenen Existenz bedrohten jüdischen Verfolgten zu helfen, gehörten die Eheleute Helene und Leopold Zenk.[139] Sie besaßen die Fleischerei Alt-Moabit Ecke Wilsnacker Straße, wo sie auch in der ersten Etage wohnten. Vom 29. November 1943 bis zum 16. Dezember 1943 fanden Charlotte und Morris Weissmann bei ihnen Unterschlupf.

Bis zur "Fabrikaktion" am 27. Februar 1943 war Morris Weissmann als Zwangsarbeiter in der Flaschengroßhandlung von

Friedrich Vogt, Berlin NW 40, Heidestraße 20-21, beschäftigt. Der ehemalige Vertreter wohnte mit seiner Ehefrau Charlotte in einer Fünf-Zimmer-Wohnung in der Melanchthonstraße 18.

Morris (Moritz) Weissmann stammt aus Oberglogau (Kreis Neustadt in Oberschlesien), wo er 1883 geboren wurde. Seit 1911 war der Kaufmann mit Charlotte Haase, geboren 1884 in Rogowo (Kreis Znin, Posen), verheiratet. Die Eltern von Charlotte Haase waren der Hausbesitzer Joseph Haase und Flora Haase, geborene

Die Straßenecke Alt-Moabit 21-22 und Wilsnacker Straße, etwa fünfziger Jahre. In dem Eckhaus betrieben Helene und Leopold Zenk die abgebildete Fleischerei, wo 1942/43 Untergetauchte versteckt wurden. Die Inhaberin der rechts daneben befindlichen Musikalienhandlung Bornemann versteckte die jüdische Laborantin Käte Bermann 1941/42.

Seelig. Morris Weissmann war vor dem Beginn der Verfolgung in Hildburghausen (Thüringen) zuerst als Einkäufer und dann als Geschäftsführer in dem Warenhaus von H. & C. Tietz tätig. Nach Erwerb des Geschäftes übernahm er als selbständiger Kaufhausinhaber dessen Leitung. Seine Frau war Mitinhaberin. Charlotte Weissmann hatte in Gnesen die höhere Mädchenschule besucht und eine kaufmännische Berufsausbildung in der Damenkonfektion absolviert. Nach der Lehrzeit war sie von 1907 bis zur Heirat 1911 Einkäuferin und Abteilungsleiterin des Geschäftes von S. Wreschinski in Gnesen. Außerdem war sie bis 1936 ehrenamtlich im Frauenverein der Jüdischen Gemeinde von Hildburghausen tätig.[140]

Als Ergebnis der alltäglichen Drangsalierungen war der Umsatz des Kaufhauses immer mehr zurückgegangen, so daß die Eheleute das seit 1910 bestehende Geschäft 1934 aufgeben mußten. Sie zogen im Oktober 1936 zu ihren Geschwistern nach Berlin.

In Berlin mußte Morris Weissmann von 1937 bis 1939 von gelegentlichen Tätigkeiten leben. Von 1940 an leistete er Zwangsarbeit: von August 1939 bis Februar 1940 in dem Holzbaubetrieb von Otto Appel, Neukölln, Treptower Straße 32b und 62-65, von Februar bis August

1940 bei der Färberei Spindler in Spindlersfeld und seitdem bei dem Flaschengroßhandel in der Heidestraße. Hier war er mit dem Be- und Entladen von Lastwagen und Waggons beschäftigt.

Ab dem 19. September 1941 mußten beide Eheleute den Judenstern sowie die Zwangsvornamen "Israel" bzw. "Sara" tragen.

In den frühen Morgenstunden des 27. Februar 1943 hatten Einheiten der Geheimen Staatspolizei mehrere tausend jüdische Zwangsarbeiter an ihren Arbeitsplätzen verhaftet, auf Lastwagen getrieben und nach Auschwitz verschleppt. Diese "Fabrikaktion" erstreckte sich auch auf den Betrieb, bei dem Morris Weissmann arbeiten mußte. Es gelang ihm glücklicherweise zu entkommen und in die Wohnung in der Melanchthonstraße 18 zurückzukehren. Als ihn die Gestapo dort am gleichen Tage verhaften wollte, gelang es ihm und seiner Frau, durch einen zweiten Wohnungsausgang zu entfliehen. Von diesem Zeitpunkt an lebten Morris und Charlotte Weissmann unter verschiedenen Namen und bei mehreren Menschen versteckt.

Den ersten Unterschlupf fanden sie bei dem Drogisten Richard Purps, der ein paar Häuser weiter auf der anderen Straßenseite in der Melanchthonstraße 8 seine Wohnung hatte. Dort blieben sie bis Ende April 1943. Danach fanden sie bis zum 25. August ein Versteck in Rangsdorf, wo sie unter dem Namen Meisner lebten. Als sie dort verraten wurden, flüchteten sie zunächst in den Rangsdorfer Wald. Nachdem sie dort eine Nacht blieben, gingen sie im Morgengrauen nach Dahlewitz. Damit entkamen sie der Gestapo, die auf dem Bahnhof Rangsdorf vergeblich auf sie gewartet hatte. Sie flüchteten wieder zurück nach Berlin, wo ihnen Richard Purps erneut half und sie vom 26. August bis zum 20.

September 1943 wieder in der Melanchthonstraße 8 unterbrachte. Anschließend waren sie in der Flensburger Straße 8 bei Gertrud Lewandowski im Hansaviertel. Die 1895 geborene Schauspielerin war selbst ein Opfer der Verfolgungen. Ihr jüdischer Ehemann, der Kabarettist Hugo Lewandowski, war im Jahre 1942 wegen "Arbeitssabotage" verhaftet worden und starb am 15. Januar 1943 im Konzentrationslager Mauthausen unter nicht geklärten Umständen.[141]

Bei Gertrud Lewandowski konnten Charlotte und Morris Weissmann nur bis zum 22. November 1943 – an dem Tag wurde das Haus total zerstört – bleiben. Da auch das Wohnhaus ihres Helfers Purps bei dem Angriff zerstört worden war, hatten Charlotte und Morris Weissmann vom 23. November 1943 an keine Unterkunft und mußten sich in Warteräumen, Luftschutzkellern und Bunkern aufhalten.

Als Morris Weissmann am 24. November 1943 auf der Suche nach einer neuen Unterkunft war, erkannte ihn eine Frau in der Calvinstraße und schrie dem vor ihr Flüchtenden hinterher: "Ein Jude, ein Jude, ein Spion, nehmt ihn fest!" Die vom Geschrei einer großen Menschenmenge begleitete Hetzjagd endete Alt-Moabit Ecke Thomasiusstraße mit seiner Festnahme durch eine "Fliegeralarmwache". Viele Menschen schlugen mit Händen, Stöcken und Spatenstielen auf ihn ein. Der seiner Freiheit beraubte Mann kam zunächst in die Wache des Polizeireviers in der Kirchstraße (?), dann in das 28. Polizeirevier in der Paulstraße 17, wo seine Personalien festgestellt wurden. Man sagte ihm dort, daß er schon lange gesucht werde. Von dort kam er in eine Zelle des 27. Polizeireviers in der Stephanstraße 16 und anschließend mit einem Gefangenen-

Helene, Erwin (Sohn) und Leopold (Ehemann) Zenk, 1942.

wagen in das Strafgefängnis Plötzensee. Nach 2-3 Tagen wurde er zum Polizeipräsidium am Alexanderplatz transportiert und im dortigen "Bunker" mißhandelt. Einige Tage darauf kam Weissmann in das in einem Gebäude der Jüdischen Gemeinde eingerichtete Gestapolager Oranienburger Straße 29, bevor er zur Deportation in das Sammellager Große Hamburger Straße 26 gebracht wurde.

In dieser Zeit blieb Charlotte Weissmann ohne Information über den Verbleib ihres Mannes, sie hatte zunächst keine Unterkunft und nichts zu essen. In ihrer Verzweiflung ging sie durch die Vermittlung einer Frau Hirschmann, die wie Frau Weissmann Kundin der Fleischerei war, zu Helene Zenk, die sie aufnahm.

Nachdem es Morris Weissmann ungefähr am 18. Dezember 1943 gelungen war, aus dem Sammellager Große Hamburger Straße zu fliehen, begann er die Suche nach seiner Frau. Er fand sie schließlich bei Helene und Leopold Zenk, wo auch er unterkommen konnte. Sie lebten bis zum 16. Dezember 1943 in der Fleischerei in Alt-Moabit unter dem Namen Hoffmann.

Die Weissmanns bekamen einen Todesschreck, als eines Tages ein Feldwebel im Zimmer stand. Der Sohn der Zenks, Erwin, hatte Fronturlaub bekommen. Es dauerte eine Weile, bis sie begriffen, daß ihnen von ihm keine Gefahr drohte.

Unterstützung durch das Überlassen von Lebensmitteln fanden sie ebenfalls bei Margarete Schilling (geboren 1889 in

Hiermit versichern wir an Eidesstatt:

Herr und Frau Leopold Zenk Alt-Moabit 21/22 haben uns im November 1943 als wir ausgebommt, und von der Gestapo verfolgt wurden, längere Zeit aufgenommen und verpflegt. Auch haben sie andere Juden in jeder Weise unterstützt, was wir ihnen nicht genug danken können. Wir wissen ferher, daß Zenks für die Antifaschisten illegal gearbeitet haben.

Wir bitten daher, Herrn und Frau Zenk in jeder Weise zu unterstützen, sie haben es verdient.

Morris Weissmann u. Frau geb. Haase er W 40 Melanchthonstr. 48 jetzt Bochumerstr. 17

Eidesstattliche Versicherung von Morris Weissmann über die Hilfe durch Helene und Leopold Zenk.

Hamburg) aus der Melanchthonstraße 14 (oder 15)[142] sowie bei Helene Scholz, die ein Kolonialwarengeschäft in der Thomasiusstraße 19 hatte. Die Bekanntschaft zu dieser Händlerin war durch Klara Glass, einer Schwester von Charlotte Weissmann, entstanden.[143]

Da Morris und Charlotte Weissmann in Berlin polizeilich gesucht wurden und weiterhin die große Gefahr bestand, von den Nachbarn angezeigt zu werden, verließen sie die Stadt und zogen am 17. Dezember 1943 nach Rangsdorf, wohin Richard Purps Familie nach dem Ausbomben gezogen war und sie wieder aufnahm. Bis zur Befreiung am 25. April 1945 konnten sie hier und bei zwei weiteren hilfsbereiten Menschen unterkommen.

Morris und Charlotte Weissmann gehören zu den wenigen Überlebenden ihrer Familie, die fast vollständig ausgerottet wurde. Die beiden 1913 und 1914 in Hildburghausen geborenen Söhne Wilhelm und Manfred sind in einem Konzentrationslager (Theresienstadt bzw. Auschwitz) ermordet worden.[144]

Auch von der weiteren Verwandschaft ist wahrscheinlich niemand mehr am Leben geblieben: Die Schwester von Morris Weissmann, Cäcilie Woreczek, geboren 1885 in Oberglogau, zuletzt in der Berliner Gleimstraße wohnhaft, ist am 27. Oktober 1941 nach Lodz deportiert worden. Sie wurde dort ermordet, ebenfalls ihre 1907 geborene Tochter Ilse.

Über die folgenden Personen ist nur wenig bekannt: Marie (Maria) Glaser, die

Schwester von Morris Weissmann, geboren 1887, verschollen in Lodz; Hermann Glaser, Ehemann von Marie Glaser, geboren 1886(?), verschollen, Lodz; Adolf Weissmann, Bruder von Morris Weissmann; Fanny Weissmann, Ehefrau von Adolf Weissmann; Ernst Weissmann, Sohn von Adolf und Fanny Weissmann, geboren 1919, verschollen, Auschwitz (?); Henriette Henoch, verwitwete Schein, Schwester von Morris Weissmann; Isidor Henoch, Ehemann von Henriette Henoch; Johanna de Leeuw, geborene Schein, Tochter von Henriette Henoch; de Leeuw, Ehemann von Johanna de Leeuw; Leopold Haase, Bruder von Charlotte Weissmann, geboren 1882, Freitod am 3. Oktober 1940; Klara Glass, geborene Haase, Schwester von Charlotte Weissmann, geboren 1880, verschollen, Auschwitz; Charlotte Glass, Tochter von Klara Glass, geboren 1908, verschollen, Auschwitz; Rosa Kahn, geborene Glass, Tochter von Klara Glass, geboren 1904, verschollen, Auschwitz; Adolf Kahn, Ehemann von Rosa Kahn, geboren 1902 (?), verschollen, Auschwitz; Frieda Kaskel, geborene Haase, Schwester von Charlotte Weissmann (?); Fritz Kaskel, Ehemann von Frieda Kaskel; Hella Kaskel, Tochter von Frieda und Fritz Kaskel; Hedwig Haas, geborene Haase, Schwester von Charlotte Weissmann (?), geboren 1892, verschollen, Auschwitz; Louis Haas, Ehemann von Hedwig Haas, geboren 1890, verschollen, Auschwitz; Gisela Haas, Tochter von Hedwig und Louis Haas, geboren 1923, verschollen, Auschwitz;[145] Frieda Weissmann, verehelichte Fröhlich, wurde in Theresienstadt befreit. Ihr Ehemann, ihre Tochter und ihr Schwiegersohn sind in einem KZ umgekommen. Sie wohnte 1952 im Ausland. Hermann Weissmann (Bruder von Morris Weissmann?) lebte seit 1939 mit Ehefrau und vier Kindern in Argentinien.[146]

Morris und Charlotte Weissmann wohnten nach dem Ende des Nationalsozialismus wieder in Moabit, ihre Adresse im Jahre 1947 war Bochumer Straße 17.[147] Ab Juni 1945 war Morris Weissmann Geschäftsführer des Kaufhauses Karstadt (Karzentra) in der Turmstraße und ab Oktober 1945 selbständiger Kaufmann. 1952 war Morris Weissmann Repräsentant der Jüdischen Gemeinde. Nach dem Umzug im Jahre 1957 lebten sie in der Altonaer Straße 3 im zweiten Stock. Aufgrund der Aufregungen in der Zeit der Illegalität war der Gesundheitszustand bei beiden Menschen sehr schlecht. Charlotte Weissmann ist 1968 in Tiergarten und Morris Weissmann 1974 im Krankenhaus Moabit gestorben.[148]

Zu dem Kundenkreis der Fleischerei von Leopold und Helene Zenk gehörten viele jüdische Menschen aus der näheren Umgebung bis hin zum Hansaviertel. Helene Zenk war 1890 in Ruß (Ostpreußen) geboren worden. Sie ist 1978 gestorben. Leopold Zenk lebte von 1883 bis 1964. Es war für beide ein Anliegen, zu helfen. Das gute Verhältnis zu der Kundschaft änderte sich deshalb auch nicht, als diese den Judenstern tragen mußte und später keine Fleischmarken mehr erhielt.

Zu den Empfängern der Lebensmittel gehörten auch Jugendliche aus dem jüdischen Erziehungsheim, das nebenan in der Wilsnacker Straße 3 untergebracht war. Ursprünglich befand sich auf diesem Grundstück die höhere Töchterschule von Herrn De Mugica. Bereits 1893 war im Seiten- und Quergebäude eine private höhere Mädchenschule eingerichtet worden. In diesen Räumen bestanden von 1937 bis 1942 Unterrichtsräume der Jüdischen Gemeinde, zusätzlich waren im Vorderhaus

Zimmer im 2. und 3. Obergeschoß hinzugenommen worden. Seit Februar 1941 war in der im gleichen Haus gelegenen ehemaligen Schuhmacher- und Schneiderwerkstatt ein Jugendwohnheim untergebracht. Es handelte sich um eine geschlossene Anstalt zum Schutz verwahrloster Jugendlicher, die im Durchschnitt mit 40 Jugendlichen im Alter zwischen 15 und 16 Jahren belegt war. Dieses Domizil dürfte längstens bis zu der 1942 erzwungenen Aufgabe der Einrichtung bestanden haben.[149]

Helene und Leopold Zenk versteckten in ihrer Wohnung mehrmals zum Untertauchen Gezwungene einige Tage bis Wochen, dann wurden sie "weitergereicht". Vermittlerin dabei war Alwine Weiß aus der Kirchstraße 9, die z.B. dem Schauspieler Alfred Berliner-Baltoff ein geheimes Quartier gegeben hatte. Er konnte überleben und wohnte 1945 noch unter ihrer Adresse. Alwine Weiss, Jahrgang 1880, hatte selbst einen jüdischen Ehemann. Der fünf Jahre ältere Jacob Weiss ist am 29. April 1945 erschossen worden.[150]

Von den bei Zenks kurzzeitig Versteckten sind dem Sohn Erwin Zenk noch die Namen zweier Männer bekannt, der des Fotografen Böhm und der eines Herrn Marcuse. Zur Familie des letzten zählten die Brüder Georg, Erich und Peter. Georg Marcuse hat überlebt und wohnte nach der Befreiung in Weißensee. Sein Bruder Erich, der mit seiner Familie nach Theresienstadt verschleppt wurde, kam nach Auschwitz. Über seinen Verbleib konnte noch nichts herausbekommen werden, ebenso wie über den weiteren Bruder Peter, der nach Theresienstadt deportiert worden war. Dorthin schickte das Ehepaar Zenk Lebensmittelpakete. Dies bestätigen einige erhalten gebliebene Postkarten aus dem Ghetto. Die Empfänger bedankten sich für die Spenden auf dem Umweg über Berliner Angehörige bei den Zenks, um deren Beziehungen zu Jüdinnen und Juden nicht zu auffällig werden zu lassen.

Trotz der Vorsicht gab es 1943 eine Hausdurchsuchung und ein Verhör durch die Gestapo auf Grund einer Anzeige wegen Begünstigung von Juden. Dabei wurde aber nichts Verdächtiges gefunden und Frau Zenk kam, wie es der jüdische Arzt Dr. Ernst Portner aus der Thomasiusstraße 1, der nach London emigrieren konnte, in einer Bestätigung ausdrückte, wie durch ein Wunder ungeschädigt davon.

Durch die Pakete, die zum Teil von der Verlobten des Sohnes Erwin Zenk – seiner heutigen Ehefrau – zur Post gebracht wurden, bekamen einige jüdische Verfolgte eine kleine Hilfe zum Lebensunterhalt und etwas Hoffnung auf ein Überleben. Die sechzehn Postkarten aus dem "Muster-KZ" Theresienstadt, welches für viele nur eine Zwischenstation in das Todeslager Auschwitz war, sind bedeutungsvolle Dokumente. Eine dieser Karten vom 11. Juli 1945 drückt die Sorge der Überlebenden Siegfried Baruch und Malchen Samuel um Zenks in Berlin aus: "Liebe Familie Zenk. Heute erste Gelegenheit nach Berlin zu schreiben. Erste Zeilen gelten Ihnen, um uns zu melden, Ihnen zunächst für alles, alles Gute zu danken, um aber auch schnellstens zu erfahren, daß es Ihnen hoffentlich gut geht, wie Sie es sich wahrlich verdient hätten. Ich schreibe demnächst ausführlicher, wenn es sich einrichten läßt. Im Anfang Oktober 44 mußten wir ins KZ und dann ins Arbeitslager. Über Ilschen hab ich bis 19. 1. d. J. von Kameradinnen Nachricht, seitdem nicht mehr. Wir machen uns große Sorgen, hoffen aber auf baldiges Lebenszeichen. Der Mutter gehts den Verhältnissen nach gut. Geben Sie uns bitte recht bald, evtl. durch Vermittlung

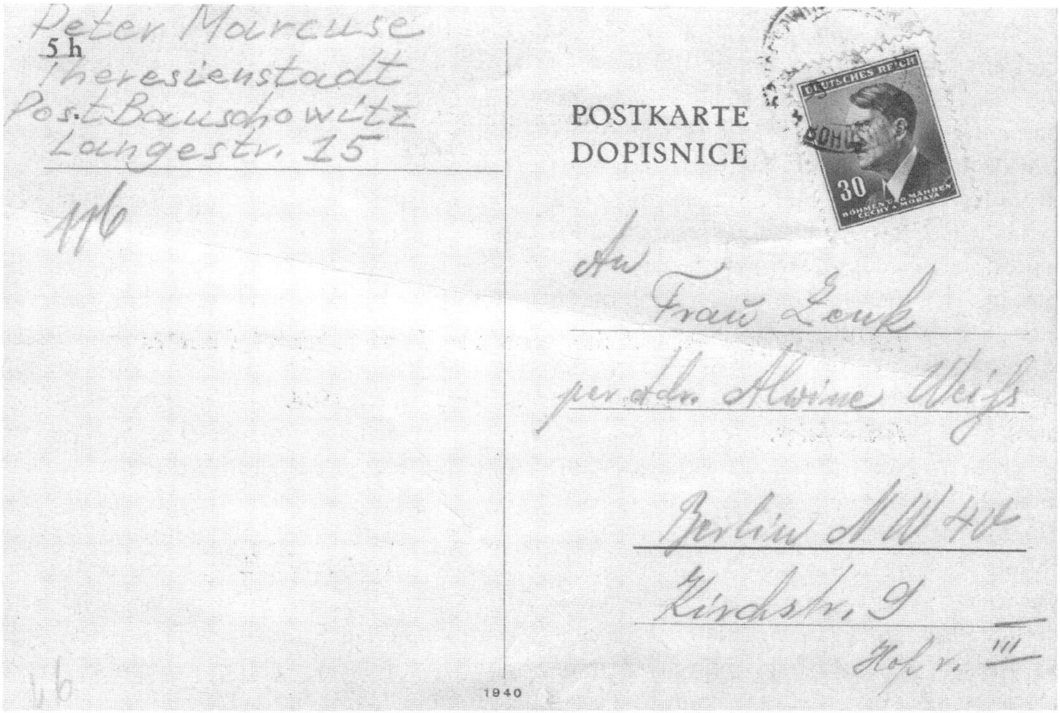

Peter Marcuse
5 h
Theresienstadt
Post Bauschowitz
Langestr. 15

116

POSTKARTE
DOPISNICE

An
Frau Zenk
per adr. Alwine Weiß

Berlin N W 40
Kirchstr. 9
Hof r. III

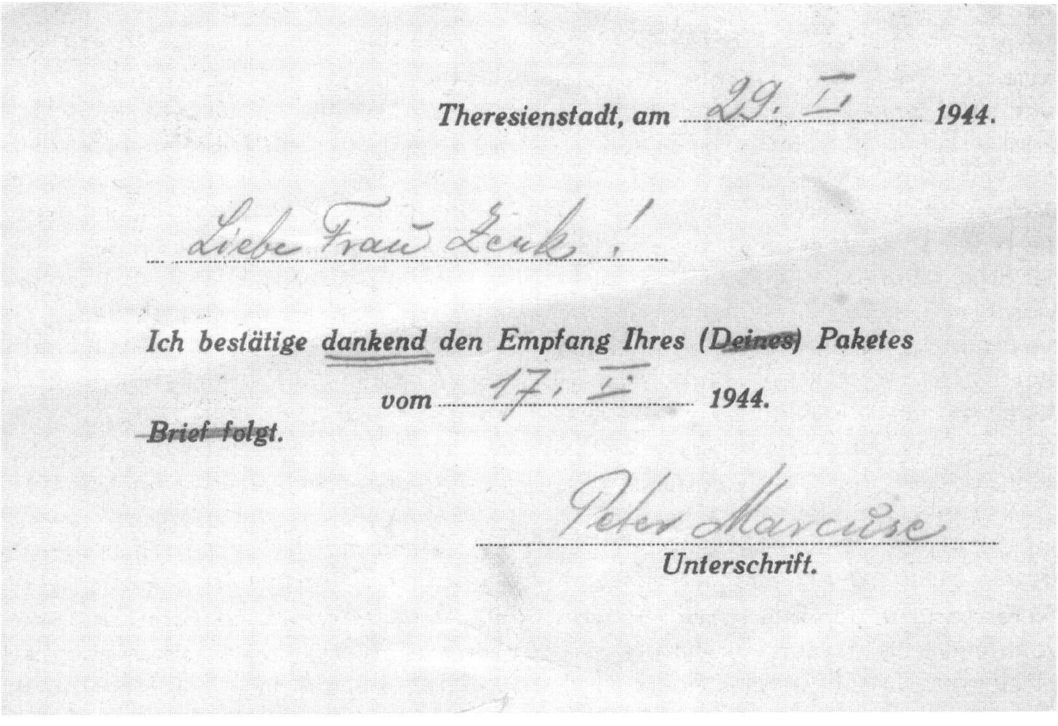

Theresienstadt, am 29. I 1944.

Liebe Frau Zenk !

Ich bestätige dankend den Empfang Ihres (Deines) Paketes
vom 17. I 1944.
Brief folgt.

Peter Marcuse
Unterschrift.

Postkarten aus dem Konzentrationslager Theresienstadt an Helene Zenk und Alwine Weiß.

Jüdische Gemeinde, Iranische Straße 2, Nachricht, denn wir machen uns Sorgen um Sie. Tausend liebe dankbare Grüße. Ihre Siegfr. Baruch, Mutter Samuel."

Malchen Samuel, geboren 1876 in Nagelsberg, war am 20. November 1942 nach Theresienstadt deportiert worden. Von den 100 Personen ihres Transportes gab es nur sechs Überlebende.[151] Nach ihrer Rückkehr nach Berlin lebte Malchen Samuel 1945 zunächst im Altersheim der Jüdischen Gemeinde in der Iranischen Straße 3, ebenso wie Siegfried Baruch. Möglicherweise waren sie auch in dem im

ehemaligen Altersheim eingerichteten Durchgangslager. "Dorthin zogen erstmal alle diejenigen, die nach Berlin zurückkamen, aber noch keine Wohnung hatten."[152]

Übrigens hat Helene Zenk in den letzten Tagen nach der Kapitulation 1945 fünf oder sechs junge Frauen versteckt und sie dadurch vor Vergewaltigungen durch die Besatzungsmacht bewahrt. Im benachbarten Zigarrenladen in der Wilsnacker Straße wurde der Inhaber von russischen Soldaten erschossen, weil er seine Frau vor der Vergewaltigung hatte schützen wollen.

Familie Brandt rettete drei jüdische Frauen und ein Kind.
Verbotene Unterkunft in der Brückenallee 19.

Martina Voigt

Es wird häufig übersehen, daß unter denen, die jüdische Verfolgte vor der Deportation retteten, viele Menschen waren, die selbst den Nachstellungen des Regimes ausgesetzt waren. Zu ihnen gehörten die Mitglieder der Familie Brandt in der Brückenallee 19, die entschiedene Gegner der NS-Herrschaft waren und nach den damaligen Bestimmungen als "jüdisch versippt" galten. Sie waren daher selbst von der rassistischen Gesetzgebung betroffen, ohne unmittelbar der drohenden Deportation ausgesetzt gewesen zu sein.

Für Menschen mit jüdischen Familienmitgliedern war die Gefahr, ins Visier der verfolgenden Behörden zu geraten, ungleich höher, als für die nichtjüdische Bevölkerung. Trotz dieser prekären Lage versteckten der Geheimrat Alfred Brandt und

sein Sohn, der Jurist Dr. Günter Brandt, zwischen 1942 und 1945 drei jüdische Frauen, die Ärztin Dr. Gerda Bluhm, deren Mutter, Regine Bluhm, geborene Mondolfo, die Sekretärin Lia Heidenreich sowie den 1942 geborenen Lothar Bluhm.[153]

Günter Brandt war nach den Erklärungen der drei Frauen die treibende Kraft bei der Rettung der Verfolgten. Der 1894 in Berlin geborene Mann hatte Rechtswissenschaften studiert und sich dabei auf Zivilrecht spezialisiert. Im Preußischen Justizministerium und als Richter am Landgericht I in Berlin hatte er Karriere gemacht, bis er am 20. Juli 1933 aufgrund des "Gesetzes zur Wiederherstellung des Berufsbeamtentums" als "Beamter nicht arischer Abstammung" ohne Pensionsansprüche aus dem Staatsdienst entlassen wurde. Bis 1939 konnte er noch als juristischer Privatlehrer Studenten auf ihr Examen vorbereiten, danach mußte Brandt von den Erträgen aus einer Vermögensverwaltung leben.[156]

Erste Hilfsleistungen

Seit Herbst 1942 versteckten Alfred und Günter Brandt Menschen, die vor der Deportation geflohen waren. Es gibt Hinweise darauf, daß sie bereits vor diesem Zeitpunkt Menschen, denen die Verschleppung drohte, zur Seite gestanden hatten. So berichtete Susanne Holländer, die in Kladow versteckt überlebte, sie habe am Tage ihrer Flucht im Mai 1942 bei Günter Brandt Rat gesucht und sei von ihm mehrmals beherbergt worden.[157]

Er hatte in dieser Zeit Regine und Gerda Bluhm, mit denen er seit 1933 gut bekannt war, mehrmals angeboten, sie bei Gefahr aufzunehmen. Mutter und Tochter lebten in der Dahlmannstraße 2 in Charlottenburg, bis am 20. November 1942 die Bedrohung für die damals 66jährige Regine Bluhm so groß wurde, daß sie das Angebot der Brandts annahm. Sie hatte die Unterlagen zur bevorstehenden Deportation nach Theresienstadt erhalten. Umgehend brachte Günter Brandt, der in der Schlüterstraße 24 lebte, sie bei seinem Vater in Tiergarten unter.

Die Tochter von Regine Bluhm, die 1906 in Posen geborene Gerda Bluhm, die nach dem Krieg ihren Retter, Günter Brandt, heiratete, lebte noch bis zum Jahresbeginn 1943 legal in Charlottenburg. 1915 war die Familie nach Berlin gezogen, wo Gerda Bluhm in den zwanziger Jahren Medizin studierte und 1932 die Approbation erhielt. Die Machtübernahme der Nazis bedrohte bereits 1933 ihre Existenz als selbständige Ärztin. Mit der

"Verordnung über die Zulassung von Ärzten zur Tätigkeit bei den Krankenkassen"[158] wurde ihr am 22. April 1933 die Zulassung zu den Krankenkassen für ihre neu gegründete Praxis entzogen, so daß sie gezwungen war, ihren Unterhalt mit Nebentätigkeiten im Krankenhaus zu sichern. Am 1. Oktober 1938 verlor sie durch die "10. Verordnung zum Reichsbürgergesetz"[159] ihre Approbation, wodurch sie gezwungen war, ihre Praxis zu schließen. Anschließend mußte sie ihr Geld mit Schreibarbeiten verdienen. 1940 konnte sie die Tätigkeit in ihrer Praxis wieder aufnehmen, durfte aber als "jüdische Krankenbehandlerin" lediglich jüdische Patienten betreuen – die Berufsbezeichnung Ärztin war ihr verboten worden.[160]

1942 wurde ihr Sohn Lothar geboren, dessen "arischen" Vater sie aufgrund des "Gesetzes zum Schutz des Deutschen Blutes und der Deutschen Ehre" von 1935 nicht heiraten durfte. Der Name dieses Mannes ist den Akten nicht zu entnehmen.[161] Das Kind lebte – wahrscheinlich ebenfalls seit November 1942 – mit seiner Großmutter bei Geheimrat Brandt in der Brückenallee 19 versteckt.[162]

Im Januar 1943[163] floh auch Gerda Bluhm zu Günter Brandt in die Schlüterstraße 24 und zog wenig später ebenfalls in der Brückenallee ein. Das Frühjahr 1943 verlebten Gerda und Lothar Bluhm in einer neuen Unterkunft auf dem Gut Schützenhain bei Görlitz. Noch ist unbekannt, wer sie dort beherbergte und auf welche Weise sie zu den Gutsbesitzern Kontakt fanden. Dr. Brandt gelang es, Gerda Bluhm einen Führerschein auf den Namen Amalie von Carsten zu beschaffen, mit dem die Untergetauchte in Schlesien notdürftig geschützt war.[164] Carola Bernhard aus Cottbus, die Dr. Gerda Bluhm während der Verfolgung kennenlernte, versorgte Bluhms mit Lebensmitteln und Marken. Diese Frau nahm auch Regine Bluhm vom Herbst 1943 an für ungefähr ein Jahr bei sich auf.

Bedingt durch die Kriegsereignisse verließen Gerda Bluhm und ihr Sohn das schlesische Gut im Januar 1945 und gingen durch Vermittlung Carola Bernhards für einen weiteren Monat nach Lübz in Mecklenburg. Dort gaben sie sich als Flüchtlinge aus den deutschen Ostgebieten aus und versuchten, sich als solche behördlich registrieren zu lassen. Unklar ist, ob ihnen das auch gelang. Unter dem Namen Amalie Troll kehrte Gerda Bluhm im März 1945 nach Berlin zurück und zog erneut in die Brückenallee. Der alte Geheimrat Brandt war 1944 gestorben und sein Sohn, dessen Wohnung durch die Bombenangriffe zerstört war, hatte die Tiergartener Wohnung übernommen.

Weitere Versteckte

Während Günter Brandt der Familie Bluhm bereits seit November 1942 half, in der Illegalität zu überleben, war er in seiner Wohnung in der Schlüterstraße fortwährend mit dem Schicksal einer weiteren Jüdin konfrontiert. Seine 1943 noch legal lebende Untermieterin war die mit einem "Arier" verheiratete Lia Heidenreich, geborene Kagan.[166] Deren Ehemann, ein Freund von Günter Brandt, war schon 1933 aus politischen Gründen nach Frankreich emigriert.

1899 im polnischen Ostrow geboren, war die gelernte Sekretärin 1918 nach Berlin gezogen, wo sie 1925 den Kunstmaler Karl Heidenreich heiratete. 1929 kam ihre Tochter Monika zur Welt, die unter der NS-Herrschaft als "Mischling ersten Grades" nicht unmittelbar von der

Deportation bedroht war.[167] Seit 1943 lebte die evangelisch getaufte Monika Heidenreich offenbar legal bei ihren Großeltern im Fichtelgebirge.

Nachdem Lia Heidenreich ihre Tätigkeit als Fremdsprachensekretärin und Übersetzerin für Polnisch und Russisch hatte aufgeben müssen, arbeitete sie vom September 1936 an als Stenotypistin bei der "Reichsvertretung der Juden in Deutschland". Im Oktober 1941, als die Deportationen in Berlin begannen, wurde sie zur Zwangsarbeit verpflichtet. Als Maschinenstanzerin arbeitete sie bis zum 13. März 1943 für die Firma Stolzenberg – Büroeinrichtungen – in der Kreuzberger Lindenstraße 86.[168] Hier wurde sie im Zuge der "Fabrikaktion" am 27. Februar 1943 verhaftet und in das im Konzerthaus "Clou" eingerichtete Sammellager gebracht. Fast alle während der "Fabrikaktion" verhafteten "Mischehepartner" wurden wenige Tage nach der Verhaftung wieder entlassen.

Trotz der Auswanderung des Ehemannes galt auch Lia Heidenreich noch als "Jüdin in einfacher Mischehe", wodurch sie der Deportation nach Auschwitz entkam.[169] Im Juli 1943 mußte sie eine Stellung in einer Charlottenburger Kartoffelschälerei annehmen, bei der sie zehn Stunden täglich stehend Gemüse zu putzen hatte.[170]

Zur Jahreswende 1943/44 wuchs auch für sie die Gefahr, deportiert zu werden. Als alleinlebende Jüdin in "Mischehe" erhielt sie eine Vorladung der Gestapoleitstelle. Sie sprach darüber mit Dr. Günter Brandt, der seinerseits Rat bei der Geschäftsstelle der "Neuen Reichsvereinigung der Juden in Deutschland" einholte. Daraufhin riet er ihr, nicht zur Gestapo, sondern in den Untergrund zu gehen, und ab Neujahr 1944 lebte auch Lia Heidenreich illegal. Dr. Brandt brachte sie bei seinen Eltern in der Brückenallee unter.[171]

Während der folgenden anderthalb Jahre fand sie verschiedene weitere Helfer. Ihr späterer Ehemann, der Architekt Herbert Klatt, versorgte sie mit Geld und Lebensmitteln. Brandts konnten sie im Mai 1944 ebenfalls auf dem Gut Schützenhain bei Görlitz unterbringen, wo Lia Heidenreich im Sommer 1944 gemeinsam mit Gerda und Lothar Bluhm versteckt lebte. Im Herbst kehrte sie nach Berlin zurück, wo sie hauptsächlich bei der Familie Brandt in der Brückenallee lebte. Sie fand aber auch weitere Unterstützer und verbarg sich jeweils nur für einige Wochen im gleichen Quartier. Als weitere Helfer nannte sie Martha Engel aus Tiergarten, in deren Wohnung in der Stendaler Straße 19[172] sie mehrfach unterkommen konnte und Frau Eggers-Runge aus Charlottenburg, Riehlstraße 3,[173] die sie sechs Wochen lang beherbergte. Über diese Helferinnen und ihre eigenen Lebensumstände dort machte sie jedoch keine weiteren Angaben.

Die Befreiung und die Zeit danach

Die Befreiung erlebten die Bluhms gemeinsam mit Lia Heidenreich im Hause Dr. Brandts in Tiergarten. Dr. Gerda Bluhm richtete sich im Juli 1945 im gleichen Haus eine Praxis als praktische Ärztin ein[174] und heiratete 1966 ihren Retter. Ihre Mutter Regine Bluhm lebte bis zu ihrem Tod am 12. Mai 1954 im Haus ihrer Familie.

Lia Heidenreich bezog später eine Wohnung in Zehlendorf. Sie nahm ihre Tätigkeit als Fremdsprachensekretärin wieder auf und war u.a. für den Berliner Magistrat tätig. Sie qualifizierte sich zur staatlich geprüften Dolmetscherin für die

Gerda Bluhm, um 1949.

polnische, russische und englische Sprache.[175] Ihre Tochter lebt seit 1947 in den Vereinigten Staaten. Lia Heidenreich starb 1988 in Berlin.

Dr. Günter Brandt arbeitete nach dem Krieg zunächst als freier Kolumnist und war Mitglied der SPD.[176] In Leitartikeln für die neu erscheinende "Weltbühne" befaßte er sich bis Mitte 1948 mit aktuellen juristischen und politischen Fragen. Scharf beobachtete er die frühe Rehabilitierung von NSDAP-Mitgliedern und jenen, die Nutznießer des Regimes gewesen waren.[177] Seine eigene Widerstandstätigkeit erörterte er nicht. Ihn beschäftigte vielmehr der Opportunismus der Eliten, die den Nazis den Weg geebnet hatten. So schrieb er in einem Portrait dreier Richter aus der Weimarer Republik, die 1933 aus unter-

Lia Heidenreich, 1953.

schiedlichen persönlichen Gründen schließlich der NSDAP beigetreten waren: "Diese drei Richter sind Beispiele für drei Sektoren aus dem Kreis der Mitglieder der NSDAP. Sie sind beliebig herausgegriffen, aber typisch. Man braucht nur mit dem geeigneten Koeffizienten zu multiplizieren und man hat ein einigermaßen richtiges Bild von der republikanischen Justiz ohne Republikaner. Ehrgeiz, Angst und seelische Niedertracht trieben solch wahrhaft unpolitische Gestalten in die Partei. Männer ohne Zivilcourage, mit begrenztem Horizont, ohne Leidenschaft für eine Staatsform, von deren Freiheit sie schmausten, wobei sie sich dieser Freiheit überhaupt nicht bewußt waren. Nicht selten technische Könner, aber ohne Charakter, dem Rechtspositivismus verhaftet, häufig einer

scheinbaren Gerechtigkeit verschworen, ohne Ahnung von den gesellschaftlichen Zusammenhängen, so taumelten sie in den grausigen Machtstaat hinein, und viele von ihnen haben erst gemerkt, was für ein Spiel man mit ihnen trieb, als sie längst im Netz zappelten."[178] 1946 nahm Brandt einen Lehrauftrag für Zivilrecht an der Berliner Universität Unter den Linden an. Seine Tätigkeit im Disziplinarausschuß der Universität verstrickte ihn 1948 in die Konflikte um die Neugründung der Freien Universität: Er hatte sich geweigert, die Exmatrikulation dreier Studenten vor dem Ausschuß zu überprüfen. Anlaß hatten deren kritische Artikel gegeben, die sie gegen den Einfluß der sowjetischen Besatzungsmacht und der SED auf das wissenschaftliche Leben an der "Linden-Universität" in der Studentenzeitschrift "Colloquium" veröffentlicht hatten. Nachdem ihnen durch die Zentralverwaltung für Volksbildung die Universitätsmitgliedschaft aufgekündigt worden war, rief die Studentenschaft den Disziplinarausschuß an, dessen Zuständigkeit Brandt formal bestritt, obwohl er das Recht der Studenten auf freie Meinungsäußerung verteidigte.

Der sich anschließende studentische Protest gegen die Maßnahmen beschleunigte die Gründung der Freien Universität im amerikanischen Sektor Berlins. Als Brandt dort 1949 an die juristische Fakultät berufen werden sollte, stieß das Vorhaben auf massiven Widerspruch der Studentenvertreter. Sie betrachteten sein Votum von 1948 als ausreichenden Grund, um seine Berufung abzulehnen. Der Konflikt führte zur ersten Zerreißprobe um die studentischen Mitbestimmungsrechte an der neu gegründeten Universität. Brandt wurde dennoch Honorarprofessor für Bürgerliches Recht und Zivilprozeßrecht an der Freien Universität. Die Beteiligten gelangten schließlich zu einer Verständigung. Im Juni 1950 zog die Studentenvertretung ihre Bedenken gegen Brandt zurück.[179]

Dr. Günter Brandt starb 1968, seine Ehefrau Gerda lebte bis 1993. Bis zu sei wissen, keine wesentliche Rolle in seinem

Die Liege des Vertreters stand in der Werkstatt.
Das Versteck in der Von-der-Heydt-Straße 1.

Unter Mitarbeit von Ilse Hansen

Die Eltern von Ilse Hansen, Martin und Luise Kohler, gaben dem jüdischen Handelsvertreter Fritz Redlich, als dieser untergetaucht war, in ihrer Werkstatt in der Von-der-Heydt-Straße 1 Unterschlupf. Frau Hansen kann sich daran erinnern, daß ihre Eltern weiteren Verfolgten geholfen hatten, aber leider sind ihr keine Namen mehr im Gedächtnis.

Die Eltern des 1882 in Beeskow (Kreis Storkow) geborenen Fritz Redlich waren Moritz und Henriette Redlich, geborene Alexander. Über den jüngeren 1885 geborenen Bruder Willy ist weiter nichts bekannt. Fritz Redlich hatte seit dem sechsten Lebensjahr in Sorau (Niederlausitz) die Schule besucht und ab dem 9. Lebensjahr das Gymnasium bis zur Einjährigen-Prüfung. Daran schlossen sich zwei Jahre Volontariat in einer Berliner Werkzeugmaschinenfabrik und einem Elektrobetrieb an. Er hospitierte an den Technischen Hochschulen in Berlin und Darmstadt. Danach baute er ab 1908 in Berlin eine Metallwarenfabrik auf, wo bis zu 60 Arbeiter beschäftigt waren.

Möglicherweise handelt es sich bei ihm um den 1911 im Berliner Adreßbuch verzeichneten Ingenieur Fritz Redlich, Friedenau, Ortrudstraße 3, der mit Erwin Krä-

mer Inhaber eines Ingenieurbüros in der Linkstraße 11 in Berlin W 9 war. Vielleicht ist er auch identisch mit dem Bauingenieur Fritz Redlich, der 1917 im Erdgeschoß des Hauses Hansa-Ufer 7 ein Büro für statische Berechnungen für Eisen und Eisenbeton sowie Fabrikbauleitung betrieb.[180]

Nach dem Ersten Weltkrieg ging Fritz Redlich alles verloren und er mußte fortan als technischer Vertreter sein Geld verdienen. Seit der Jahrhundertwende lebte er in Berlin. Von 1925 an war er dreizehn Jahre lang ununterbrochen als selbständiger Vertreter von RNK – Reimer Nachfolger Kuhn – tätig, deren Geschäft sich in der Belle-Alliance-Straße 94 (heute: Mehringdamm 29) befand. Mit einer Mustertasche besuchte er viele Berliner Einzelhandelsgeschäfte und bot die von dem Büromaterial-Spezialgeschäft herausgegebenen Vordrucke, Bücher, Tabellen und Papierartikel an. Er war ein erfolgreicher Kaufmann und wußte auf die Wünsche seiner Kundschaft einzugehen. Zu dieser Zeit wohnte er in der Berchtesgadener Straße 2-3 in Schöneberg.

Wie die meisten jüdischen Bürgerinnen und Bürger Berlins konnte auch er sich nicht vorstellen, daß er einmal wegen seiner Religionszugehörigkeit – die, soweit

Fritz Redlich, 1956.

berg hatte er danach noch ab und zu besucht, auch nach ihrem Umzug in die Schlüterstraße 32. Diese Frau wußte davon, daß er in der Illegalität den Namen Schilder angenommen hatte. Nachdem Fritz Redlich Mitte März 1942 zur Gestapo vorgeladen worden war und am 2. April 1942 erneut die Polizei bei seiner Vermieterin nach ihm fragte, entschied er sich, unterzutauchen. Bis zur Befreiung lebte er unter seinem Pseudonym.

Aus seiner Außendiensttätigkeit kannte der körperlich große Mann sehr viele Leute, was es ihm in den vierziger Jahren erleichterte, Hilfe zu finden. In der Zeit der Verfolgung hatte er etwa zwei Monate als Bauarbeiter (bei Volkmann, Kleiststraße) und ungefähr drei Wochen bei Tiefbauarbeiten auf dem Schießplatz Dahlem (Kronprinzendamm) gearbeitet. Annähernd zwei Wochen war er mit Schneebeseitigung bei der Straßenreinigung (Depot Dirksenstraße) und drei oder vier Tage bei der Müllabfuhr (Ilsenburger Straße) beschäftigt, wurde aber aufgrund seiner körperlichen Schwäche immer wieder entlassen.

Aufgrund des aufreibenden Überlebenskampfes war seine Gesundheit stark angegriffen. In Krankheitsfällen wurde er zeitweise in der Zwei-Zimmer-Wohnung der Witwe Lise Garke versteckt, die ihn schon in den ersten Tagen seiner illegalen Existenz in ihrer Wohnung in Grunewald in der Orberstraße 31 beherbergt hatte. Dies wiederholte sich etwa alle vier bis acht Wochen. Anschließend blieb er eine Woche bei seiner Cousine Rose Zweig in der Luitpoldstraße 21. Als der Hauswart Verdacht geschöpft hatte, mußte er das Quartier wechseln. Mal ging er zu Frau Goldberger in die Stübbenstraße, an anderen Tagen zu einem Herrn (an dessen Namen er sich nicht mehr erinnern konnte) in die Barbarossastraße (wo er auf einem Hän-

wir wissen, keine wesentliche Rolle in seinem Leben gespielt hat – verfolgt und mit dem Tode bedroht werden würde. Seit dem 1. Januar 1939 traf auch ihn der Erlaß, nachdem er seinem Vornamen das Kennwort "Israel" hinzufügen mußte und ab September 1941 mußte er den Judenstern tragen. Zu dieser Zeit war es ihm nicht mehr möglich, als Vertreter zu arbeiten, und er hat vermutlich von seinen Ersparnissen und von der Unterstützung hilfsbereiter Menschen gelebt.

Kurze Zeit vor dem Untertauchen wohnte er vom 15. Mai 1941 bis zum Frühjahr 1942, als er die "Abholungsliste" erhielt, in Charlottenburg, Sybelstraße 56, zur Untermiete bei der Jüdin Hildegard Riess.[181] Die ein paar Häuser weiter in der Nr. 68 wohnende Bekannte Vera Brom-

Papier- und Schreibwarenhandlung von Luise (links) und Martin Kohler (rechts), Friedrich-Wilhelm-Straße 15 (heute: Klingelhöferstraße), 1933.

geboden schlief), zu dem ehemaligen jüdischen Kaufmann Max Würzburg in die Berchtesgadener Straße 2-3 oder zu den Geschwistern Pollnow in die Passauer Straße.[182] Dann war er bei Martin und Luise Kohler, Friedrich-Wilhelm-Straße, Ecke Von-der-Heydt-Straße, wo er eine Woche in der Buchbinderwerkstatt übernachtete und bei der Arbeit half.

Die Eltern von Ilse Hansen versteckten den ihnen aus langjähriger Zusammenarbeit bekannten Mann in ihren Arbeitsräumen in der Von-der-Heydt-Straße 1. Aus seiner früheren Tätigkeit kannte Fritz Redlich das Geschäft, welches sich ein paar Häuser weiter in der Friedrich-Wilhelm-Straße 15 (heute: Klingelhöferstraße) befand. Bei den Vertreterbesuchen kamen

auch politische Fragen zur Sprache. Aus dem Inhalt der Gespräche schloß Fritz Redlich, daß er bei dem Ehepaar Kohler auf Unterstützung zählen konnte.

Aus Unterredungen mit Ilse Hansen wissen wir über ihre hilfsbereiten Eltern etwas mehr, als über andere Helferinnen und Helfer. Ihr Vater Martin Kohler wurde 1886 in Tuningen (Württemberg) geboren. In seinem Geburtsort verbrachte er auch seinen Lebensabend und ist dort 1975 gestorben.

Martin Kohler kam nach der beruflichen Ausbildung als Buchbinder und Glaser um 1905 nach Berlin und arbeitete bis 1920 in der Staatsbibliothek Unter den Linden. Nach der Heirat mit Luise Schiebel machte sich der Kriegsteilnehmer 1920 selbständig, zuerst in der Corneliusstraße 1 und ab Oktober 1931 in der Friedrich-Wilhelm-Straße 15. Dort befand sich das Geschäft bis zur Ausbombung am 22. November 1943. Bei diesem Bombenangriff war seine Ehefrau ums Leben gekommen. Luise Schiebel wurde 1889 in Berlin geboren. Sie war Tochter eines Steinmetzes und wuchs im Diplomatenviertel in Tiergarten auf. Bis zu ihrer Heirat 1918 führte sie nach dem Tode der Mutter im Jahre 1912 den väterlichen Haushalt, in dem sie mit ihren drei Brüdern lebte.

Martin Kohler und Luise Schiebel kannten sich bereits 12 Jahre vor der Heirat, die wegen des Ersten Weltkrieges und des Todes ihrer Mutter verschoben werden mußte. 1921 kam die einzige Tochter zur Welt, die bis zu ihrer Heirat 1940 im elterlichen Haushalt lebte. Ihre Mutter führte seit 1920 das Geschäft des Vaters und war deshalb auch die Person, die Fritz Redlich gut kannte.

An verschiedenen Tagen kam er nachmittags kurz vor Geschäftsschluß und wurde dann von Herrn Kohler möglichst unauffällig in die Werkstatt gebracht. Sie lag im Souterrain und bestand aus zwei Räumen. In dem großen eigentlichen Arbeitsraum befanden sich, um einen großen Tisch gruppiert, die Schneidemaschinen und weitere Geräte. Hier konnte er eine elektrische Kochplatte benutzen, während in dem kleineren Materiallagerraum eine Liegestatt eingerichtet war, wo er die Nacht verbrachte.

Wenn Fritz Redlich ein Quartier zu gefährlich wurde, übernachtete er in Parkanlagen oder im Grunewald oder blieb in einer Telefonzelle am U-Bahnhof Thielplatz. Eine Zeitlang lebte er bei Frau Leye, Wielandstraße 32, die noch einen weiteren jüdischen Mann (Hans Baumann) versteckte, in einem leeren Zimmer.

Er hielt sich auch im Lagerkeller von RNK auf oder etwa ein Jahr lang in den Kellerräumen, der Garage oder im Fabrikgebäude in der Waitzstraße 17. Ein weiteres Versteck befand sich in der 4. Etage der Wilmersdorfer Straße 85 bei der Firma Riz. Dies hatte ihm Leo Tuchler besorgt, der im Mai 1942 als Zwangsarbeiter dort tätig war. Als das Fabrikgebäude 1943 durch eine Bombe zerstört wurde, konnte sich Redlich in der Kellergarage verstecken. Er gab sich jetzt den Namen Gottlieb Schulze.

Paul Müller, der Inhaber von "Müpa. Pappteller-Fabrik – Papierverarbeitung", Stromstraße 64, wußte ebenfalls von Redlichs illegaler Existenz und unterstützte ihn mit Lebensmitteln und Lebensmittelmarken.

Am 2. Mai 1945 war für Fritz Redlich endlich der Zeitpunkt seiner Befreiung gekommen. Er hielt sich an dem Tag morgens um sieben Uhr in der Tiefgarage Waitzstraße 17 auf.

Bis zu seinem Tode 1956 wohnte er zur Untermiete bei Berndt in der Uhlandstraße 161 und hatte trotz seiner 75 %igen Schwerbeschädigung ab 1949 erneut für RNK gearbeitet. Seine letzten Lebensjahre litt er unter Krankheiten, die durch sein Leben im Untergrund verursacht worden waren: Erkältung, Hunger und die nervlichen Belastungen hatten seine Gesundheit ruiniert. Mehrmals mußte er sich Operationen unterziehen; 1946/47 war er mehrere Monate in stationärer und ambulanter Behandlung in der Urologischen Abteilung des St. Hedwigs-Krankenhauses. Im Frühjahr 1951 war er zu einer Kur, aber schon ein Jahr darauf lag er wieder schwer krank im Jüdischen Krankenhaus. Im November desselben Jahres war der schwächliche und abgemagerte Mann auf der Straße zusammengebrochen und in das Gertrauden-Krankenhaus eingeliefert worden.

Fritz Redlich wurde in seinem 72. Lebensjahr deutlich, daß er nicht mehr lange leben würde und schrieb 1953 an den Inhaber des Bürobedarfsunternehmens, Reinhold Kuhn: "Ich versuche selbst den Seelenarzt zu spielen und werde so energisch, wie es nur möglich ist, den letzten Kampf mit dem Tode aufzunehmen versuchen."[183] Dieses Ringen dauerte nur noch wenige Jahre, in denen er mit Freude für RNK als Vertreter gearbeitet hat. Dementsprechend schrieb er an seinem Todestag im Jahre 1956: "Alles geht mal im Leben zu Ende, ich hätte noch gern gearbeitet und gelebt."[184]

Den geschiedenen Ehemann in der Wilsnacker Straße 42 versteckt.

Der erste Gesundheitsstadtrat von Tiergarten: Max Neumann.

Von März 1944 bis zur Befreiung 1945 hat Max Neumann in der Wohnung seiner geschiedenen Frau in der Wilsnacker Straße 42 versteckt gelebt, nachdem ihm sein bisheriges Quartier wegen eines neugierigen Hausobmannes zu gefährlich geworden war.

Max Neumann wurde 1903 in Berlin als zweiter Sohn des Kaufmanns Alexander Neumann und dessen Ehefrau Jeanette, geborene Striem, geboren. Die Eltern waren jüdischer Abstammung. Sein älterer Bruder Alfred ist 1895 zur Welt gekommen. Der Vater starb vor dem Beginn der Deportationen. Die Mutter, geboren 1864 in Jeziocki, lebte bis zu ihrer Deportation in der Veteranenstraße 23. Sie ist 1943 im Alter von 79 Jahren deportiert und Ende April 1944 in Theresienstadt ermordet worden. Ende des Jahres 1944 wurde auch sein Bruder Alfred Neumann deportiert, der ebenfalls nicht zurückkehrte.

Max Neumann besuchte die Gemeindeschule sowie das Gymnasium und erlernte den Beruf des Zahntechnikers. Von 1921 bis etwa 1933 hatte er eine Tätigkeit als zahnärztlicher Assistent, zuletzt bei dem Zahnarzt Dr. Wolff in der Potsdamer Straße. Danach konnte der Dentist keine Anstellung mehr bei Zahnärzten bekommen und mußte sich Stellungen als Arbeiter suchen.

Nach einer kurzen Zeit der Arbeitslosigkeit fand er eine Außendienst-Beschäftigung in der Reklameabteilung des Zirkus Busch am Bahnhof Börse, wo er bis zu seiner ersten Verhaftung 1934 arbeitete. Zu dieser Zeit wohnte er in der Emdener Straße 42.

Im Zusammenhang mit seiner Werbetätigkeit für den Zirkus hielt er sich im Frühjahr 1934 in einem Zigarettengeschäft in der Novalisstraße 2 (oder 3) auf. In dem Gespräch mit dem Inhaber fielen kritische Äußerungen gegen das System des Nationalsozialismus, und er glaubte, seine Meinung unverhohlen sagen zu können. Die Beschimpfung des NS-Regimes hatten SA-Männer, die – ohne von Neumann bemerkt zu werden – in einem Raum hinter

Max Neumann, 1952.

dem Laden Karten gespielt hatten, gehört und angezeigt. Noch am gleichen Abend erschienen deshalb SA-Leute an Neumanns Arbeitsplatz im Zirkus und wollten ihn mitnehmen. Da aber kein Haftbefehl vorgelegt werden konnte, weigerte sich Neumann, mitzugehen. Daraufhin blieben zwei von ihnen bei ihm, bis die anderen mehrere Polizisten geholt hatten, die ihn festnahmen. Er wurde zu dem SA-Sturm in die Kleine Alexanderstraße am Bahnhof Börse gebracht. Eine Gegenüberstellung mit dem Inhaber des Zigarettengeschäfts und den SA-Männern, die das Gespräch verfolgt hatten, zeigte ihm, daß das Leugnen keinen Zweck haben würde. Von der SA-Wache aus brachte man ihn zum Polizeirevier am Hackeschen Markt und von dort ins Polizeipräsidium. Während dieser

Prozedur wurde er geschlagen. Er blieb mehrere Tage in Untersuchungshaft, bevor er wieder freigelassen wurde, da er einen festen Wohnsitz nachweisen konnte.

Nach einiger Zeit erhielt er die Aufforderung, zur erneuten Vernehmung zu erscheinen. Diesmal wurde er aber nicht freigelassen und kam für sieben Tage in das Konzentrationslager Columbia-Haus, wo er wieder schwer mißhandelt wurde. Bis zu dem Beginn des Prozesses vor dem in Moabit tagenden Sondergericht beim Landgericht Berlin am 19. Oktober 1934 war er wieder frei. Das Gericht verurteilte ihn wegen "Aufstellung unwahrer Behauptungen" zu neun Monaten Gefängnis. Für die NS-Juristen war seine Handlungsweise ein Vergehen gegen den § 3 der "Verordnung des Reichspräsidenten zur Abwehr heimtückischer Angriffe gegen die Regierung der nationalen Erhebung" vom 21. März 1933, RGBl. I, S. 135 (Az. 1 Sond. KM 249/34, die Akten sollen verbrannt sein, d. V.). Max Neumann wurde noch im Gerichtssaal das dritte Mal verhaftet, kam zunächst in das Gefängnis Lehrter Straße und von dort in das Strafgefängnis Plötzensee, Haus 3. Am 22. Juni 1935 wurde er von dort entlassen und wohnte wieder in der Emdener Straße.[185] Er stand unter Polizeiaufsicht, d. h. er mußte sich mehrmals wöchentlich auf dem zuständigen Polizeirevier melden.

Nachdem er zunächst bis Ende 1935 arbeitslos war, übte er bis zur Illegalität Gelegenheitsarbeiten aus, zuerst im Straßenbau, bei einer Fa. Schmidt. Ab 1938 arbeitete er bei der Likörfabrik und Weingroßhandlung von C. K. Heinrich & Co., Halensee, Joachim-Friedrich-Straße 37-38 (Adresse von 1953) als Kellerarbeiter. Am 19. März 1942 erschienen Beamte der Geheimen Staatspolizei in dem Betrieb, die ihn erneut verhaften wollten. Er konnte aber seiner Freiheitsberaubung entgehen. Als auch in der Wohnung seiner Mutter Polizisten erschienen waren, schloß er daraus, daß es für ihn als politisch vorbestraftem Juden besser war, unterzutauchen, um der Deportation zu entgehen. Bis zu diesem Zeitpunkt mußte er den Judenstern und den Zwangsvornamen "Israel" tragen.

Seit 1931 war Max Neumann mit der Nichtjüdin Margarete-Vera Lüdemann, geboren 1902 in Berlin, verheiratet. Die Eheschließung hatte auf dem Standesamt Tiergarten stattgefunden. Seit dem 17. Mai 1939 lebten die Eheleute getrennt und Max Neumann zog an diesem Tag zu seiner Mutter Jeanette Neumann in die Veteranenstraße.[186] Nachdem der Verfolgte am 19. März 1942 untergetaucht war, wurde die Ehe am 2. April 1943 aufgelöst. Die geschiedene Frau blieb aber mit ihrem Ex-Ehemann in Verbindung.

Max Neumann hatte keine Papiere, Lebensmittelkarten usw. Er lebte unter anderem mit dem Namen Krüger und mußte sich zwischen 1942 und 1945 oft, wenn er kein Quartier bei hilfsbereiten Menschen fand, in Ruinen, Kellern, Parkanlagen und Bahnhöfen usw. aufhalten. Zuerst versteckten ihn Bekannte seines Bruders. Ungefähr ab April 1942 bis etwa Januar 1943 lebte er bei der Portiersfrau Alma Schlicht, Brauner (nach der Umbenennung: Grüner) Weg Ecke Koppenstraße, gegen eine monatliche Zahlung von 500 Mark. Von März 1943 bis Februar 1944 bot ihm Else Gräfin von Nostiz in der Winterfeldtstraße 2 (Ecke Potsdamer Straße) einen heimlichen Unterschlupf. Nachdem aber der eingangs erwähnte Hausobmann von Frau von Nostiz den Namen ihres "Untermieters" wissen wollte, bat Max Neumann seine ehemalige Ehefrau, ihn einige Tage zu verstecken. Diese nahm ihn vom 15. März 1944 an in ihrer Wohnung in der

Wilsnacker Straße 42 auf. Aus einigen Tagen wurde ein gutes Jahr, bis er dort 1945 seine Befreiung erleben konnte.

Eine von dem Gesundheitsstadtrat Max Neumann herausgegebene Bekanntmachung des ersten Bezirksamtes Tiergarten nach dem Ende des NS-Regimes, 1945.

Neben den genannten Quartiergeberinnen erhielt er ab und zu von anderen Menschen Unterstützung: In der Zeit der Illegalität traf er zufällig die ihm aus dem Jahre 1941 bekannte Hildegard Klang wieder, die in der Kirchstraße 22 lebte. Diese Frau übergab ihm von Zeit zu Zeit kleinere Lebensmittelspenden.

Wenige Tage nach seiner Befreiung wurde Max Neumann am 4. Mai 1945[187] durch den neuen Bezirksbürgermeister Kurt Bachmann (KPD) auf Anweisung der sowjetischen Besatzungsmacht mit der Leitung der Abteilung für Gesundheitswesen des Bezirksamtes Tiergarten beauftragt. Entsprechend einer entgegengesetzten Direktive der britischen Militärregierung – die im Juli die sowjetische Besatzungsmacht abgelöst hatte[188] – wurde der Gesundheitsstadtrat im November 1945 wieder entlassen, da er "weder Arzt noch Zahnarzt"[189] war. Hinzu kam sein durch die Verfolgung sehr angegriffener Gesundheitszustand, der ihn offensichtlich bei der Arbeit behinderte. Nach der Amtsenthebung war er ein halbes Jahr krank und bettlägerig. Bis zu seinem Tode zehn Jahre später blieb er pflegebedürftig. Zudem war er fast blind, denn er besaß nur noch 10 % seiner früheren Sehkraft.

Nach dem Ende des Nationalsozialismus wohnte er zunächst weiterhin bei seiner ehemaligen Gattin, die inzwischen in der Agricolastraße 33[190] ansässig war und zog dann in die Johannisberger Straße 17 a. 1950 schloß er eine zweite Ehe mit der Sekretärin Irmgard Erna Möser. Die 1921 geborene Frau war wie er jüdischer Abstammung.[191] Seit dem 1. Mai

1951 hatte das Ehepaar eine eigene Wohnung in Tempelhof.[192] Mit dem 1951 geborenen Sohn Alexander lebte die Familie dort bis zum Tode von Max Neumann, der 1955 im Krankenhaus Westend gestorben und auf dem Friedhof Weißensee (Grabstelle: Feld C 1, Reihe 18/13) begraben wurde.[193]

Nachzutragen ist, daß am 28. Juni 1951 aufgrund des Kontrollratsgesetzes Nr. 55 die Aufhebung des Sondergerichtsurteils durch die 4. Große Strafkammer des Landgerichts Berlin erfolgt ist. Max Neumanns Witwe und Sohn sind kurz nach seinem Tod zunächst nach Hessen und später in die Vereinigten Staaten verzogen.

Versteckt in der eigenen Wohnung – Selbsthilfe Untergetauchter.
Emdener Straße 54: Die Familie Weinberg und ihre Freunde.

Martina Voigt

Während überall in Berlin untergetauchte jüdischen Verfolgte befürchten mußten, von der "mitteilsamen" Nachbarschaft an die Behörden verraten zu werden, taten die Bewohnerinnen und Bewohner des Hauses Emdener Straße 54 in Moabit so, als ob sie nicht sähen, daß sich ihre langjährigen Nachbarn aus dem dritten Stock, die Familie Weinberg,[194] seit Februar 1943 vor der Gestapo in der eigenen Wohnung verschanzte. Ob alle 59 Mietparteien davon wußten, bleibt ungewiß. Fest steht aber, daß ihnen kein Wort über die Lippen kam, das den Behörden den illegalen Aufenthalt von Channa Weinberg und ihren Töchtern Dora und Amalie verraten hätte.

Die Familie Weinberg war seit langem in Moabit ansässig. Aus Warschau stammend, kamen Channa und Felix Weinberg 1920 nach Berlin und zogen in die Emdener Straße. Sie hatten drei Töchter: Sura, die 1938 nach England auswandern konnte; Dora, geboren 1908 und Amalie, die 1921 in Berlin zur Welt kam.

Felix Weinberg starb 1931. Im gleichen Jahr eröffnete seine 1888 geborene Witwe ein Lebensmittelgeschäft in der Waldstraße 1. Dadurch gewann sie vielfältige nachbarschaftliche Kontakte und

Standesamtliche Heirat von Amalie und Heinz Sandelowski am 7. August 1945.

stellt als Jüdin, und ich mußte in einer Ecke auf dem Schulhof stehen. Ich war erst 12 Jahre alt, und das ist sehr furchtbar – unvergeßlich!"[196]

Als Jüdin mit polnischer Staatsangehörigkeit war es Amalie Weinberg verboten, im Anschluß an die Volksschule eine Handels- oder Berufsschule zu besuchen. 1935 nahm sie daher eine Stelle in der Schneiderei Nadel in der Wilsnacker Straße 60[197] an. Bei dem Zwischenmeister, der für die Textilhäuser am Hausvogteiplatz arbeitete, erlernte sie die praktische Seite dieses Handwerks. Eine Kollegin ersetzte ihr durch privaten Unterricht die Schulstunden, die ihr offiziell verwehrt blieben.[198]

Der Novemberpogrom zerstörte die selbständige Existenz der Weinbergs, denn in der Nacht vom 9. zum 10. November 1938 wurde der Laden in der Waldstraße zerstört und ausgeplündert. Er wurde daraufhin behördlich geschlossen.[199] Die Familie war nun ohne Einkommen.

Verbindungen zu den Geschäftsleuten des Viertels.

Ihre Tochter Dora arbeitete in dem Geschäft als Verkäuferin, während Amalie noch zur Schule ging. Deren frühe Erinnerungen an die Zeit in Moabit sind überschattet von Szenen antisemitischer Verunglimpfungen: "Meine Kindheit war sehr schön – bis ich zwölf Jahre alt war. Aber 1933, da hab' ich's schon zu fühlen bekommen." Als die Nazis an die Macht kamen, besuchte sie die 185. Volksschule in der Bremer Straße. Ihre Lehrerin hat den Klassenkameradinnen gesagt, "nicht mehr mit mir zu sprechen. Sie hat mich vorge-

Zwangsarbeit

Amalie Weinberg wurde zu Beginn des Krieges zwangsweise zur Arbeit auf einem Bauernhof in der Mark Brandenburg verpflichtet. Die Lebensumstände für die Gruppe jüdischer Mädchen, die dort arbeiteten, waren kläglich, denn sie erhielten nur spärliche Essensrationen. Sie mußten auch im Winter in einem eiskalten Stall übernachten. Nach dreizehn Wochen kehrte Amalie Weinberg nach Berlin zurück, wo sie in einem Zweigbetrieb von Siemens Am Spreebord als Arbeiterin zwangsverpflichtet wurde.[200] Auch Dora Weinberg war zu dieser Zeit zur Zwangsarbeit eingesetzt, doch ist unbekannt, wo sie beschäftigt war.

Das illegale Leben der Weinbergs begann mit der Warnung eines Freundes am 26. Februar 1943. Dieser Mann – dessen Name nicht bekannt ist – besaß Kontakte zu Angestellten der Jüdischen Gemeinde. Von diesen war zu erfahren, daß eine – später als "Fabrikaktion" bezeichnete – Massenfestnahme der jüdischen Zwangsarbeiterinnen und -arbeiter unmittelbar bevorstand. Er riet Weinbergs dringend, an dem Sonnabend nicht zur Arbeit zu gehen. Da sie den Hinweis ernst nahmen, blieben sie am 27. Februar zu Hause. Auch an den folgenden Tagen gingen sie nicht aus der Wohnung.

Eine eingeweihte Nachbarin, Paula Luederitz,[201] beobachtete das Treppenhaus und die Straße, um rechtzeitig Bescheid zu geben, wenn sich eine "Abholkolonne" bemerkbar machte. Nach einigen Tagen Aufenthalt in der verdunkelten Wohnung hörten die Mutter und die Töchter das mit Frau Luederitz verabredete Klopfzeichen, als auch schon zwei Gestapobeamte vor der Tür standen. Die Frauen verhielten sich still, bis die Polizisten das Haus wieder verlassen hatten.

Dora Weinberg berichtete später, die Beamten wären kein weiteres Mal zurückgekehrt.[202] Nach den Erinnerungen von Amalie Weinberg hingegen tauchten sie erneut auf, ließen dann aber von den Nachforschungen ab. Sie vermutet, daß die Polizei durch den großen Bombenangriff am 2. März 1943 so stark in Anspruch genommen war, daß sie für die Suche nach der Familie Weinberg keine Zeit hatte.[203] Die Ermittler der Gestapo waren tatsächlich überlastet, doch hing dies eher damit zusammen, daß während der "Fabrikaktion" mehrere tausend Jüdinnen und Juden geflohen waren, um der Deportation zu entgehen. Das könnte die Weinbergs gerettet haben.

Illegal in den eigenen vier Wänden

Die Mutter lebte mit ihren Töchtern von diesem Tage an versteckt in der Wohnung, in der sie seit Jahrzehnten ansässig war. Amalie Weinberg erinnert sich, wie schwer das Leben in der Illegalität war: Sie hatten kein Einkommen mehr gehabt und keine Lebensmittelmarken. Die unversiegelte Wohnung und die jüdischen Mieterinnen sind anscheinend von den Verfolgungsbehörden vergessen worden. "Wir haben Glück gehabt, das war alles. Ich konnte nähen und habe uns Essen geholt und Geld, damit wir unsere Miete, Elektrik und Gas bezahlen konnten. So haben wir gelebt bis Oktober 1943 – in unserer eigenen Wohnung. Meine Mutter hat auch viele Wäsche gehabt, die hat sie eingetauscht." An Lebensmittel kam Channa Weinberg über Kontakte zu einigen Händlern heran, die sie aus der Zeit, als noch der Lebensmittelladen bestand, kannte. "Sie hat dort Laken hingebracht und etwas bekommen."[204]

Dora Weinbergs Darstellung des illegalen Lebens weicht ein wenig von der ihrer Schwester ab. Sie betont, daß der Hausbesitzer Pudewill[205] über ihr Versteck Bescheid wußte und ihnen die Miete erließ. Die Nachbarin Luederitz sowie die frühere Schulfreundin Grete Grzeda aus der Emdener Straße 52 hätten ihnen Lebensmittel gegeben. Sie erwähnt ferner zwei Geschäfte in der Emdener Straße 55, deren Besitzer ihnen das Notwendigste abgaben: die Bäckerei Bartsch und die Seifenhandlung Wolaszewski.[206]

Es gelang den Versteckten, in ihrer Wohnung nicht nur sich selbst, sondern auch weiteren illegal lebenden Freunden Unterschlupf und Versorgung zu bieten. Amalie Weinberg berichtet, sie hätten genug Lebensmittel gehabt, um den Freunden wenigstens eine Suppe geben zu können. Die anderen "U-Boote" seien auch in die Wohnung gekommen, um sich zu waschen oder sich auszuruhen. Manche hätten für eine Nacht dort geschlafen, seien dann aber vor Morgengrauen wieder aus dem Haus gegangen. Stets hätten sie ein eigenes Klopfzeichen gebraucht, um eingelassen zu werden. Es seien alles Bekannte von Channa Weinberg gewesen, an deren Namen sich Amalie Weinberg nicht mehr richtig erinnern kann. Sie nennt einen Herrn Kupfer, über dessen Schicksal sie jedoch nichts weiß. Ferner sei ein Herr Weißkohl häufiger gekommen, der von seiner späteren Ehefrau geschützt wurde und die Verfolgungen überlebte. Möglicherweise spricht sie hier von Isak Weißkohl, der 1942 in der Waldstraße 57 als Untermieter einer Familie Renod legal lebte und vermutlich vor der Deportation fliehen konnte.[207]

Beinahe entdeckt

Doch gerade der Beistand für weitere Verfolgte wäre der Familie Weinberg fast zum Verhängnis geworden. Ein jüdischer Bekannter der Mutter, den sie früher während einer Kur kennengelernt hatte, arbeitete offenbar für die Gestapo. Er kannte das Klopfzeichen, das Verfolgten die Tür zu Weinbergs Wohnung öffnete, obwohl er selbst dort nicht gegessen oder geschlafen hatte.

Amalie Weinberg beschreibt die dramatische Szene vom Abend des 23. Oktober 1943. Es "kam ein Jude, ein Verräter, den meine Mutter sehr gut gekannt hat. Er hat gesagt: 'Ich hole Euch jetzt ab!'[208] Mutter hat ihn sehr gebeten, er solle uns fünfzehn Minuten (Zeit) geben, so daß wir was zusammenpacken und weglaufen

können. Er sagte: 'Nein! Ich bin hergekommen und ich nehme Euch mit.' Wir sollten unsere Sachen zusammenpacken, uns anziehen und die Betten zusammenrollen. Unser Kleiderschrank war offen, ich hatte schon einen Mantel an und er sagte, ich solle den (anderen?) Mantel auch mitnehmen, denn dort, wo ich hinkäme, wird es sehr kalt sein. Meine Schwester hat ihr Paket genommen und ist 'rausgelaufen. (Dora Weinberg gibt ihrerseits an, sie habe ihm gesagt, sie wolle sich nur telefonisch von einer Freundin verabschieden. Offenbar ließ es der Mann zu, daß sie dazu das Haus verließ. d.V.)[209] Nach einer Weile sagte meine Mutter, nachdem wir die Sachen gepackt hatten, zu mir: 'Geh und hole Dora!' und ich wußte, was sie wollte. Ich bin 'rausgegangen, aber ich konnte nichts mehr mitnehmen." Ein paar Minuten später kam die Mutter – die den Verfolger abgeschüttelt hatte – aus dem Haus, ebenfalls ohne etwas mitnehmen zu können. "Sie hatte die Sicherungen 'rausgeschraubt, den Schlüssel genommen und die Tür zugemacht. Es war doch alles verdunkelt und wie konnte er sich zurechtfinden in der fremden Wohnung? Da waren wir unten! Zwei Häuser weiter lebte eine sehr feine deutsche Frau, eine Bekannte meiner Schwester. Sie hat immer gesagt: 'Wenn du mich brauchst – ich bin hier!' Wir sind dort hingelaufen."

Hilfsbereite Menschen

Grete Grzeda war als Waisenkind von der Familie Weinberg wie eine Tochter angenommen worden. Die Wohnung der verheirateten Mutter zweier Kinder befand sich damals in der Emdener Straße 52, wo sie in sehr armen Verhältnissen lebte.[210] Dennoch gab sie den Untergetauchten, so berichtet Amalie Weinberg, mehr als sie selbst entbehren konnte. Sie hat Grete Grzeda als einzige nichtjüdische Helferin in Erinnerung, die ihr beistand, ohne einen eigenen Nutzen daraus zu ziehen.[211]

In der Nacht ihrer Flucht gingen die Weinbergs zu ihr. Channa Weinberg wurde von Grete Grzeda aufgenommen und konnte dort längere Zeit bleiben. Die Schwestern mußten sich jedoch andere Quartiere suchen.

Dabei kam ihnen ein anderer geflohener Jude zu Hilfe, der 1897 geborene Iser Wajngardt. Während der "Fabrikaktion" war der frühere Kaufmann, der bei der Reichsbahn Zwangsarbeit geleistet hatte, verhaftet worden, konnte aber am gleichen Tag aus dem Sammellager Große Hamburger Straße 26 fliehen. Er versteckte sich zunächst bei einem Bekannten, Willi Cholewa im Wedding und seit Sommer 1943 in der Salzwedeler Straße 7 in einer Ladenwohnung.[212] Wajngardt verfügte offenbar über genug Geschick, um – obwohl untergetaucht lebend – einer Arbeit nachzugehen und genug Mittel aufzubringen, die ihn und andere Geflohene versorgten. Er nahm Dora Weinberg in dem Laden auf und gab ihr damit ein so sicheres Quartier, daß sie bis zur Befreiung dort bleiben konnte.

Auch Amalie Weinberg hielt sich öfter bei ihm auf, konnte jedoch nicht ständig dort wohnen. Sie hatte inzwischen eigene Kontakte zu anderen untergetaucht Lebenden hergestellt: zu einer russisch-jüdischen Familie Gusinow, die zu diesem Zeitpunkt legal in der Lübecker Straße 28 wohnte und durch die sowjetische Staatsbürgerschaft noch vor der Deportation geschützt war. Hier trafen sich im Frühjahr 1943 Illegale ebenso wie bei Weinbergs, um sich zu versorgen. Dort lernte Amalie Weinberg am 22. April 1943 den ebenfalls untergetaucht lebenden Heinz Sandelowski[213] kennen, der im Januar 1943 mit seinen Eltern vor der Deportation geflohen war und in Schulzendorf (südlich von Berlin) bei einer kommunistischen Familie versteckt lebte. Sie freundeten sich an und trafen sich von diesem Tag an häufig. Wenige Tage nach der ersten Begegnung wurden Heinz Sandelowskis Eltern von dem Mann an die Gestapo verraten, der ihnen einen Lagerraum zur Aufbewahrung ihrer Wertsachen zur Verfügung gestellt hatte. Sie wurden nach Auschwitz deportiert und dort ermordet.[214]

Nachdem sie aus der eigenen Wohnung geflohen war, wohnte Amalie Weinberg zunächst bei einem Ehepaar, das in "Mischehe" lebte und in der Wilmersdorfer Straße ein Fotoatelier führte.[215] Sie hatte die Leute durch die Familie Gusinow kennengelernt und deren Hilfe zugesagt bekommen.

Sie lebte abwechselnd bei Iser Wajngardt und dort. In Wilmersdorf konnte sie aber nicht länger bleiben, da der Fotograf ihr nachzustellen begann. Iser Wajngardt vermittelte ihr 1944 die Adresse einer Lampenschirmherstellerin am Görlitzer Bahnhof, bei der sie arbeiten und wohnen konnte. Diese Frau kannte ihre wahre Identität nicht, aber Amalie Weinberg nimmt an, daß sie etwas ahnte: Die Unternehmerin ließ die "Angestellte" bis zu 16 Stunden täglich schuften, ohne ihr einen ausreichenden Lohn zu zahlen. Die Frau habe sich ihr gegenüber auch oft in antisemitischen Haßtiraden ergangen, was Amalie Weinberg den Aufenthalt zur zusätzlichen Qual machte. Da aber die Werkstattbesitzerin häufig verreiste, betreute Amalie Weinberg den Laden zuletzt weitgehend allein und lebte dort bis zum Jahresbeginn 1945. Sie sagt, sie sei froh gewesen, ein Dach über dem Kopf zu haben, zu weinen und zu klagen hätte sie sich nicht leisten können.[216]

Während des Endkampfes um Berlin zog sie zu ihrer Schwester und Iser Wajngardt in die Salzwedeler Straße 7, wo sie gemeinsam die Befreiung erlebten.

Ihre Mutter hätte – wäre es nach dem Willen Grete Grzedas gegangen – in der Emdener Straße 52 bleiben können. Die Wohnungsinhaberin wurde aber mit ihren beiden kleinen Kindern aufgrund der Bombenangriffe auf Berlin evakuiert. Sie konnte sich dieser behördlichen "Fürsorge" nicht entziehen, ohne auf sich aufmerksam zu machen. Nun kamen Heinz Sandelowskis Kontakte Channa Weinberg zu Hilfe: Er kannte den Metzger Franz Müller in Schulzendorf, bei dem seine Eltern hatten untertauchen können. Während er selbst auch mit kommunistischen Widerstandskämpfern in Schulzendorf verkehrte, wohnte er nach der Verhaftung seiner Eltern bei dem alten Ehepaar Müller und erwirkte deren Zustimmung, dort auch Channa Weinberg aufzunehmen.

Müllers hielten dem Druck des illegalen Tuns jedoch nicht lange stand und begannen, den Flüchtlingen mit einer Anzeige bei der Gestapo zu drohen, falls sie nicht auszögen. Sandelowski suchte nun unter den kommunistischen Widerstandskämpfern in Schulzendorf nach neuen Unterkünften und fand für Channa Weinberg in einer Frau Nitter eine Unterstützerin. Er selbst zog zu dem "Kopf" der Widerstandsgruppe, den er "Emil" nannte. An dessen Nachnamen kann er sich 1990 nicht mehr erinnern.

Die Verfolgung überlebt

Bei Frau Nitter und "Emil" überstanden Channa Weinberg und Heinz Sandelowski die Verfolgungen. In den letzten Monaten des Krieges beteiligte sich Heinz Sandelowski mehr und mehr an den Aktionen der Widerstandsgruppe, indem er beim Verteilen von Flugblättern half. Er schildert die Freude, mit der seine Unterstützer die Rote Armee empfingen: "Wie die Russen 'reingekommen sind, hat Emil die kommunistische Fahne genommen – ich seh's noch so wie damals. Da war ein Wagen mit einem Pferd, Stroh war 'drauf, und ein russischer Offizier hat hinten auf dem Stroh gesessen, und einer hat den Wagen gefahren. Er ist 'rausgegangen und hat die Fahne mit Hammer und Sichel getragen, der Emil, und hat seine Parteikarte vorgezeigt. Er ist 'reingefahren mit dem Offizier nach Eichwalde. Das war für ihn der schönste Moment im Leben. Darauf hatte er zwölf Jahre gewartet. Das war für ihn ... wenn man ihm dafür eine Million Mark hingelegt hätte, hätte er sie nicht genommen."

Trotz seiner Euphorie behielt "Emil" aber einen kühlen Kopf, was seine Schützlinge anging: Er ließ sie so lange bei sich wohnen, bis sich die Lage beruhigt hatte.

In seinem Haus in Schulzendorf traf sich die Familie Weinberg wieder. Bald darauf erhielten sie ein eigenes Haus in der Bismarckstraße (später Rosa-Luxemburg-Straße) 22. Dort feierten Amalie Weinberg und Heinz Sandelowski im August 1945 ihre standesamtliche Hochzeit, die religiöse begingen sie im September 1945 in der Synagoge Rykestraße in Berlin. Nachdem sie ihr Haus in Schulzendorf an einen russischen Offizier verloren hatten, zogen Weinbergs zurück in die Emdener Straße 8.

Nach der Geburt ihrer Tochter wanderten Amalie und Heinz Sandelowski im November 1947 in die USA aus. Sie leben heute in Providence/Rhode Island. Dora Weinberg folgte ihnen im August 1949, und als letzte verließ Channa Weinberg Berlin. Sie zog zu ihren Töchtern, wo sie 1960 starb. Dora Weinberg heiratete in den Vereinigten Staaten und war Arbeiterin in einer Fabrik, sie starb 1988.

Auf die Frage, was die schlimmste Erfahrung des Lebens im Untergrund gewesen sei, antwortet Amalie Weinberg: "Einsam zu sein und nichts zu essen zu haben, mißbraucht und schlecht behandelt zu werden." Doch war sie froh, wenigstens ein Dach über dem Kopf gehabt zu haben. Es gibt weitere negative Erinnerungen: "Zum Beispiel: Ich hatte eine Armbanduhr, das einzige Stück, was mir blieb. Die ist kaputt gegangen und ich bin zu dem verheirateten Sohn des Fotografen gegangen. Er hat gesagt: 'Oh, du hast 'ne schöne Uhr' und ich sag: 'Ja, aber sie ist kaputt!'. Darauf sagt er: 'Gib sie mir, ich werde sie dir reparieren.' Am nächsten Tag kam er und hat gesagt: 'Man hat sie mir gestohlen'.

Man hat mich aufgenommen, aber wie man mich behandelt hat, das ist eine andere Sache. Dagegen die Grete, die Freundin, wo meine Mutter hätte bleiben können: Eines Tages war ich auf der Straße und die Grete kam und hat einen Bezugschein gehabt für Schuhe für sich. Sie hat meine Schuhe gesehen und mir den Bezugschein gegeben und Geld. Nach dem Krieg, da haben wir uns erkenntlich gezeigt. Sie war gut. Sie hat mir gegeben und der andere hat von mir genommen."

Katholikin half der jüdischen Mutter einer Freundin.
Das Asyl von Regina Kirschbaum in der Putlitzstraße 17.

Unter Mitarbeit von Susanne Witte

In ihrer Wohnung in der Putlitzstraße 17 versteckte die Sozialfürsorgerin Susanne Witte zwischen 1943 und 1945 die von der Deportation bedrohte jüdische Mutter ihrer zum Katholizismus konvertierten Freundin Ruth Casper.

Susanne Witte, als jüngstes von drei Geschwistern 1905 in Moabit geboren, lebt seit ihrer Kindheit in Berlin. Der Vater war kaufmännischer Angestellter bei der Firma Hageda in der Dortmunder Straße, die ältere Schwester starb bereits mit neunzehn Jahren, der Bruder ist noch als Kind gestorben.

Nach der Schule entschied sich die einzige überlebende Tochter der Familie Witte für einen sozialen Beruf. Im Anschluß an den Besuch einer Handelsschule absolvierte sie die Soziale Frauenschule des Katholischen Frauenbundes. 1929/30 schloß sich ein weiteres Ausbildungsjahr im Krankenhaus Moabit an. Die praktizierende Katholikin, deren Vater 1930 gestorben war, hat viele Jahre als Sozialfürsorgerin gearbeitet und ist immer noch ehrenamtlich tätig.

Susanne Witte wohnte in den vierziger Jahren in der Putlitzstraße, ganz in der Nähe des Moabiter Güterbahnhofes, von dem die Transporte in die Konzentrationslager abgingen: Die zur Deportation bestimmten Jüdinnen und Juden kamen aus der Synagoge in der Levetzowstraße, dort war – wie sie berichtet, "... das große Sammellager, ... von da aus wurden Männer, Frauen, Kinder zu Fuß und in Begleitung von SA- und SS-Männern zum Bahnhof Putlitzstraße gebracht, wo Güterwagen standen, und womit sie transportiert wurden."[217] Da sie nicht die Augen vor dem öffentlich sichtbaren Unrecht verschließen konnte, erklärte sie sich bereit, der Mutter einer Freundin zu helfen. "Ich war mit einer jüdischen Fürsorgerin gut befreundet, die hier in unserer Kirche zum katholischen Glauben übergetreten ist, mit der ich während ihrer jüdischen Glaubenszugehörigkeit schon bekannt war durch ihre berufliche Tätigkeit ..., und wir waren immer sehr verbunden durch unser gemeinschaftliches Leben in der Pfarrei."[218]

Diese Freundin war Ruth Casper, die 1905 geborene jüngste von drei Töchtern aus der zweiten Ehe der jüdischen Kammersängerin Regina Kirschbaum. Die 1879 mit dem Mädchennamen Spiegel geborene Mutter und die Schwestern sind Jüdinnen geblieben und waren mit der Konfessionsentscheidung von Ruth Casper nicht einverstanden.

Den beiden älteren Geschwistern ist in den dreißiger Jahren die Emigration nach England gelungen, während sie selbst mit der Mutter in Berlin blieb. Susanne Witte und Ruth Casper kannten sich seit der Zeit, als sie 1926 Katholikin wurde. Als seit 1933 die Wohnungs- und beruflichen Pro-

Einziges erhalten gebliebenes Bild von Ruth Casper (zweite Reihe, dritte von links). Die Aufnahme entstand in Hermsdorf, Juni 1928.

Susanne Witte, 40er Jahre.

bleme von Ruth Casper immer größer wurden, konnte ihr die Glaubensgenossin helfen und eine Beschäftigung ermöglichen sowie ein Zimmer vermitteln.

Da die Gefahr bestand, daß die Mutter von Ruth Casper, die religiöse Regina Kirschbaum, deportiert werden sollte, bat die Tochter Frau Witte: "Kümmere dich um meine Mutter, ... wenn mir etwas zustößt, dann sorgst du für die Mutter." Tatsächlich gelang es Susanne Witte Anfang 1943, den Aufenthaltsort der Mutter in dem Sammellager, in dem sie auf den Abtransport wartete, aufzuspüren und sie dort zu besuchen.

Kurze Zeit darauf war es der jüdischen Frau gelungen, sich an dem Tag, als sie deportiert werden sollte, im Keller des Gebäudes zu verstecken und zu fliehen. "Am Abend desselben Tages stand sie vor meiner Tür, die Frau Kirschbaum, mit einer Handtasche. Und sagte: Kann ich hier bleiben? Ich sagte: Selbstverständlich. Sie kam rein, völlig verstört, und von da an blieb sie bei mir."

Susanne Witte, die nach dem Tode ihrer Mutter allein in der Putlitzstraße 17 im 4. Stock des Vorderhauses wohnte, gelang es mit Hilfe von Mitgliedern der Moabiter Gemeinde St. Paulus und weiteren mutigen Menschen, Regina Kirschbaum zu retten. Diese wichtige Information konnte Ruth Casper noch übermittelt werden, bevor diese ihre eigene Deportation mitteilte. Es muß davon ausgegangen werden, daß Ruth Casper ermordet worden ist.

Bei Bombenangriffen gingen die beiden Frauen in den Luftschutzkeller des Hauses. Die Angst vor den Bombenabwürfen und die damit verbundene Aufregung hatten zur Folge, daß sich alle in erster Linie um sich selber kümmerten.

Regina Kirschbaum konnte im Frühjahr 1945 ihre Befreiung vom Nationalsozialismus erleben und engagierte sich mit anderen ebenfalls im Versteck überlebenden Jüdinnen und Juden in einem Notquartier in der zerstörten Synagoge in der Levetzowstraße beim Aufbau des Gemeindelebens. Dort lebte sie, bis sie wenige Monate später zu ihren Töchtern nach England übersiedelte. Es bestand noch weiterhin Kontakt zu Susanne Witte. 1951 teilte die in London lebende Tochter Herta Casper mit, daß ihre Mutter seit Weihnachten 1949 an einem nervlichen Leiden litt. Mit Sicherheit war die Krankheit eine Folge des jahrelangen Lebens im Versteck. Sie kam 1950 in ein Sanatorium und starb 1957.

Auffindbare Spuren.

Versteckte – Helferinnen und Helfer – "Unbesungene Heldinnen".

Martina Voigt

Bis zum Beginn der Ehrungen für die selbstlose Unterstützung geflohener Jüdinnen
und Juden als "Unbesungene Helden" in
Berlin zeigte die Öffentlichkeit nur wenig
Interesse am Schicksal der Untergetauchten und ihrer Helferinnen und Helfer. Weder Pädagogik noch Publizistik und Wissenschaft begriffen es als ihre Aufgabe,
jenen Menschen, die den Verfolgten zur
Seite gestanden und sich dem NS-Regime
widersetzt hatten, Anerkennung zu verschaffen. Auch den Auszeichnungen durch
den Berliner Senat folgte nur ein kurzes,
tagesaktuelles Echo in den Zeitungen. Als
das Interesse an ihnen vierzig Jahre nach
der Befreiung erwachte, war es oft zu spät,
die Beteiligten selbst zu befragen. Heute
können die Versäumnisse nicht mehr auf-
geholt werden. Was uns übrig bleibt, um
die Geschichte von Verfolgung und Hilfe
darzustellen, sind statt des lebendigen
Wortes oft nur jene Materialien, die das
klassische Handwerkszeug des Historikers
bilden: Akten, angefertigt zu amtlichen
Zwecken.

Die folgenden Beiträge beruhen ausschließlich auf Dossiers aus den zwei
größten geschlossenen Aktenbeständen,
die entsprechende Berichte enthalten: die
Entschädigungsakten der Geretteten und
die Unterlagen der Ehrungsstelle für "Unbesungene Helden" bei der Berliner Senatsverwaltung für Inneres. Niemand, dessen Schicksal im folgenden dargestellt
wird, hat jemals öffentlich über die persönlichen Erinnerungen gesprochen oder ge-
schrieben.

Das Leben in der Illegalität wurde im
Berliner Gesetz über die Entschädigung
der Opfer des Nationalsozialismus in der
Fassung vom 27. Februar 1952 gemäß
§ 17 dem Freiheitsentzug durch Haft gleich-
gestellt.[219] Eine entsprechende Regelung
hatten nur die Länder der ehemaligen britischen Besatzungszone eingeführt. In den
übrigen Ländern der alten Bundesrepublik
Deutschland galt das Überleben in der
Illegalität noch nicht als entschädigungs-
pflichtiger Schaden an Freiheit. Erst das
Bundesentschädigungsgesetz vom 18.
September 1953 regelte bundeseinheitlich,
daß das Leben in der Illegalität als Frei-
heitsbeschränkung zu entschädigen sei,
sofern der Verfolgte unter menschenunwürdigen Bedingungen gelebt hatte. Hier-
unter fielen alle Personen, die, um sich vor
schwerwiegender Verfolgung zu schützen,
außerhalb der Rechtsordnung hatten leben
und ihre wahre Identität hatten verschleiern müssen. Voraussetzung für die Unterstützung war, daß sie im Untergrund ein
Leben geführt hatten, das dem eines Häft-
lings vergleichbar war.

In den Dossiers des Berliner Entschädigungsamtes, die für jeden einzelnen
Überlebenden geführt wurden, wurden
diese Ansprüche geregelt. Das Überleben
in der Illegalität konnte fast nur durch Aussagen der Geretteten und ihrer Bürgen
belegt werden. So lassen sich in diesen
Unterlagen zahlreiche Berichte über das
Überleben im Untergrund finden, doch
sprechen die Geretteten hier in der Rolle
der Antragsteller, auf denen die Beweis-
pflicht lastet. Zweck der Aussagen war

lediglich der Beleg, daß sie sich unter menschenunwürdigen und haftähnlichen Bedingungen vor schweren Verfolgungen gerettet hatten. In den meisten Fällen gaben die Antragsteller und ihre Zeugen daher nur knappe Überblicke über die Verfolgungssituation und die Quartiere, in denen sie sich versteckt hatten. Die Angst vor Denunziation, die List, die zum Überleben notwendig war, die Abhängigkeit vom Durchhaltewillen und dem Mut der anderen, kurz das Leben auf der Flucht, wird in diesen Aussagen kaum angesprochen. Auch entsprach es nicht den Aufgaben des Entschädigungsamtes, alle Widersprüche zwischen den Aussagen, die für die Frage der Antragsbewilligung unerheblich waren, zu klären.

Auf der anderen Seite sind manche Aussagen in ihrem Wahrheitsgehalt zu bezweifeln. Das legitime Interesse von Verfolgten am finanziellen Ausgleich des erlittenen Schadens forderte z.T., die Darstellung des Überlebens in der Illegalität den vom Bundesentschädigungsgesetz vorgegebenen Rahmenrichtlinien anzupassen. Nicht jedes Quartier, in dem Verfolgte gerettet werden konnten, entsprach unmittelbar diesen Vorgaben. Besondere Schwierigkeiten bereitete in dieser Hinsicht die Entscheidung des Bundesgerichtshofs vom 11. Juli 1956, in der zwischen haftähnlichen Lebensbedingungen im Untergrund, die zu entschädigen seien und solchen, die "unter der Obhut wohlgesinnter Menschen Schutz boten" und nicht entschädigungspflichtig seien, unterschieden wurde.[220] Sie konnte z.B. dazu führen, daß die Entschädigungsbehörde ihre Ausgleichspflicht für die in den Wohnungen langjähriger Vertrauter verbrachte Zeit bestritt, Quartiere in Kellerverließen jedoch als entschädigungspflichtig ansah. Erst mit der Ländervereinbarung vom 23. Juni 1959

war dieser Konflikt beseitigt, das Leben unter Verschleierung der Identität wurde per se als menschenunwürdig definiert und damit – bis zur Widerlegung – als entschädigungspflichtig angesehen.[221]

Ähnliche Probleme ergeben sich bei der Auswertung der Dossiers des Berliner Innensenators zur Ehrung "Unbesungener Helden". Die Originalzeugnisse, die zur Begründung der Auszeichnung herangezogen wurden, sind heute nicht mehr Teil der Einzelakten. Diese beinhalten (neben Unterlagen zur formalen und finanziellen Regelung des jeweiligen Verfahrens) lediglich die zusammenfassenden Falldarstellungen und Einzelbegründungen aus der Feder der Sachbearbeiter. Zur Einleitung des Ehrungsverfahrens genügte also die Feststellung, daß die eingereichten Unterlagen, bzw. dem Innensenator gegebenen Erklärungen ausreichten, um die uneigennützige Hilfe der zu Ehrenden belegen zu können.

In den folgenden Beiträgen, die sich auf diese beiden großen Aktenbestände stützen, kann daher nur versucht werden, das Schicksal der Verfolgten und ihrer Helfer in groben Umrissen nachzuzeichnen. Es müssen viele Fragen offen bleiben: Die Vorgeschichte und die Beweggründe der Unterstützer sowie die Quelle, aus der die Helferinnen und Helfer ihre Kraft schöpften, sich rückhaltlos für Verfolgte einzusetzen, treten darin ebenso in den Hintergrund, wie die Demütigungen und Ängste, die die Opfer durchleiden mußten.

Von mehreren Bürgern in Tiergarten versteckt: Arthur Krakowski

Als der Kaufmann Arthur Krakowski (1880 bis 1957)[222] im Jahre 1939 von Königsberg nach Berlin zog, lagen sechs

Wochen Gefängnishaft hinter ihm. Er hatte seinen gesamten Besitz durch die Judenverfolgungen verloren: In seiner Heimatstadt unterhielt er seit 1912 einen Vertrieb für Foto-, Kino- und Theaterausstattungen, den er im Laufe der Zeit um vier Filialen vergrößerte.[223] Während der dreißiger Jahre wurde er mehrfach gezwungen, die Filialen und Werkstatteinrichtungen unter Wert zu verkaufen, bis er am 9. November 1938 während des Pogroms verhaftet und in das Königsberger Gerichtsgefängnis eingeliefert wurde. Das Stammhaus der Firma wurde im Dezember 1938 behördlich geschlossen.

Als Krakowski am 20. Dezember 1938 aus der Haft entlassen wurde, machte ihm die Geheime Staatspolizei zur Auflage, seine Auswanderungsbemühungen bei regelmäßigen Vorladungen nachzuweisen

oder aber erneut verhaftet zu werden. Die Versuche, ein Visum für die USA oder ein lateinamerikanisches Land zu bekommen, scheiterten, bis die Beamten ihn wiederholt aufforderten, Königsberg zu verlassen. In der Hoffnung, von Berlin aus die Emigration erfolgreicher vorbereiten zu können, zog Arthur Krakowski im Mai 1939 mit seiner Frau Hedwig in die Ansbacher Straße 38 in Schöneberg. Seine Auswanderungsbemühungen blieben ergebnislos. Auch an seinem neuen Wohnort mußte er sich täglich beim zuständigen Polizeirevier und zudem alle zwei Wochen bei der Gestapoleitstelle Berlin melden. Nachdem er zwei Jahre erwerbslos in Berlin gelebt hatte, wurde er im Mai 1941 zur Zwangsarbeit in den Prüfräumen der "Deutschen Tachometerwerke" in Kreuzberg, einem "kriegswichtigen Betrieb", herangezogen.

Mit "J" markierte Kennkarte von Arthur Krakowski, 1939.

Hedwig Krakowski mußte in einer "Juden-abteilung" der Siemens-Werke in Spandau arbeiten.

Ob er auch am Tage der "Fabrikaktion" zur Arbeit ging, ist nicht bekannt, er selbst beschreibt seine Flucht vor der Gestapo nur mit knappen Sätzen: "Als im Februar 1943 die Deportationen sich häuften und meine Frau am 27. Februar 1943 von Siemens, wo sie als Zwangsarbeiterin tätig war, abgeholt wurde, bin ich noch am gleichen Tage in die Illegalität gegangen. Ich habe meine Wohnung Ansbacher Straße 38, wo ich als Untermieter der gleichfalls deportierten Jüdin, Fräulein Hamburger, wohnte, an diesem Tage verlassen und bin zunächst zu einem Fräulein Bomhardt, Berlin, Ritterstraße, gegangen, die ich von früher her kannte. Dort habe ich ein oder zwei Nächte auf der Erde geschlafen."[224]

Bei Fräulein Bomhardt[225] konnte er nicht lange bleiben. Sie schwebte ohnehin in ständiger Gefahr, da sie einen jüdischen Freund hatte, den sie aufgrund des "Gesetzes zum Schutz des deutschen Blutes und der deutschen Ehre" nicht heiraten durfte. Sie vermittelte Arthur Krakowski aber den Kontakt zu ihrem Bruder, Willi Bomhardt, der in der Moabiter Beussel-straße 38 eine Drogerie führte.[226] Dieser verbarg den Untergetauchten in einer Abstellkammer hinter seinem Laden. Die Besitzer umliegender Läden steckten Bomhardt und offenbar auch Arthur Krakowski direkt Lebensmittel zu, so daß dieser notdürftig versorgt war. In seiner Entschädigungsakte gab Krakowski zudem an, er hätte noch einige Wertsachen und Kleidungsstücke besessen, die er versetzte, um sich bei Schwarzhändlern zu erhöhten Preisen Nahrungsmittel kaufen zu können.

Willi Bomhardt machte Arthur Krakowski auch mit einem Freund, Bernhard Kutscher, bekannt und vertraute diesem die Wahrheit über seinen Gast an. Er wußte, daß Bernhard Kutscher als Ernster Bibelforscher ("Zeuge Jehovas") ein zuverlässiger Gegner der Nazis und selbst mehrere Male verhaftet worden war. Der religiöse Mann bemühte sich daraufhin, Arthur Krakowski dauerhaft mit Lebensmitteln zu versorgen und zog seinerseits das Ehepaar Lina und Kurt Schmitten ins Vertrauen, die ebenfalls Nahrungsmittel für den Verfolgten beschafften.[227]

Der alleinstehende Willi Bomhardt wurde jedoch im Laufe des Jahres 1943 eingezogen und im Kriegseinsatz getötet. Er hatte Arthur Krakowski auch während seiner Abwesenheit gestattet, sich in dem Laden aufzuhalten. Im November 1943 zerstörte ein Bombenangriff das Haus völlig. Arthur Krakowski war nun obdachlos und mußte in verschiedenen Quartieren nächtigen, die nicht näher bekannt sind. Er gab an, häufig Luftschutzkeller aufgesucht zu haben, womit er vermutlich die öffentlichen Schutzräume meinte.

Zum Jahresende 1943 vermittelte Fräulein Bomhardt ihm eine Unterkunft bei ihrem anderen Bruder, Eugen Bomhardt in Lichtenberg/Sachsen. In dessen Geschäft konnte Arthur Krakowski arbeiten und übernachten. Nachdem er zwei Monate dort verbracht hatte, wurden Angehörige der Gemeindeverwaltung auf ihn aufmerksam, so daß er im März 1944 nach Berlin zurückkehrte.

Unter dem Vorwand, ein Ausgebombter zu sein, mietete er sich nun bei dem Friseur Albert Honecker in der Wittstocker Straße 2 ein, der zunächst nichts von der wahren Identität des Mieters erfuhr. Da Arthur Krakowski bereits 64 Jahre alt war, schöpfte Honecker keinen Verdacht gegen den Beschäftigungslosen. Dennoch verließ Arthur Krakowski regelmäßig die Unterkunft, um Betätigungen vorzutäuschen. Er lebte abermals in einem Abstellraum des Geschäfts. Auch zu dieser Zeit übernahmen Bernhard Kutscher und das Ehepaar Schmitten seine Versorgung mit Lebensmitteln.

Unklar bleibt, ob der Friseur noch während der Zeit des Nationalsozialismus erfuhr, daß Arthur Krakowski vor der Gestapo geflohen war. In seinem Laden erlebte Arthur Krakowski die Befreiung.

Seine Frau und viele andere seiner Verwandten sind von den Nazis ermordet worden: Hedwig Krakowski, geb. Caspari, wurde am 4. März 1943 nach Auschwitz deportiert und dort im gleichen Monat ermordet.[228] Seine Schwiegereltern, Salomon und Valeria Caspari, sind im Ghetto von Lodz verschollen.[229] Seine Schwägerin, Grete Moses, geb. Caspari, ist in Auschwitz verschollen.[230]

Bis zu seinem Tod 1957 lebte Arthur Krakowski in der Beusselstraße 38.

Flensburger Straße 8: Gertrud Lewandowski rettet die Schwestern Hedwig Heintze und Johanna Rittner

Die Schwestern Hedwig Heintze und Johanna Rittner wurden im westpreußischen Thorn als Töchter der Familie Markiewicz geboren; Hedwig, die ältere, 1886, und Johanna, genannt Berta, 1893.

Hedwig Markiewicz[231] heiratete 1906 den Apotheker Thomas Heintze in Marktlissa/Schlesien. Sie arbeitete im Geschäft ihres Mannes mit und blieb dort angestellt, nachdem Thomas Heintze 1928 verstorben und die Apotheke an einen neuen Besitzer übergegangen war. Der neue Inhaber, der der SS beigetreten war, entließ um 1934/35 seine jüdische Angestellte.

Seite aus dem Ausweis des Hauptausschusses "Opfer des Faschismus" von Hedwig Heintze, 1946.

Hedwig Heintze lebte von diesem Zeitpunkt an von Untervermietungen. Angesichts der Verarmung, vor allem aber auch unter dem Druck des NSDAP-Ortsgruppenleiters verließ sie 1939 die Kleinstadt und zog zu ihrer verheirateten Schwester nach Berlin.

Johanna Markiewicz[232] hatte 1920 den Kaufmann Markus Buxdorf-Rittner, einen polnischen Staatsbürger, geheiratet. Gemeinsam führten sie ein Konfektionsgeschäft in Steglitz und lebten seit 1921 in Tiergarten, in der Brückenallee 33.[333] Ihr Sohn, Heinz-Adolf Rittner, der 1923 geboren worden war, konnte den Naziverfolgungen durch die Auswanderung nach Palästina entkommen.

Während der Pogromnacht vom 9. zum 10. November 1938 wurde das Geschäft in der Steglitzer Albrechtstraße zerstört und völlig ausgeplündert, am 31. Dezember 1938 erging die Zwangsschließung.

Der Verhaftungswelle gegen polnische Juden, die nach dem deutschen Überfall auf Polen im September 1939 erfolgte, fiel auch Markus Rittner zum Opfer. Er wurde in das Konzentrationslager Sachsenhausen eingeliefert, wo er am 14. Februar 1940 unter ungeklärten Umständen starb.

Die Schwestern, die in der Brückenallee zusammenlebten, wurden im Laufe des Krieges zur Zwangsarbeit verpflichtet. Hedwig Heintze konnte noch bis zum Jahresende 1941 als Haushaltshilfe bei entfernten angeheirateten Verwandten, dem Bankkaufmann Carl Kliem und seiner Frau Berta, die in der Solinger Straße 11 lebten,[234] tätig sein. Vom Januar 1942 an mußte sie aber in der Kreuzberger Telefonbaufirma Bosse & Co Zwangsarbeit leisten. Johanna Rittner wurde von der Firma "Elektrica" in Schöneberg zwangsverpflichtet.

Durch Zufall konnten beide Schwestern der "Fabrikaktion" am 27. Februar 1943 entkommen. Hedwig Heintze war an diesem Sonnabend nicht in der Fabrik gewesen, sondern bei der Familie Kliem zu Besuch. Dort erreichte sie ein Anruf der Hauswartsfrau Martha Jährling aus der Brückenallee, die sie warnte, da sich Gestapobeamte nach ihr erkundigt hatten. Hedwig Heintze entschied sich daraufhin, ihre Wohnung nicht mehr zu betreten.

Zum gleichen Zeitpunkt tauchte auch ihre Schwester unter. Johanna Rittner war durch den Nachtdienst in der Fabrik der Verhaftungswelle entgangen, die in den frühen Morgenstunden des 27. Februar mit Beginn der Frühschicht einsetzte. Als sie im Laufe des Tages von den Ereignissen erfuhr, floh sie mit notdürftigem Gepäck am Abend ebenfalls zur Familie Kliem. Die beiden Flüchtlinge konnten sich dort aber nur einen Tag lang verstecken und waren gezwungen, sich sofort neue Quartiere zu besorgen.

Durch Vermittlung eines Ehepaars Zeller konnten die beiden Schwestern einen Kontakt zu der Schauspielerin Gertrud Lewandowski in der Flensburger Straße 8 herstellen, die auch der Familie Weissmann Schutz vor den Verfolgern bot.[235] (Siehe den Beitrag "Alt-Moabit 21-22: Zufluchtstätte in der Fleischerei Zenk" in diesem Band.)

Die damals 48jährige Gertrud Lewandowski traf in dieser Zeit ein persönliches Unglück, als sie die Nachricht vom Tode ihres jüdischen Ehemannes im Konzentrationslager Mauthausen erhielt.[236]

Zur Tarnung nannte sich Johanna Rittner Frau Hessler, Hedwig Heintze gab sich den Namen Emma Wegmann. Nach den Angaben in den Entschädigungsakten besaßen sie jedoch keine falschen Papiere und auch nicht die Möglichkeit, reguläre Lebensmittelmarken zu beziehen. Die Familie Kliem und eine ehemalige Kundin der Rittners, Katharina Hackberg aus Steglitz, versorgten sie heimlich mit Nahrungsmitteln, Wäsche und Geld.

Obwohl Gertrud Lewandowski die Schwestern offenbar längere Zeit sicher beherbergen konnte und ihnen auch nach ihrer Ausbombung am 22. November 1943 in den Ausweichquartieren in der Jagow- und Gotzkowskystraße Unterkunft bot,[237] waren beide dennoch auf weitere Wohnräume angewiesen. So lebte Hedwig Heintze im Jahre 1943 auch in Magdeburg bei einem Bekannten, dem Ingenieur Otto Klaus. 1944 fand sie eine weitere Unterkunft als Haushälterin einer Familie Huwald in Freudenstadt im Schwarzwald. Johanna Rittner gab zwar an, von verschiedenen Personen geschützt worden zu sein, nannte jedoch keine Namen. Neben Gertrud Lewandowski gewährte ihr am Ende des Krieges auch Berta Kliem in einem Ferienhaus in Gusow bei Seelow Unterschlupf.

Nach dem Krieg lebten Hedwig Heintze und Johanna Rittner zunächst gemeinsam in der Gotzkowskystraße 12 und bereiteten ihre Auswanderung aus Deutschland vor. Seit Oktober 1947 lebte Johanna Rittner in Tel Aviv. Ihre Schwester folgte ihr im September 1949. 1966 starb Hedwig Heintze in Israel, Johanna Rittner zwanzig Jahre später.

Paula Schier, 1946.

Kaiserin-Augusta-Allee 6: Das Versteck der Familie Schier

Das Ehepaar Paula und Alfred Schier[238] lebte zu Beginn der vierziger Jahre in Berlin-Mitte. Ihr 1924 geborener Sohn Günther hatte als Tischlerlehrling eine Unterkunft im Jüdischen Lehrlingsheim in der Wilsnacker Straße 3.

Alfred Schier (1896-1953) war als Handelsvertreter in der Textilbranche tätig gewesen, bis ihm am Jahresende 1938 der Gewerbeschein entzogen wurde. Von diesem Zeitpunkt an wurden Schiers als Arbeitslose zu Zwangsarbeiten herangezogen. Alfred Schier verrichtete Schwerstarbeit im Hoch- und Tiefbau sowie in einer Sandbläserei. Seine Ehefrau (1895-1979) mußte in der Druckerei Wiegel in Kreuzberg an der Stanzmaschine arbeiten.

Im Herbst 1942 erhielt Paula Schier die Nachricht, daß sie zur Deportation eingeteilt war. Ihr Chef, der Druckereibesitzer Adolf Wiegel, setzte sich daraufhin beim "Judenreferat" der Gestapoleitstelle Berlin für sie ein und erklärte, daß Paula Schiers Arbeitsleistung für die Kriegsproduktion unabdingbar sei. Er erreichte, daß sie "bis auf weiteres von einer Abwanderung zurückgestellt" wurde.[239]

Schiers aber sahen ihre Lage als zu gefährlich an und entschlossen sich, ihre Wohnung zu verlassen und in Berlin unterzutauchen. Sie gaben sich nun den Namen Schnur. Zunächst konnten sie ein Quartier in Kreuzberg finden. Sie stellten aber bereits nach wenigen Wochen einen Kontakt zu Alfred Steinig her, der in der Moabiter Kaiserin-Augusta-Allee 6 ein Milchgeschäft führte.[240] Dort kamen sie – unangemeldet und ohne Lebensmittelmarken – unter. Paula Schier konnte ein wenig zur

Alfred Schier, 1946.

Ernährung beitragen, in dem sie sich bei einer Familie im Wedding als Haushaltshilfe betätigte und dafür Nahrungsmittel erhielt.

Schiers hatten bei Alfred Steinig offenbar ein sicheres Quartier. Sie mußten sich bis zum Ende der NS-Zeit kein neues Versteck suchen. Als ihr Sohn Günther jedoch Anfang Juni 1943 das Haus verließ, verhafteten ihn Polizisten auf offener Straße. Wie seine Eltern nach dem Ende des Nationalsozialismus erfuhren, wurde er mit dem 39. Osttransport am 28. Juni 1943 nach Auschwitz deportiert und dort ermordet.[241]

Da sie als illegal Lebende keinen Arzt aufsuchen konnten, war besonders Alfred Schier auch gesundheitlich in ständiger Lebensgefahr. Denn er hatte sich durch die Zwangsarbeit ein Leiden zugezogen, das sich aufgrund der Entbehrungen rapide verschlechterte und nicht behandelt werden konnte. Dennoch konnten Paula und Alfred Schier von dem Witwer Steinig gerettet werden. Nach dem Krieg lebten sie zunächst in der Stromstraße 64, später in Alt-Moabit 86 b.

Liebesbeziehung gegen Verbote durchgesetzt: Luise Woschnik und Wilhelm Ruhland

Die Verfolgungsmaßnahmen zerstörten von 1933 an die privatesten Angelegenheiten der Kindergärtnerin Luise Woschnik (1886-1953) und des Schneiders Wilhelm Ruhland (1896-1964).[242] Nach einer Scheidung im Jahre 1919 und dem Tod ihres zweiten Ehemannes 1924 hatte die vierfache Mutter Luise Woschnik seit 1929 in Wilhelm Ruhland einen neuen Partner gefunden, mit dem sie jedoch nicht zusammenlebte. Ihre Wohnung befand sich in der Kyffhäuser Straße 12 in Schöneberg, während er seine Bleibe in der Derfflinger Straße 22 behielt.[243]

Nach den rassistischen Kategorien der Nazis galt Luise Woschnik als "Volljüdin", er als "Arier". Mit dem "Gesetz zum Schutz des Deutschen Blutes und der Deutschen Ehre" war 1935 eine solche Verbindung gesetzlich verboten worden, denn darin hieß es:

"§ 1: Eheschließungen zwischen Juden und Staatsangehörigen deutschen und artverwandten Blutes sind verboten. ...

§ 2: Außerehelicher Verkehr zwischen Juden und Staatsangehörigen deutschen und artverwandten Blutes sind verboten. ...

§ 5,1: Wer dem Verbot des § 1 zuwiderhandelt, wird mit Zuchthaus bestraft.

§ 5,2: Der Mann, der dem Verbot des § 2 zuwiderhandelt, wird mit Gefängnis oder mit Zuchthaus bestraft."[244]

Wilhelm Ruhland hätte, wäre ihr Liebesverhältnis denunziert worden, als "Rassenschänder" gerichtlich verurteilt werden können. Aber er ließ sich dadurch nicht beirren und hielt seiner Freundin die Treue. Luise Woschnik mußte – u.U. aufgrund ihres Alters – keine Zwangsarbeit leisten. Sie übte – ihren Angaben über die Erwerbstätigkeit seit 1933 folgend – keine andere berufliche Tätigkeit aus.[245]

Luise Woschniks Kinder aus der ersten Ehe mit Georg Cohn hatten bereits das Elternhaus verlassen. Die älteste Tochter Ilse lebte in sogenannter Mischehe und war dadurch vor den Verfolgungen relativ sicher. Ihr Sohn Heinz Georg Cohn und die andere Tochter Gerda Simon, geborene Cohn, waren dagegen den Behörden schutzlos ausgeliefert und wurden mit ihren Familien im Frühjahr 1943 nach Auschwitz deportiert. Heinz-Georg Cohn, der während der "Fabrikaktion" verhaftet worden war, schrieb seiner Familie noch zwei Nachrichten aus dem Lager. Vermutlich war er in Auschwitz zunächst als Zwangsarbeiter eingesetzt worden. Seit 1944 aber blieb jedes Lebenszeichen von ihm aus.[246]

Am 28. oder 29. Juni 1942 drohte Luise Woschnik die Festnahme zur Deportation. Da sie an diesem Tag ihre Tochter besuchte, entging sie der Abholung. Nachbarn hatten ihr berichtet, daß die Gestapo bereits im Hause gewesen war. Am gleichen Tag entschloß sie sich, mit wenigen Sachen zu Wilhelm Ruhland zu fliehen. Er konnte sie bis zum Kriegsende in seiner

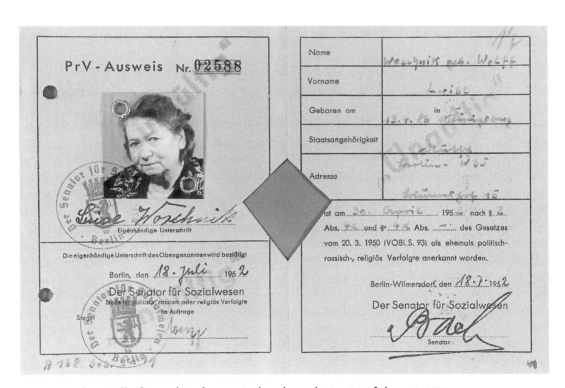

Ausweis der Stelle für politisch, rassisch oder religiös Verfolgte, 1952.

Wohnung und im Keller der Derfflinger Straße 22 verstecken. Da Luise Woschnik – wie die anderen Untergetauchten auch – keine Lebensmittelkarten mehr beziehen konnte, teilte er seine Rationen mit ihr und nahm – neben seiner Arbeit bei der Bewag – noch eine zusätzliche Beschäftigung an, um Lebensmittel auf dem schwarzen Markt kaufen zu können.

Die Angst um das Schicksal ihrer Kinder, die Ungewißheit der eigenen Existenz und die Entbehrungen in der Illegalität zerrütteten Luise Woschniks Gesundheit. Auch sie konnte "als Frau Null", wie sie das Dasein einer Illegalen nannte, keinen Arzt aufsuchen.

Wilhelm Ruhland ist es gelungen, seine Lebenspartnerin zu retten und lebte bis zu ihrem Tode im Jahr 1953 mit Luise Woschnik in Blumeshof 15.

Katharina Tichauer

Versteckt und denunziert: Katharina Tichauer

Die Kontoristin Katharina Tichauer,[247] die 1893 in Berlin geboren wurde, lebte mit ihrem späteren Retter bereits zusammen, als die NSDAP an die Macht kam. Während der Weltwirtschaftskrise arbeitslos geworden, führte sie dem (nichtjüdischen) Kellner Wilhelm Petruschke seit 1932 den Haushalt in der Putlitzstraße.[248] Fünf Jahre darauf zog sie mit ihm in die Birkenstraße 50. Trotz der rassistischen Gesetzgebung konnten sie das Arbeitsverhältnis aufrechterhalten, da das "Gesetz zum Schutz des Deutschen Blutes und der Deutschen Ehre" von 1935 nur die Anstellung "arischer" Hausangestellter in jüdischen Familien verboten hatte. Auch eine Anzeige wegen "Rassenschande" erging gegen beide offenbar nicht.

1940 wurde Katharina Tichauer zur Zwangsarbeit bei Siemens verpflichtet. Da damit ihr Arbeitsverhältnis bei Petruschke beendet war, meldete sie sich als Untermieterin bei einer jüdischen Frau Goldberg in der Levetzowstraße 13 a an, lebte aber weiterhin mit Wilhelm Petruschke zusammen.

Als ihre Wirtin im Januar 1942 deportiert wurde, entschloß sich Katharina Tichauer, selbst in die Illegalität zu gehen. Sie blieb unangemeldet bei Petruschke, ging nicht mehr zur Arbeit und betrat die Wohnung in der Levetzowstraße nicht wieder. Da der Kellner über eine Reihe von Beziehungen verfügte, konnte er zusätzliche Lebensmittelmarken beschaffen und Katharina Tichauer damit ernähren.

Sie lebte zwei Jahre unangemeldet in der Birkenstraße 50, bis das Haus am 15. Februar 1944 durch einen Bombenangriff zerstört wurde. Wilhelm Petruschke und Katharina Tichauer zogen daraufhin zu einer gemeinsamen Bekannten in die Quitzowstraße 136. Die damals 37jährige Hauswartsfrau Anna Maternik[249] war über Katharina Tichauers Verfolgung informiert und hatte ihr bereits mehrfach geholfen. Wilhelm Petruschke gelang es bald, eine eigene Wohnung im gleichen Haus zu finden, die er mit Katharina Tichauer bezog.

Wenn Gefahr drohte, konnte sich die Verfolgte bei Anna Maternik verstecken. Offenbar bewegte sich Katharina Tichauer recht frei im Haus und im Viertel, denn sie nahm auch die regulären Lebensmittelmarken für Petruschke in Empfang. Ungeklärt ist, ob sie sich auch selbst als Bombengeschädigte in der Quitzowstraße angemeldet und Lebensmittelmarken bezogen hatte.[250]

Im Laufe des Jahres 1944 erkrankte Wilhelm Petruschke schwer und starb am 14. März 1945. Einen Tag später wurde Katharina Tichauer denunziert und verhaftet. Anna Maternik vermutete, es sei aufgefallen, daß sie nun keine Lebensmittelkarten mehr abholte.[251] Es ist unklar, wer sie verraten hatte.

Katharina Tichauer wurde zunächst in das ehemalige Sammellager Große Hamburger Straße eingeliefert, das seit 1944 ein "Arbeitserziehungslager" war. Schließlich überstellte die Gestapo sie in das Sammellager Schulstraße. Dort blieb sie mit 800 bis 1.000 weiteren jüdischen Häftlingen bis zum 22. April 1945. Sie hatte Glück und wurde nicht mehr deportiert, da die "Osttransporte" zu diesem Zeitpunkt bereits eingestellt waren.[253] Aber unter den Häftlingen herrschte bis zuletzt große Angst, von der Gestapo erschossen zu werden.

Als die Rote Armee den Wedding erreichte und die Häuserkämpfe begannen, zogen die Gestapobeamten am 22. April aus dem Haus ab, ohne ein Blutbad angerichtet zu haben. Katharina Tichauer erhielt – wie die anderen auch – am gleichen Tag einen offiziellen Entlassungsschein.[254] Nach der Befreiung lebte sie in der Stromstraße 25. Sie starb 1977 in Berlin.

Anna Maternik wurde 1962 in einer Feierstunde im Jüdischen Gemeindehaus in der Fasanenstraße vom Senat von Berlin als "Unbesungene Heldin" geehrt. Zu diesem Zeitpunkt lebte sie in der Putlitzstraße 21-22.

Alt-Moabit 54 (?) – Die Geschichte von Hansheinz König

In einem von Hansheinz König und seiner Ehefrau Ilonka gemieteten Laden in Alt-Moabit 54 (oder in der unmittelbaren Nähe) versteckten die beiden jüdische Verfolgte.

Das Leben von Hansheinz von Kunzendorf-König – so der ursprüngliche Name – begann 1916 in Berlin. Kurz darauf beging seine Mutter Selbstmord, und er wuchs in einem Waisenhaus und bei der Schwester der Mutter auf. Seine von ihm schriftlich verfaßte Lebensgeschichte klingt ziemlich bizarr: Bis 1942 wohnte König im Berliner Nordosten in der Winsstraße 14 im ersten Hinterhof. Er besuchte die Waldorf-Schule und die anthroposophische Schule in der Gitschiner Straße. Er berichtet, daß er in dieser Zeit begann, Juden zu verbergen, hauptsächlich ehemalige Waldorf-Mitschüler. Später arbeitete er im Untergrund und lernte eine Frau mit dem Vornamen Ilonka kennen. Sie gab sich als Jüdin aus, obwohl sie – wie König nach ihrem Tode 1947 erfuhr –

katholischen Glaubens war. Sie heirateten angeblich und wohnten in einer Laden- wohnung in Alt-Moabit. Mit von ihm ge- fälschten Papieren gelangten einige Ver- folgte bei Konstanz über die Schweizer Grenze.

Nachdem er im Herbst 1942 nach Frankreich eingezogen worden war, de- sertierte er und schloß sich der Résistance an. Hansheinz König überlebte den Krieg und wohnte bis zu seinem Tod 1994 in den Niederlanden.[255]

Das Schicksal von Regine Rudolf

Die 1909 in Lemberg geborene Regine Rudolf überlebte die Verfolgung in der Illegalität und wohnte nach der Befreiung in der Elberfelder Straße 30.[256] Vor dem Krieg hatte sie möglicherweise nicht im Bezirk Tiergarten gelebt.

Als "Volljüdin" im Sinne der rassisti- schen Gesetze mußte sie von November 1940 an als Montiererin bei der AEG in Oberschöneweide Zwangsarbeit lei- sten.[257] Als sie Ende Januar 1943 von der Arbeit nach Hause kam, fand sie ihre Wohnung versiegelt vor und erfuhr von einer Nachbarin, daß ein Mann in SS-Uni- form und ein Zivilist sie hatten abholen wollen. An diesem Abend tauchte sie unter und lebte fortan illegal bei verschiedenen Helferinnen und Helfern. Mehrfach fand sie auf Laubengrundstücken Unterschlupf. Sie erlebte die Befreiung in der Wohnung von Klara Sommerfeld, Grünberger Straße 77 in Friedrichshain. Regine Rudolf starb 1985.

Eine "Unbesungene Heldin" aus Tiergarten?

Zu Beginn der sechziger Jahre ist eine weitere Frau vom Berliner Innensenator für ihre Hilfe für Verfolgte ausgezeichnet wor- den. Aus ihren Akten geht jedoch nicht deutlich hervor, ob sie auch während des Krieges in Tiergarten gelebt hatte. Den- noch soll ihre Lebensgeschichte hier kurz vorgestellt werden.

Martha Gallwitz,[258] die 1964 in der Flemingstraße 5 a lebte, war vor der NS- Zeit Dienstmädchen bei einer jüdischen Familie in Joachimsthal gewesen. Die Toch- ter dieser Familie war Irmgard Pagel, ge- borene Chaim. Die 1906 in Joachimsthal geborene Frau war mit Erwin Pagel, gebo- ren 1901, verheiratet.[259] Martha Gallwitz traf Irmgard Pagel 1939 auf der Straße zufällig wieder und unterstützte sie, da sie die Notlage der Familie Pagel kannte, mit Lebensmitteln.

Pagels flohen am 1. März 1943 vor der Deportation. Sie lebten illegal bei einer Familie Herms und einer Frau Bauer- schmidt. Während der gesamten Verfol- gungszeit unterstützte Martha Gallwitz das Ehepaar Pagel mit Lebensmitteln. Ihr da- maliger Wohnsitz ist ungeklärt, doch ist zu vermuten, daß sie die Ehefrau des Lastwa- genfahrers Joseph Gallwitz war, der 1942 bereits in der Flemingstraße 5-5a gemel- det war.[260] Für die Hilfe für die Verfolgten wurde sie 1965 vom Berliner Innensenator geehrt.

Wille zum Überleben und solidarische Hilfe.
Annäherung an Selbstbehauptung und Zivilcourage.

Unter Mitarbeit von Martina Voigt

Das Überleben der zum Untertauchen gezwungenen Verfolgten und die ihnen geleistete Hilfe sind bis heute ein Forschungsdesiderat geblieben. Dementsprechend sind die Recherchen sehr mühsam gewesen und mußten oft lückenhaft bleiben.

Selbstbehauptung der Untergetauchten

Es sind nur noch wenige Menschen am Leben, die über das Leben in der Illegalität berichten können. Auch sind nicht viele von ihnen in Deutschland geblieben. Hinzu kommt, daß die Schicksale derer, die denunziert, entdeckt und ermordet wurden, meist unbekannt blieben. Ebenfalls noch nicht aufgeklärt ist die Dimension der Selbstmorde, die nach dem Zugang der Deportationsbescheide oder in ausweglosen illegalen Lebenssituationen verübt wurden.

Die vorangegangenen Darstellungen der Lebenswege von Menschen, die der Verfolgung durch die Flucht in ein Leben ohne Anmeldung und ohne gesicherte Versorgung entkommen konnten, zeigen damit nur das Los einer kleinen Minderheit. Wenn wir nach den Eigenschaften fragen, die Jüdinnen und Juden haben mußten, um zu einem jahrelangen Leben im Untergrund fähig zu sein, spielt neben individueller Initiative, rascher Reaktionsfähigkeit, Flexibilität und Unerschrockenheit auch das Vorhandensein von Freund- und Bekanntschaften außerhalb jüdischer Kreise eine große Rolle.[261] Darüber hinaus waren finanzielle Mittel und die Möglichkeit, neue Kontakte aufzubauen, wichtig, um für den Unterhalt aufzukommen und gegebenenfalls gefälschte Dokumente erwerben zu können.

Der Schutz vor den ab 1943 verstärkt einsetzenden Bombenangriffen war für die Verfolgten nur möglich, wenn es ihnen durch die Überwindung ihrer Angst gelang, zu der legal lebenden Bevölkerung in einen häuslichen oder öffentlichen Luftschutzkeller zu gehen. Hier herrschte oft eine beklommene Lage, in der sich die bedrohten nichtjüdischen Menschen hauptsächlich um sich selber und weniger um die gleichfalls anwesenden, ihnen fremden Illegalen kümmerten. Die Schäden der Luftangriffe waren für die Verfolgten ungleich härter, als für die legal lebenden Menschen. Sie waren ja nicht in der Lage, sich Ersatzwohnungen, -möbel usw. zuweisen zu lassen. Mit der Ausbombung ihres Verstecks verloren sie oft die letzte Möglichkeit, sich zu verbergen.

In manchen Fällen hingegen erwies sich die Zerstörung von behördlichen Gebäuden – wie z.B. eines Polizeireviers – als großes Glück, da dabei oft auch die Anmeldeunterlagen vernichtet wurden. Wer dies in Erfahrung bringen konnte und die erforderliche Furchtlosigkeit aufbrachte, konnte sich eine neue Existenz beschaffen, indem die erforderlichen Papiere auf falschen Namen beantragt wurden.

Das Leben in der Illegalität hatte die von vielen als quälend empfundene Folge, sich von legalistischen Auffassungen verabschieden zu müssen.

Mit dem Beginn des Lebens im Untergrund verbunden war die ständige Furcht vor der Entdeckung, sei es durch Nachbarinnen und Nachbarn oder Greiferinnen und Greifer der Geheimen Staatspolizei. Es hätte tödliche Folgen haben können, wenn im Kontakt mit der nichtjüdischen Bevölkerung etwas von der Angst der Illegalen zu spüren gewesen wäre. Viele im Versteck Gerettete bemerkten nach der Befreiung, wie schwer es ihnen gefallen war, ihre echte Identität anderen gegenüber zu offenbaren.

Nach der Befreiung mußten viele "U-Boote" mit der Befürchtung leben, daß ihre Angehörigen nicht mehr am Leben waren, was oft zur erschütternden Gewißheit wurde. Hinzu kamen Einsamkeit, Hunger und Obdachlosigkeit. Die Folgen des Überlebens im Untergrund waren oft gesundheitliche Schäden, die bei vielen Menschen zu einem frühen Tod führten.

Hilfe für Versteckte

Ebenso wie das Überleben der Untergetauchten ein "historisches Loch" darstellt, ist die Erforschung der Geschichte der Menschen, die ihnen ohne Rücksicht auf das eigene Wohlergehen halfen, noch nicht weit fortgeschritten. Die Helferinnen und Helfer leisteten Widerstand gegen das nationalsozialistische Regime und haben eine öffentliche Anerkennung verdient. Wer zu den Verfolgten hielt und ihnen half, zeigte, daß es dazu keiner besonderen Kenntnisse, technischer Fähigkeiten oder Möglichkeiten bedurfte.

Die Retterinnen und Retter, auf die in diesem Band hingewiesen werden konnte, waren zumeist Menschen mit wenig herausragenden Berufen, wie Kaufleute, Handwerker und Angestellte. Ihr Einblick in die Verfolgungsmaschinerie reichte meist nicht weiter, als die der übrigen Bevölkerung. Wohl aber ging ihre Wahrnehmung der Verfolgten und der Verfolgungen darüber hinaus: Sie erkannten oder erahnten die Absichten des Regimes, werteten sie als Mord oder hatten entsprechende Befürchtungen und handelten danach.

Mögliche Motive der Helferinnen und Helfer

Abschließend soll versucht werden, in einer Art Resümee auf die möglichen Motivationen der Helferinnen und Helfer einzugehen: Es fällt auf, daß ein großer Teil der hilfsbereiten Frauen und Männer, welche die Verfolgten versorgten, als auch diejenigen, die sie aufnahmen, Einzelhandelsgeschäfte besaßen.

Damit besaßen sie einerseits durch die vorhandenen Räumlichkeiten und die Möglichkeiten zu Tauschgeschäften häufig eine gewisse "Grundausstattung", um die Verfolgten zu versorgen. Andererseits darf nicht vergessen werden, daß die Händlerinnen und Händler oft die einzigen nichtjüdischen Kontaktpersonen waren, zu denen die jüdische Bevölkerung noch private Beziehungen aufrechterhalten konnte. Die Kaufleute, die in der Stunde von 16 bis 17 Uhr – der einzigen Tageszeit, zu der Juden einkaufen durften – ihre jüdische Kundschaft bedienten, wurden so unmittelbar Zeugen der wachsenden Hoffnungslosigkeit der Verfolgten.

Am Beispiel der hier beschriebenen Lebensgeschichten konnten verschiedene Formen der Hilfe gezeigt werden: die Bereitstellung eines Verstecks, wie die Beschaffung von Lebensmitteln und falschen Papieren. Dies waren überlebenswichtige

Elemente, derer die Flüchtlinge gleichermaßen bedurften. In einzelnen Fällen gelang es sogar, die Untergetauchten über die Reichsgrenzen zu schleusen und in Sicherheit zu bringen.

Noch läßt sich wenig Substantielles über die Motive der Helferinnen und Helfer aussagen. Diese couragierten Menschen besaßen ethisches Verantwortungsbewußtsein, hohe persönliche Risikobereitschaft und geistige Unabhängigkeit. Aber über die Gründe, die sie letztlich bewogen, ihre Überzeugungen in die Tat umzusetzen, lassen sich heute nur noch Vermutungen anstellen. In den meisten Fällen waren sie nicht mehr am Leben und konnten nicht mehr befragt werden. Deshalb sind die meisten Fälle der Hilfsbereitschaft nur noch aus der Aktenüberlieferung bekannt. Dennoch können wir feststellen, daß es ganz unterschiedliche Bindungen waren, die die Geretteten und ihre Helfer zusammenführten.

In einigen Fällen war es Liebe, die einen Helfer mit seinem Schützling verband, so Wilhelm Ruhland mit Luise Woschnik. Andere wiederum halfen langjährigen Freundinnen, so wie Grete Grzeda zu der Familie Weinberg hielt. Oft waren es Verwandte, die als erste um Hilfe gebeten wurden. Manches Mal war es die Verlobte und spätere Ehefrau oder es wurde die geschiedene Ehefrau gefragt. Es kam vor, daß ehemalige Hausangestellte halfen, ein Versteck zu finden oder mit der Übergabe von Lebensmitteln das Überleben ermöglichten.

Schließlich aber gab es auch die Beistandsleistenden, die unbekannte Menschen bei sich aufnahmen. Sie hatten die Untergetauchten nie zuvor gesehen, so wie Gertrud Lewandowski weder Hedwig Heintze noch Johanna Rittner gekannt hatte, bevor sie sie aufnahm. Auch Willi Bom-hardt lernte Arthur Krakowski erst kennen, als dieser illegal bei ihm einzog.

Die Helferinnen und Helfer zeigten neben humanitären auch politische Motive, die sie mit den Verfolgten solidarisch sein ließen. Manche hatten selbst unter dem Regime gelitten. Oft waren gerade sie es, die mehrere Verfolgte in ihren Wohnungen aufnahmen und so ein kleines, privates Hilfswerk aufbauten.

Überlebensstrategien der Untergetauchten

Um die Zeit des Nationalsozialismus zu überleben, mußten viele der hier vorgestellten "U-Boote" die Hilfe von mehreren Personen in Anspruch nehmen, um zu überleben. Ihre Existenz war davon abhängig, daß sie laufend neue Kontakte zu vertrauenswürdigen Personen herstellten oder herstellen ließen. Das Leben der Familie Foß, die über zwei Jahre gemeinsam in einem Quartier überlebte, stellt insofern die Ausnahme dar.

Häufig wird übersehen, daß die gegenseitige Hilfe der Verfolgten eine wesentliche Rolle spielte. Wie am Beispiel der Familie Weinberg gezeigt werden konnte, wurden manche jüdische Verfolgte fast nur durch die Unterstützung ihrer Leidensgefährten gerettet.

Auch der völlige Verlust jeglicher Existenzsicherung, mit dem die Illegalen leben mußten, hatte sie nicht passiv gemacht. Mancher, wie Iser Wajngard, schaffte es sogar, sich eine so überzeugende neue Identität zuzulegen, daß er nicht nur die Rolle eines "arischen" Bürgers spielen konnte, sondern nach außen wie ein solcher leben und sogar noch anderen Untergetauchten mit relativ schlechteren Chancen beistehen konnte.

Es waren aber nicht nur selbstlos Helfende, von denen das Leben der Flüchtlinge abhing. Oftmals mußten sie sich auf die Unterstützung von Menschen verlassen, die ihnen nur gegen Bezahlung halfen oder sie sogar erpreßten. Amalie Weinberg hatte noch die Möglichkeit, ihren Unterstützer zu verlassen, als sie von ihm belästigt wurde. Die Geschwister Feinberg dagegen mußten sich die Hilfe des Schusters täglich erkaufen.

Die meisten Juden, die in Berlin vor der Gestapo flohen, konnten nicht gerettet werden. Während z.B. Margot Foß einer genauen Identitätskontrolle entgehen konnte, gelang es Günther Schier bei einer Ausweiskontrolle nicht, sich überzeugend zu legitimieren. Deshalb wurde er verhaftet, deportiert und ermordet. Auch die Familie Weinberg wäre fast, hätte die Mutter nicht im letzten Augenblick die Möglichkeit zur Flucht genutzt, von einem gedungenen jüdischen Agenten der Gestapo verraten worden.

Die größte Gefahr für die Untergetauchten aber ging von den "normalen" Bürgerinnen und Bürgern aus: Morris Weissmann hatte das große Glück, mehrmals dem Tode zu entrinnen. Auch Katharina Tichauer, die ebenfalls von eilfertigen Nachbarn denunziert wurde, überlebte nur, weil das Regime bereits vor dem Zusammenbruch stand. Max Neumann und Arthur Krakowski mußten ihre Quartiere wechseln, weil sie das Mißtrauen der Umgebung erregt hatten. Der "Aufbewarier" des Ehepaares Sandelowski lieferte die Juden aus Habgier an die Gestapo aus, als er der Versuchung nicht widerstehen konnte, sich die untergestellten Sachen anzueignen.

Je mehr solcher Fälle bekannt werden, um so deutlicher sticht die Leistung derer hervor, die zu ihren jüdischen Freunden hielten, die selbst die Gefahr für das eigene Leben mißachteten, um den Verfolgten beizustehen.

Topographie der im Bezirk Tiergarten Untergetauchten.

Um die lokalhistorische Spurensuche zu erleichtern, werden im folgenden – in alphabetischer Reihenfolge – die Orte aufgeführt, an denen jüdische Verfolgte ein Versteck und Hilfe fanden:

Alt-Moabit 21-22: In der Musikalienhandlung Bornemann befand sich das Versteck von Käte Bermann. Siehe den Beitrag "Unterschlupf bei Fräulein Bornemann in Alt-Moabit 21-22".

Alt-Moabit 21-22 (Ecke Wilsnacker Straße 1)**:** In der Fleischerei bzw. Wohnung von Leopold und Helene Zenk fanden am Jahresende 1943 Charlotte und Morris Weissmann ein Quartier. Siehe den Beitrag "Alt-Moabit 21-22: Zufluchtstätte in der Fleischerei Zenk".

Alt-Moabit 54 (?)**:** Hier befand sich ein von Hansheinz König gemieteter Laden, in dem jüdische Verfolgte versteckt wurden. Siehe den Beitrag "Auffindbare Spuren".

Altonaer Straße 17: In der Werkstatt des Schuhmachermeisters Karl Geistler fanden die Geschwister Feinberg Unterschlupf. Siehe den Beitrag "Versteck bei einem Schuster in der Altonaer Straße 17".

Bandelstraße 32: In der Wohnung ihres nichtjüdischen Freundes Bernhard Lehmann versteckte sich die Jüdin Herta Rehfeld.[262] Bei einer Nachbarin im Hause, Frieda Bohtner, geborene Cohen, tauschten sie Textilien gegen Lebensmittel ein. Eine andere Nachbarin, Frieda Hoffmann, geborene Otto, kannte das Schicksal der Versteckten und vermittelte ihr, als Gefahr drohte, ein Versteck bei ihrer Tochter Ruth Pichlinski (siehe Dortmunder Straße 3). Nach der Bombardierung des Hauses am 22. August 1943 fand Bernhard Lehmann eine neue Wohnung in der Dreysestraße 10, später am Bundesratufer 10, Herta Rehfeld lebte dort weiterhin untergetaucht bei ihm.

Beusselstraße 38: Arthur Krakowski fand in dem Farbengeschäft von Willi Bomhardt ein Versteck. Siehe Wittstocker Straße 2 und 25 sowie den Beitrag "Auffindbare Spuren".

Beusselstraße 43: In diesem Haus lebte die Kommunistin Ottilie Pohl, die Verfolgte unterstützte. Siehe den Beitrag "Politischer Widerstand im Kaffeekränzchen".

Beusselstraße 65: Bei Lieselotte Hanisch, der Inhaberin eines Fotogeschäfts, war Alexander Fischhof, ein aus der Tschechoslowakei stammender jüdischer Mann, untergebracht und beschäftigt worden. Frau Hanisch hatte ihm mit fototechnischen Mitteln seine Papiere gefälscht, er konnte sich dadurch als Katholik ausgeben. Er heiratete nach dem Krieg seine Retterin und lebte 1947 noch unter dieser Adresse.[263]

Birkenstraße 50: In diesem Haus befand sich das Versteck von Katharina Tichauer, die hier von Januar 1942 bis zum 15. Februar 1944 bei ihrem nichtjüdischen Freund Wilhelm Petruschke lebte. Vgl. Quitzowstraße 36 und den Beitrag "Auffindbare Spuren".

Brückenallee 19 (heute: Bartningallee): Geheimrat Albert Brandt und sein Sohn Dr. Günter Brandt verbargen hier vor der Gestapo: Dr. Gerda Bluhm, ihren Sohn Lothar und ihre Mutter Regina Bluhm sowie Lia Heidenreich. Siehe den Beitrag "Familie Brandt rettete drei jüdische Frauen und ein Kind".

Bundesratufer 10: Vom Jahresende 1943 an lebten hier die versteckte Jüdin Herta Rehfeld und ihr nichtjüdischer Freund Bernhard Lehmann. Sie hatten bereits zuvor in Tiergarten illegal zusammengelebt, doch waren diese Wohnungen – Bandelstraße 32 und Dreysestraße 10 – durch Bombenangriffe zerstört worden. Im Juni 1945 heirateten Herta Rehfeld und Bernhard Lehmann. Sie wohnten weiterhin in diesem Haus.[264]

Dreysestraße 10: Vom Sommer 1943 bis zur Bombardierung des Hauses im November 1943 lebte hier Bernhard Lehmann, der seine jüdische Freundin Herta Rehfeld versteckt hielt.[265]

Dortmunder Straße 3: In der Wohnung von Ruth Pichlinski versteckte sich die untergetauchte Jüdin Herta Rehfeld vom November 1943, bzw. vom Februar 1944 bis zum Herbst 1944.[266]

Emdener Straße 52: Grete Grzeda versorgte die illegal lebende Familie Weinberg mit Lebensmitteln und versteckte sie ab Oktober 1943 zeitweise in ihrer Wohnung. Siehe Emdener Straße 54 und den Beitrag "Versteckt in der eigenen Wohnung – Selbsthilfe Untergetauchter".

Emdener Straße 54: In diesem Haus lebte die verwitwete Channa Weinberg mit ihren Töchtern Dora und Amalie versteckt in ihrer eigenen Wohnung. Siehe den Beitrag "Versteckt in der eigenen Wohnung – Selbsthilfe Untergetauchter".

Essener Straße 23: Bei dem jüdischen Ehepaar Julius und Sophie Fleischmann lebte der jüdische Lehrer Jizchak Schwersenz. Siehe den Beitrag "Die Heimat war Feindesland geworden".

Flensburger Straße 8: In ihrer Wohnung versteckte Gertrud Lewandowski die Eheleute Morris und Charlotte Weissmann. Sie verbarg außerdem die Schwestern Hedwig Heintze und Johanna Rittner. Siehe Brückenallee 33, Gotzkowskystraße 12 und die Beiträge "Alt-Moabit 21-22: Zufluchtstätte in der Fleischerei Zenk" und "Auffindbare Spuren".

Flensburger Straße 31: Lucie Hitze beherbergte im Frühjahr 1944 das Ehepaar Gertrud und Dr. Arthur Joachim bei sich.[267]

Flotowstraße 3: Maria Perlitz versteckte zwei jüdische Familien. 1942 war hier die Anschrift von Wilhelm Perlitz, Schlosser.[268]

Gotzkowskystraße 12: Bei der Schauspielerin Gertrud Lewandowski fanden Berta Rittner und ihre Schwester Hedwig Heintze ein Quartier. Siehe Flensburger Straße 8 und den Beitrag "Auffindbare Spuren".

Kaiserin-Augusta-Allee 6: Bei Alfred Steinig, dem Inhaber eines Milchgeschäfts, fanden das Ehepaar Paula und Alfred Schier und ihr Sohn Günther am Jahresende 1942 ein Versteck. Siehe den Beitrag "Auffindbare Spuren".

Kirchstraße 9: In der Wohnung von Alwine Weiß fand der Schauspieler Alfred Berliner(-Baltoff) ein illegales Quartier. Siehe den Beitrag "Alt-Moabit 21-22: Zufluchtstätte in der Fleischerei Zenk".

Lessingstraße 13: In diesem Haus lebte die jüdische Schneiderin Paula Bersack, bevor sie in die Illegalität ging. Sie war Untermieterin des Ehepaares Hochwald, das 1942 deportiert wurde. Obwohl Paula Bersack schon längere Zeit versteckt lebte, kam sie bis zum Februar 1943 noch einige Male in diese Wohnung zurück. Als Gestapobeamte dort erschienen, wurde Paula Bersack von einer Nachbarin gewarnt, woraufhin sie die Wohnung nicht mehr betrat. Nach dem Krieg lebte Paula Bersack in der Flotowstraße 11.[269] Vgl. Turmstraße 66.

Lübecker Straße 3: Max und Friedel Knitter versteckten zwischen Ende 1941 und der Zerstörung des Hauses im November 1943 in ihrer Wohnung im dritten Stock die Jüdin Gertrud Raszkowski, die fast ständig hier lebte. Außerdem fanden hier Gertrud Thierfelder und ihre Tochter Vera ebenfalls ein Versteck. Beide überlebten das Konzentrationslager Theresienstadt.[270]

Lützowufer 10: In einem Dachgeschoßraum versteckte Liselotte Borde ihren Freund und späteren Ehemann Herbert Labischinski. Im August 1945 lebte er in Weißensee, Wehlener Straße 3.[271]

Melanchthonstraße 8: Der Drogist Richard Purbs versteckte Morris und Charlotte Weissmann seit der "Fabrikaktion" Februar 1943 bis April 1943 sowie im August und September 1943 in seiner Wohnung. Siehe den Beitrag "Alt-Moabit 21-22: Zufluchtstätte in der Fleischerei Zenk".

Oldenburger Straße 9: Im Sommer 1939 fand Elfriede Michels bei Emma und Linus Grieger für zwei Nächte einen Unterschlupf. Sie überlebte.[272]

Putlitzstraße 17: In der Wohnung von Susanne Witte war das Versteck von Regina Kirschbaum. Siehe den Beitrag "Katholikin half der jüdischen Mutter einer Freundin".

Quitzowstraße 36: In diesem Haus lebte Katharina Tichauer mit ihrem nichtjüdischen Freund Petruschke zuerst bei Anna Maternik und später in dessen eigener Wohnung im gleichen Hause. Vgl. Birkenstraße 50 und den Beitrag "Auffindbare Spuren".

Salzwedeler Straße 7: In diesem Haus hatte Iser Wajngardt ein illegales Quartier. Obwohl er selbst seit dem 27. Februar 1943, dem Tag seiner Flucht von dem Transport zum Sammellager, versteckt lebte, nahm er die ebenfalls untergetauchte

Jüdin Dora Weinberg im Herbst 1943 bei sich auf. Auch im Jahre 1945 wohnte er hier.[273] Vgl. Emdener Straße 54 und den Beitrag "Versteckt in der eigenen Wohnung – Selbsthilfe Untergetauchter".

Solinger Straße 1: In der Wohnung seiner Eltern Dr. Gerson und Sara Feinberg versteckte sich Esra Feinberg nach deren Deportation. Vgl. Altonaer Straße 17 und den Beitrag "Versteck bei einem Schuster in der Altonaer Straße 17".

Solinger Straße 7: In einem möblierten Zimmer bei Czsesny wohnten eine Zeit lang Inge Deutschkron und ihre Mutter Ella zwischen der Emigration des Vaters am 19. April 1939 und dem Abtauchen in die Illegalität am 15. Januar 1943.[274]

Solinger Straße 11: Bei Carl und Berta Kliem, die in "privilegierter Mischehe" lebten, hatte die Jüdin Hedwig Heintze von 1939 bis 1942 als Haushaltshilfe gearbeitet. Nachdem Hedwig Heintze am 28. Februar 1943 in die Illegalität geflohen war, versorgten Kliems sie regelmäßig mit Lebensmitteln und gaben darüber hinaus der Schwester von Frau Heintze, Johanna Rittner, für mehrere Wochen ein Versteck in ihrer Wohnung. Siehe den Beitrag "Auffindbare Spuren".

Stendaler Straße 19: Marta Engel gab der vom Jahresbeginn 1944 an illegal lebenden Lia Heidenreich mehrmals Quartier in ihrer Wohnung. Vgl. Brückenallee 19 und den Beitrag "Familie Brandt rettete drei jüdische Frauen und ein Kind".

Turmstraße 66: In diesem Haus lebte Elisabeth Pusch, geborene Felter, die die untergetauchte Jüdin Paula Bersack mehrere Wochen lang versteckte. In ihrer Wohnung erlebte die Verfolgte ihre Befreiung. Elisabeth Pusch brachte weiterhin der ebenfalls untergetauchten, im Sommer 1944 jedoch verhafteten Raissa Friedlender Lebensmittel in das Sammellager

Schulstraße. Raissa Friedlender konnte die Verfolgungen überleben und wohnte nach dem Krieg an dieser Adresse.[275] Vgl. Lessingstraße 13.

Von-der-Heydt-Straße 1: In der Werkstatt der Hand- und Kunstbuchbinderei von Martin und Luise Kohler fand der jüdische Vertreter Fritz Redlich Unterschlupf. Siehe den Beitrag "Die Liege des Vertreters stand in der Werkstatt".

Waldstraße 6: In der im 3. Stock des Vorderhauses gelegenen Wohnung von Helene von Schell fanden die Eheleute Hans und Margot Foß sowie deren Söhne Werner und Harry über zwei Jahre ein illegales Quartier. Siehe den Beitrag "Vierköpfige Familie überlebte in einem Zimmer".

Waldstraße 56: In einer Ladenwohnung richteten 1942 der damals noch nicht untergetauchte jüdische Elektriker Werner Scharff, der bereits untergetauchte Graphiker Günther Rogoff und der "halblegal" lebende Drucker Ludwig Lichtwitz einen Unterschlupf ein. Scharff tarnte das Versteck als Lagerraum für Elektrozubehör. Rogoff und Lichtwitz nutzten dort ihre beruflichen Kenntnisse, um Ausweispapiere, die sie durch Helfer aus der Bekennenden Kirche erhalten hatten, zugunsten anderer untergetaucht lebender Juden zu fälschen.[276]

Wilsnacker Straße 42: Von März 1944 bis zu seiner Befreiung 1945 hat Max Neumann in der Wohnung seiner Ex-Frau versteckt gelebt. Nach dem Ende des Nationalsozialismus wohnte er zunächst wieder in Moabit, in der Agricolastraße 33. Siehe den Beitrag "Den geschiedenen Ehemann in der Wilsnacker Straße 42 versteckt".

Wittstocker Straße 2: Der im Februar 1943 vor der Gestapo geflohene Arthur Krakowski fand bei dem Friseur Albert Honecker vom März 1944 an ein illegales Quartier. Vgl. Beusselstraße 38, Wittstocker Straße 2 und 25 sowie den Beitrag "Auffindbare Spuren".

Wullenweberstraße 3: Bernhard Heymann versteckte 1942 Felix Heymann, der als Mitglied der Baum-Gruppe gesucht wurde.[277]

Für die weitere Spurensuche werden im folgenden Adressen aufgelistet, wo frühere Verstecke von jüdischen Verfolgten zu vermuten sind. In mehreren Fällen hat es sich z.B. gezeigt, daß die Anschrift der Nachkriegswohnung oft identisch war mit dem Quartier, in dem die Verfolgten bis zu ihrer Befreiung lebten.

Alt-Moabit 37: Im August 1945 die Adresse von Leonhard Braunstein, der versteckt gelebt hatte. 1947 lebte er in Berlin N 113, Wichertstraße 19.[278]

Birkenstraße 13 b: Im August 1945 die Adresse von Susanne Crohn, geborene Ritterband und Renate Crohn. Beide überlebten versteckt.[279]

Birkenstraße 14: Im August 1945 die Adresse von Manfred Leopold, der versteckt gelebt hatte.[280]

Birkenstraße 57: Im Jahre 1947 die Adresse von Ida Schaff, die versteckt überlebte.[281]

Bremer Straße 61: Im August 1945 die Adresse von Johanna und Tana Kohn, die versteckt gelebt hatten.[282]

Bundesratufer 4: Im August 1945 war hier die Adresse von Willy, Johanna und Eva Brauer, Willy und Eva Brauer (?), die versteckt gelebt hatten. Zu diesem Zeitpunkt wohnte hier ebenfalls der Jude Otto Rechnitz, der wahrscheinlich durch seine nichtjüdische Ehefrau geschützt worden war.[283]

Calvinstraße 33: Im Jahre 1947 die Adresse von Erich Katz und Paula Katz, geborene Neumann, die im Versteck überlebt hatten.[284]

Claudiusstraße 3: Im August 1945 die Adresse von Grete Kalkstein (bei Pain), die versteckt überlebte.[285]

Elberfelder Straße 20: Hier lebte die Familie von Anna Fränkel, die der am 27. Januar 1943 untergetauchte Jude Felix Zacharias auf der Liste der Personen, die ihm während der Verfolgung "in 27 Monaten uneigennützig Beistand geleistet haben", aufführt.[286]

Elberfelder Straße 25: Im August 1945 die Adresse von Ruth Faß (bei Meyer), die versteckt wurde.[287]

Elberfelder Straße 28: Im August 1945 die Adresse von Heinrich Lublin, der in einem Versteck überlebte.[288]

Elberfelder Straße 30: Im August 1945 die Adresse von Regine Rudolf, die an verschiedenen Orten in Berlin versteckt überlebte.[289]

Essener Straße 2: Im Jahre 1947 die Adresse von Felix Zacharias, der am 27. Januar 1943 untergetaucht war und an verschiedenen Orten in Berlin versteckt überlebt hatte. Hier lebte auch Helene Bahlau, die Felix Zacharias auf der Liste der Personen, die ihm während der Verfolgung "in 27 Monaten uneigennützig Beistand geleistet haben", aufführt.[290]

Flotowstraße 6: Im Jahre 1947 die Adresse von Dorothea Dillan, geborene Frankenstein, die versteckt überlebte. Im gleichen Haus lebte die Jüdin Rosalie Aust, die den diskriminierenden "Judenstern" nicht tragen mußte, sowie die aus Konzentrationslagern zurückgekehrten Abraham Ertel und Abraham Forgasch.[291]

Flottwellstraße: In dieser Straße soll sich ein Fischgeschäft von Christine Engler be-

funden haben, Treffpunkt für illegal lebende Jüdinnen und Juden.[292]

Gotzkowskystraße 23: Im August 1945 war hier die Adresse von Julius Kupferberg, der versteckt überlebte.[293]

Holsteiner Ufer 2: Im August 1945 war (laut Quelle in der Holsteinerstraße 2) die Adresse von Margarete Göttling, die versteckt überlebt hatte.[294]

Huttenstraße 11: Im August 1945 war hier die Adresse von Ilse Nußbaum, die in der Illegalität überlebte.[295]

Huttenstraße 70: Im August 1945 wohnte Herbert Moses in diesem Haus. Die NS-Zeit überlebte er in der Illegalität.[296]

Jagowstraße 19: Im Jahre 1947 befand sich diesem Haus die Wohnung von Hertha Behrendt, deren Ehemann Max Behrendt von 1942 bis 1945 illegal gelebt hat.[297]

Jagowstraße 21: Hier lebte die Familie von Ewald Tischbiereck, die der am 27. Januar 1943 untergetauchte Jude Felix Zacharias auf der Liste der Personen, die ihm während der Verfolgung "in 27 Monaten uneigennützig Beistand geleistet haben", aufführt.[298]

Kluckstraße 35: Im August 1945 war hier die Adresse Edgard de Vries, der versteckt überlebte.[299]

Krefelder Straße 3: Im dritten Stockwerk befand sich im August 1945 die Wohnung von Viktor Philippsborn, der in der Illegalität überlebte.[300]

Krefelder Straße 4: Im August 1945 lebte Ursel Friedmann im zweiten Stock dieses Hauses. Sie überlebte versteckt.[301]

Kruppstraße 11: Im Jahre 1947 war hier die Adresse von Leon Greysdorf, der versteckt überlebte.[302]

Lessingstraße 3: Bei Dr. Nachmann Schlesinger fand der seit Mai 1942 illegal lebende Jugendliche Esra Feinberg kurzfristig einen Unterschlupf. Siehe den Beitrag

"Versteck bei einem Schuster in der Altonaer Straße 17".

Lützowstraße 69: Im Jahre 1936 war hier die Rechtsanwältin Anita Eisner wohnhaft, die die NS-Zeit in der Illegalität überlebte. Auch 1947 ist ihr Name unter dieser Adresse genannt.[303]

Lützowstraße 85 a: Im August 1945 war dies die Adresse von Ferdinand und Paula Kochmann, die versteckt überlebten.[304]

Oldenburger Straße 8: Hier lebte die Familie von Eugen Klötzer, die der am 27. Januar 1943 untergetauchte Jude Felix Zacharias auf der Liste der Personen, die ihm während der Verfolgung "in 27 Monaten uneigennützig Beistand geleistet haben", aufführt.[305]

Paulstraße 24: Unter dieser Adresse wohnte Hardi Wiersch im August 1945. Er überlebte versteckt.[306]

Rathenower Straße 23: Im Jahre 1947 war hier (bei Nürnberger) die Adresse von Dr. Erich Mamlok, der versteckt überlebte.[307]

Rathenower Straße 53: Im August 1945 wohnte in diesem Haus Dagobert Lewy, der im Versteck überlebte.[308]

Siemensstraße: In dem Molkereibetrieb von Max Wolf(f), befand sich ein illegales Quartier von Paul Safirstein (Chug Chaluzi), welches ihm von Lea Jacob (seiner späteren Ehefrau) vermittelt wurde. Es dürfte sich um Max Wolff, Molkereibesitzer, Emdener Straße 52, handeln.[309] Siehe den Beitrag "Die Heimat war Feindesland geworden".

Spenerstraße 12: Im August 1945 befand sich hier die Adresse von Arthur Isaaksohn, der versteckt (?) überlebte.[310]

Stromstraße 9: 1947 wohnte Herta Berndt in diesem Haus, die in einem Versteck überlebt hatte.[311]

Tile-Wardenberg-Straße 23-24 (Gartenhaus II): Im August 1945 lebte hier

Herbert Lewin, der untergetaucht überlebte.[312]

Turmstraße 26: Die Inhaberin des Uhrengeschäftes, Maria Redder, versteckte ein jüdisches Mädchen. Es ist unklar, ob sich das Versteck an diesem Ort oder bei Bernhard Redder, Goldwaren, Lübecker Straße 50 befunden hatte.[313]

Wittstocker Straße 10: Im Jahre 1947 wohnte Margot Salingré in diesem Haus. Sie überlebte die NS-Zeit in der Illegalität.[314]

Wittstocker Straße 19: Klara Schäffer, geborene Wrakelmann, 1886 in Berlin, hatte, bevor sie im August 1942 untertauchte, in der Wittstocker Straße 19 gewohnt. Nachdem sie an verschiedenen Orten in- und außerhalb Berlins versteckt überlebt hatte, wohnte sie 1947 erneut in der Wittstocker Straße 19. Bedrich Schäffer, geboren 1911 in Berlin, ist vermutlich ihr Sohn, der 1937 emigrierte und nach dem Krieg zurückkehrte, er lebte 1947 an der gleichen Adresse.[315]

Zinzendorfstraße 7: Hier lebte die Familie von Arnold Hörnemann, die der am 27. Januar 1943 untergetauchte Jude Felix Zacharias auf der Liste der Personen, die ihm während der Verfolgung "in 27 Monaten uneigennützig Beistand geleistet haben", aufführt.[316]

Bei den folgenden Wohnungsangaben bestehen unterschiedliche Bezugspunkte zum Leben im Versteck. Zum Thema gezählt werden die jüdischen Verfolgten, die hier lebten, bevor sie untertauchten:

Am Karlsbad 11: Hier befand sich die Wohnung von Gertrude Sandmann, bevor sie untertauchte. Das Haus gehörte ab 1939 ihrer Schwester Vera Mastrangelo, die durch ihre Heirat italienische Staatsangehörige war. Im November floh Frau

Sandmann aus der elterlichen Wohnung, kündigte durch einen "Abschiedsbrief" ihren Selbstmord an und fand einen ersten Unterschlupf bei der Familie Großmann in Berlin-Treptow.[317]

Brückenallee 33 (heute: Bartningallee): Dieses ist die letzte legale Adresse der Schwestern Johanna Rittner und Hedwig Heintze, bevor sie nach der Warnung der Portiersfrau, Martha Jaehrling, am 28. Februar 1943 in die Illegalität flohen. Siehe den Beitrag "Auffindbare Spuren".

Claudiusstraße 14: Im August 1942 legale Adresse von Felice Schragenheim, die in der Flaschenverschlußfabrik C. Sommerfeld & Co., Inhaber Reinhard Preiss, Stromstraße 47, als Zwangsarbeiterin beschäftigt war. Oktober 1942 entzieht sie sich – im Gegensatz zu dem Vermieter – der Deportation und taucht bei ihrer Freundin Elisabeth Wust in Schmargendorf unter. Dort wird sie am 21. August 1944 verhaftet und kurz darauf deportiert. Ihr letztes Lebenszeichen ist von Dezember 1944.[318]

Flensburger Straße 6: Letzte legale Adresse von Andrea und Valerie Wolffenstein, nachdem sie im September 1942 aus Charlottenburg in die Wohnung von Frau Zweig gezogen waren. Zum Jahresende 1942 "verschwand" Frau Zweig, um der Deportation zu entkommen, ihr weiteres Schicksal ist unbekannt. Am 11. Januar 1943 flohen die protestantisch getauften Schwestern Wolffenstein und konnten von Freunden in Westend und in Zehlendorf versteckt werden. Wesentliche Hilfe erhielten sie auch durch die Dahlemer Bekenntnisgemeinde. Im Mai 1943 verließen sie Berlin, fanden Helfer in Pommern und in Bayern und erlebten ihre Befreiung in München.[319]

Holsteiner Ufer 17: Der Studienrat Dr. Willi Levinsohn hatte 1937 ein möbliertes Zimmer an Jizchak Schwersenz vermietet. Der jüdische Lehrer wohnte hier zur Untermiete. Die Wirtsleute von Schwersenz wurden deportiert. Siehe den Beitrag "Die Heimat war Feindesland geworden".

Kirchstraße 22: Hier lebte 1941/42 Hildegard Klang, die den illegal lebenden Max Neumann durch die Überlassung von Lebensmitteln unterstützte. Siehe den Beitrag "Den geschiedenen Ehemann in der Wilsnacker Straße 42 versteckt".

Levetzowstraße 11 a: Hier befand sich die letzte legale Wohnung von Dr. Hermann und Hertha Pineas, bevor sie am 6. März 1943 untertauchten. 1936 lebten sie ganz in der Nähe Schleswiger Ufer 7. Hermann Pineas war seit 1935 Leiter der Ortsgruppe Tiergarten des Reichsbundes Jüdischer Frontsoldaten. 1940 gehörte er dem Vorstand der Synagoge Levetzowstraße an. Am 4. März 1943 wurden die Eheleute von einem Polizisten aus der Wohnung geholt und in das Sammellager in der Synagoge Levetzowstraße gebracht. Nach ihrer kurz darauf erfolgten Freilassung entgingen sie einer erneuten Verhaftung durch das Untertauchen. Nach der Befreiung wanderten beide nach New York aus.[320]

Melanchthonstraße 18: Letzte legale Wohnung von Morris und Charlotte Weissmann, bevor sie untertauchten. Siehe den Beitrag "Alt-Moabit 21-22: Zufluchtstätte in der Fleischerei Zenk".

Thomasiusstraße 15: Der Schneider Julius Isaacsohn, seine Frau Gertrud, geborene Koh, sowie deren Tochter Dorothea lebten hier, bis sie am 1. März 1943 vor der Gestapo flohen und illegal an verschiedenen Adressen und auch in Kellern und Verschlägen in Berlin lebten. Julius Isaaksohn wurde im Oktober 1943 verhaftet, nach Auschwitz deportiert und dort ermordet, seine Frau und seine Tochter überlebten die Verfolgungen und wohnten nach dem Krieg erneut in diesem Haus, später – bis zu ihrer Auswanderung in die USA – in Alt-Moabit 74.[321]

Tile-Wardenberg-Straße 26: Letzte legale Adresse des späteren Magistratsbeauftragten für jüdische Angelegenheiten Siegmund Weltlinger und seiner Frau Margarete, geb. Gumpel. Sie flohen im Februar 1943 vor der Gestapo und konnten sich in Weißensee verstecken.[322]

Tile-Wardenberg-Straße 28: Hier befand sich die Wohnung von Jizchak Schwersenz (Untermiete), bevor er untertauchte. Siehe den Beitrag "Die Heimat war Feindesland geworden".

Wittstocker Straße 19: Klara Schäffer wohnte vor ihrer Flucht am 27. Februar 1943 und 1947 unter dieser Adresse. Bis zu ihrer Befreiung 1945 war sie an verschiedenen Stellen in Berlin untergetaucht. Ihr Sohn (?) Bedrich Schäffer ist zurückgekehrt.[323]

Einige der aus der Illegalität zurückgekehrten jüdischen Verfolgten lebten nach ihrer Befreiung in Tiergarten, wie in den beiden folgenden Fällen:

Blumeshof 15: Im Jahre 1947 wohnte in diesem Haus Luise Woschnik. Sie überlebte die NS-Zeit in der Illegalität und wohnte im August 1945 in der Derfflinger Straße 22.[324] "Auffindbare Spuren".

Turmstraße 6: Im Jahre 1947 war die Adresse von Else Grumach in diesem Haus. Sie war während der "Fabrikaktion" 1943 untergetaucht und überlebte die Verfolgung in einem Versteck in Altglienicke.[325]

Im folgenden werden Adressen von hilfsbereiten Menschen genannt, die illegal Lebende unterstützten und durch die Übergabe von Lebensmitteln usw. das Überle-

ben ermöglichten. Die folgenden Personen lebten vor 1945 im Bezirk Tiergarten:

Bochumer Straße 27 (Ecke Alt-Moabit 83): Der Inhaber der in diesem Haus existierenden Drogerie, Georg Kunze, half Elsa Teschner, ein Versteck für Käte Bermann zu finden und unterstützte sie mit Naturalien. Siehe den Beitrag "Unterschlupf bei Fräulein Bornemann in Alt-Moabit 21-22".

Melanchthonstraße 14: Margarete Schilling half dem illegal lebenden Ehepaar Morris und Charlotte Weissmann durch die Überlassung von Lebensmitteln. Siehe den Beitrag "Alt-Moabit 21-22: Zufluchtstätte in der Fleischerei Zenk".

Thomasiusstraße 19: Hier befand sich das Kolonialwarengeschäft von Helene Scholz, die das Ehepaar Weissmann mit Lebensmitteln unterstützte. Siehe den Beitrag "Alt-Moabit 21-22: Zufluchtstätte in der Fleischerei Zenk".

Wittstocker Straße 25: Hier lebte das Ehepaar Kurt und Lina Schmitten, das den untergetauchten Juden Arthur Krakowski mit Lebensmitteln versorgte. (Siehe auch Beusselstraße 38 und Wittstocker Straße 25 sowie den Beitrag über die weiteren Spuren).

Weitere Orte mit Bezug zu dem Thema sind:

Flemingstraße 5 a: In diesem Haus lebte in den sechziger Jahren Martha Gallwitz. Sie half von 1940 bis 1945 dem jüdischen Ehepaar Irmgard und Erwin Pagel mit Lebensmitteln. Es ist zu vermuten, daß sie die Ehefrau des Lastwagenfahrers Joseph Gallwitz war, der 1942 bereits in der Flemingstraße 5-5a gemeldet war.[326] Die 61 Jahre alte Frau Gallwitz wurde 1965 als "Unbesungene Heldin" geehrt.[327]

Levetzowstraße 7-8: In der Synagoge befand sich das erste in Berlin eingerichtete Sammellager für die Deportationen in die Konzentrationslager.

Rathenower Straße 26: Elly Peipe, geborene Seyer, zog mit ihrer Tochter in die Wohnung ihrer Eltern,[328] als sie von September 1943 bis 1. März 1945 ihre eigene Wohnung in der Utrechter Straße 50 (Wedding) bis März 1945 an Gerhard (Gad) Beck (alias Kurt Friebe) und Heinz Abrahamson vermietete. In ihrer eigenen Wohnung verbargen sich bis zu zehn Personen aus dem Kreis der illegalen Jugendgruppe "Chug Chaluzi" und von hier aus gingen mehrere Widerstandsaktivitäten und Hilfs- und Rettungsaktionen für in dem Gestapo-Gefängnis Iranische Straße Festgehaltene aus. Peipe, Beck und Abrahamson wurden am 1. März 1945 verhaftet und bis zur Befreiung im Gestapo-Lager Große Hamburger Straße festgehalten. Elly Peipe wurde 1963 als "Unbesungene Heldin" geehrt. Zu dieser Zeit lebte sie in der Rathenower Straße 26.[329] Siehe den Beitrag "Die Heimat war Feindesland geworden".

In dem folgenden Fall konnte noch keine Adressenangabe ermittelt werden: Die junge Jüdin Edith Felix lebte bis zur Deportation ihrer Wirtin in Neukölln. Nachdem ihre Vermieterin Ruth Sieg um Hilfe gebeten hatte, brachte diese sie zunächst in ihrer Untermietwohnung bei Käthe Schulz in Karow und anschließend bei Verwandten in Moabit unter. Im Mai 1945 kam sie in dieses Quartier nicht mehr zurück. [330]

Nicht vergessen werden darf, daß es den Verfolgten oftmals nicht gelang, ein Quartier für die Nacht zu bekommen. Auch war der Aufenthalt am Tage nicht überall möglich. Deshalb soll auf die Bänke im Tiergarten hingewiesen werden, die ein Aufenthaltsort von Charlotte Josephy[331] waren. Der Wartesaal des Lehrter Bahnhofs war gelegentlicher Aufenthaltsort des illegal lebenden Jizchak Schwersenz. Die von ihm geleitete illegale jüdische Jugendgruppe "Chug Chaluzi" traf sich geheim an einer Brücke im Tiergarten. Siehe den Beitrag "Die Heimat war Feindesland geworden".

In dem unveröffentlichten Bericht "Die Moabiter im illegalen Kampf" von Rosa Lindemann, der wahrscheinlich in der unmittelbaren Nachkriegszeit entstanden ist, wird der Name der "Genossin Hedwig Beija" genannt: "Ihre Wohnung war oft der Treffpunkt der Illegalen, mancher Verfolgte konnte hier unterschlüpfen, Flugblätter wurden dort angefertigt und wichtige Besprechungen abgehalten."[332] Diese Frau ist im Frauengefängnis in Cottbus gestorben. Siehe den Beitrag "Politischer Widerstand im Kaffeekränzchen".

Liste der Untergetauchten mit Bezug zum Bezirk Tiergarten.

Die nachstehende Aufstellung enthält – in alphabetischer Reihenfolge – die Namen von Untergetauchten. Sie kann als Personenindex benutzt werden.

Max Behrendt, in Jungen/Westpreußen geboren, am 5. März 1945 in Berlin gestorben, Kaufmann. Er hatte, bevor er vor der Gestapo floh, in der Jagowstraße 19 gelebt und war an verschiedenen Stellen in Berlin untergetaucht.[333]

Alfred Berliner(-Baltoff), geboren 1905 in Preiskrecschmer, Schauspieler. Er lebte versteckt bei Alwine Weiss, Kirchstraße 9. Siehe dort und den Beitrag "Alt-Moabit 21-22: Zufluchtstätte in der Fleischerei Zenk".

Herta Berndt, geborene Abramson, geboren 1898 in Doblin, gestorben 1947, begraben auf dem Friedhof Weißensee, Grabstelle: Feld II, Reihe 1, Grab-Nr. 18330.[334] Stromstraße 9.

Käte Bermann, geboren 1898 in Berlin, gestorben 1989 in Berlin. Siehe den Beitrag "Unterschlupf bei Fräulein Bornemann in Alt-Moabit 21-22".

Paula Bersack, geboren 1912 in Wilkomir/Litauen, gestorben 1990 in Berlin, Schneiderin. Sie war für mehrere Wochen in der Turmstraße 66 bei Elisabeth Pusch versteckt. Ihre letzte Adresse, bevor sie untertauchte, war Lessingstraße 13, bei Hochwald, nach dem Krieg lebte sie in der Flotowstraße 11.[335]

Dr. Gerda Bluhm, geboren 1906 in Posen, gestorben 1993 in Berlin; deren Sohn: **Lothar Bluhm**, geboren 1942; Ihre Mutter: Regine Bluhm, geborene Mondolfo. Vgl. Lia Heidenreich, Brückenallee 19 sowie den Beitrag "Familie Brandt rettete drei jüdische Frauen und ein Kind".

Böhm, Fotograf. Siehe den Beitrag "Alt-Moabit 21-22: Zufluchtstätte in der Fleischerei Zenk".

Willy Brauer, geboren 1875 in Kattowitz; dessen Ehefrau **Johanna Brauer**, geboren 1883 in Berlin, und deren Tochter **Eva Brauer**, geboren 1914 in Berlin. Vgl. Bundesratufer 4.

Leonhard Braunstein, geboren 1924 in Berlin.[336] Vgl. Alt-Moabit 37.

Susanne Crohn, geborene Ritterband, 1898 in Osterode; deren Tochter **Renate Crohn**, geboren 1932 in Berlin.[337] Vgl. Birkenstraße 13 b.

Dorothea Dillan, geborene Frankenstein, 1893 in Gnesen.[338] Vgl. Flotowstraße 6.

Anita Eisner, geboren 1900 in Berlin; Adresse 1936: Anita Eisner, Rechtsanwältin, W 35, Lützowstraße 69. Gestorben 1950; Friedhof Weißensee, Grabstelle: (Erbbegräbnis Schwarz) Feld L VII, Reihe 18, Grab-Nr. 88963.[339]

Paul Elsberg, geboren 1886, tödlich verunglückt 1947. Lebte illegal. 1947 lebte seine Witwe in der Flotowstraße 11.[340]

Ruth Faß, geborene Meyer, 1907 in Berlin.[341] Vgl. Elberfelder Straße 25.

Esra Feinberg, geboren 1922 Würzburg, seit 1947: Ezra BenGershôm, lebt in Jerusalem; **Hanna Feinberg**, geboren 1920 in Würzburg, Schwester von Ezra BenGershôm, vor kurzer Zeit verstorben; **Moses Aron (Moni) Feinberg**, geboren 1918 in Würzburg, Bruder von Ezra BenGershôm, 1988 gestorben. Siehe den Beitrag "Versteck bei einem Schuster in der Altonaer Straße 17".

Edith Felix: Nachdem ihre Wirtin in Neukölln deportiert worden war, bat diese Ruth Sieg um Hilfe, die sie bei noch nicht ermittelten Verwandten in Moabit unterbrachte. Edith Felix kam von dort nicht mehr zurück.[342]

Alexander Fischhof, geboren 1907 Malé-Ostratica, ehemals tschechoslowakischer Staatsbürger, gestorben 1956 in Berlin, Uhrmacher. Er überlebte als Illegaler bei Lieselotte Hanisch, der Inhaberin eines Fotogeschäfts in der Beusselstraße 65.[343]

Hans Foß, **Harry Foß**, **Margot Foß** und **Werner Foß** lebten versteckt bei Helene von Schell in der Waldstraße 6. Siehe den Beitrag "Vierköpfige Familie überlebte in einem Zimmer".

Raissa Friedlender, geboren 1909 in Mitawa/Lettland.[344] Vgl. Paula Bersack und Turmstraße 66.

Ursel Friedmann, geboren 1920 in Berlin.[345] Vgl. Krefelder Straße 4.

Margarete Göttling, geboren 1881 in Leipzig.[346] Vgl. Holsteiner Ufer 2.

Leon Greysdorf, geboren 1913 in Lodz.[347] Vgl. Kruppstraße 11.

Else Grumach, geboren 1897 Berlin, gestorben 1964 in Berlin, war Handelslehrerin.[348] Vgl. Turmstraße 6.

Lia Heidenreich, geborene Kagan, 1899 in Ostrowo, verstorben 1988 in Berlin, war Lehrerin. Vgl. Bluhm und Brückenallee 19 sowie den Beitrag "Familie Brandt rettete drei jüdische Frauen und ein Kind".

Hedwig Heintze, geborene Markiewicz, 1886 in Thorn, verstorben 1966 in Tel Aviv, war Apothekenhelferin. Vgl. Rittner sowie Brückenallee 33, Flensburger Straße 8, Gotzkowskystraße 12 und den Beitrag "Auffindbare Spuren".

Arthur Isaaksohn, geboren 1902 in Britzig.[349] Vgl. Spenerstraße 12.

Gertrud Isaaksohn, geborene Koh, 1901 in Gratz, gestorben 1978 in Berlin, Schneiderin; **Julius Isaaksohn**, geboren 1891 in Berlin, kaufmännischer Angestellter, wurde als untergetaucht Lebender im Oktober 1943 verhaftet, nach Auschwitz deportiert und dort ermordet; **Dorothea (Dorit) Isaaksohn**, geboren 1933 Berlin. Die Familie wohnte in der Thomasiusstraße 15, bis sie am 1. März 1943 vor der Gestapo floh und an nicht näher bekannten Orten in Berlin und Landsberg/Warthe untertauchte.[350]

Dr. Arthur Joachim, geboren 1886 in Posen, betrieb eine zahnärztliche Praxis in Schöneberg, lebte im Frühjahr 1944 mit seiner Ehefrau **Gertrud Joachim**, geboren 1899 in Breslau, illegal in der Flensburger Straße 31 bei Lucie Hitze. Er wurde im Dezember 1944 verhaftet. Zwar konnte er das Ende des NS-Regimes erleben, starb jedoch 1946 an den Auswirkungen der Verfolgung. Gertrud Joachim starb 1979.[351]

Grete Kalkstein, geboren 1896 in Spandau.[352] Vgl. Claudiusstraße 3.

Erich Katz, geboren 1895 in Bleicherode; **Paula Katz**, geborene Neumann, 1901 in Kempen.[353] Vgl. Calvinstraße 33.

Regina Kirschbaum, geborene Spiegel, 1879. Siehe den Beitrag "Katholikin half der jüdischen Mutter einer Freundin".

Herbert Labischinski, geboren 1901 in Hohensalza. Überlebte versteckt bei seiner Verlobten Liselotte Borde, Lützowufer 10.[354]

Ferdinand Kochmann, geboren 1872 in Berlin; **Paula Kochmann**, geboren 1878 in Gleiwitz.[355] Vgl. Lützowstraße 85 a.

Johanna Kohn, geboren 1904 in Berlin; **Tana Kohn**, geboren 1939.[356] Vgl. Bremer Straße 61.

Arthur Krakowski, geboren 1880 in Königsberg, verstorben 1957 in Berlin, Kaufmann. Vgl. Beusselstraße 38, Wittstocker Straße 2 sowie Beitrag "Auffindbare Spuren".

Julius Kupferberg, geboren 1907 in Berlin.[357] Vgl. Gotzkowskystraße 23.

Herta Rehfeld, verheiratete Lehmann, geboren 1901 in Berlin, verstorben 1976 ebenfalls in Berlin, Verkäuferin. Sie wurde von ihrem Lebensgefährten Bernhard Lehmann in dessen Wohnungen in der Bandelstraße 32, Dreysestraße 10 und Bundesratufer 10 versteckt. Außerdem verbarg sie sich in der Dortmunder Straße 3 bei Ruth Pichlinski. Nach dem Krieg wohnten Herta und Bernhard Lehmann weiterhin am Bundesratufer 10.[358]

Manfred Leopold, geboren 1902 in Berlin.[359] Vgl. Birkenstraße 14.

Herbert Lewin, geboren 1901 in Leipzig.[360] Vgl. Tile-Wardenberg-Straße 23-24.

Dagobert Lewy, geboren 1912 in Berlin.[361] Vgl. Rathenower Straße 53.

Ludwig Lichtwitz, geboren 1903 in Berlin, Drucker. Er lebte 1942 in einem illegal eingerichteten Laden in der Waldstraße 56.[362] Vgl. Günther Rogoff und Werner Scharff.

Heinrich Lublin, geboren 1883 in Berlin.[363] Vgl. Elberfelder Straße 28.

Dr. Erich Mamlok, geboren 1913 in Gleiwitz.[364] Vgl. Rathenower Straße 23.

Herr Marcuse. Siehe den Beitrag "Alt-Moabit 21-22: Zufluchtstätte in der Fleischerei Zenk".

Elfriede Michels, geboren 1903 in Berlin.[365] Vgl. Oldenburger Straße 9.

Herbert Moses, geboren 1897 in Berlin.[366] Vgl. Huttenstraße 70.

Max Neumann, geboren 1903 in Berlin, verstorben 1955 in Berlin, Dentist. Siehe Wilsnacker Straße 42 und den Beitrag "Den geschiedenen Ehemann in der Wilsnacker Straße 42 versteckt".

Ilse Nußbaum, geboren 1913 in Lünen.[367] Vgl. Huttenstraße 11.

Viktor Philippsborn, geboren 1879 in Berlin.[368] Vgl. Krefelder Straße 3.

Gertrud Raszkowski: Die 1890 geborene Frau lebte von Ende 1941 bis November 1943 bei der Familie Knitter. Sie ist 94 Jahre alt geworden.[369] Vgl. Lübecker Straße 3.

Fritz Redlich, geboren 1882 in Beeskow, gestorben 1956. Siehe den Beitrag "Die Liege des Vertreters stand in der Werkstatt".

Johanna Rittner, geborene Markiewicz, 1893 in Thorn, gestorben 1986 in Israel. Vgl. Hedwig Heintze sowie Brückenallee 33, Flensburger Straße 8 und Gotzkowskystraße 12 und den Beitrag "Auffindbare Spuren".

Günther Rogoff, geboren 1922 in Berlin, Graphiker, lebte 1942 in einem illegal eingerichteten Laden in der Waldstraße 56.[370] Vgl. Ludwig Lichtwitz und Werner Scharff.

Regina Rudolf, geboren 1909 in Lemberg, verstorben 1985.[371] Vgl. Elberfelder Straße 30.

Margot Salingré, geboren 1909 in Berlin.[372] Vgl. Wittstocker Straße 10.

Klara Schäffer, geborene Wrakelmann, 1886 in Berlin, verstorben 1951.[373] Vgl. Wittstocker Straße 19.

Ida Schaff, geborene Wiener, 1904 in Wien, hatte u.a. in Staaken untergetaucht gelebt. Ihr Ehemann war in Auschwitz ermordet worden.[374] Vgl. Birkenstraße 57.

Werner Scharff, geboren 1912, im März 1945 ermordet im KZ Sachsenhausen. Der Elektriker richtete 1942 mit zwei untergetauchten Juden ein illegales Quartier in der Waldstraße 56 ein.[375] Vgl. Ludwig Lichtwitz und Günther Rogoff.

Alfred Schier, geboren 1896 Danzig, gestorben 1953 in Berlin, war Vertreter; seine Ehefrau, **Paula Schier**, geboren 1895 in Lessen/Westpreußen, gestorben 1979 in Berlin, war Verkäuferin; der Sohn, **Günther Schier**, geboren 1924, wurde am 28. Juni 1943 nach Auschwitz deportiert und dort ermordet. Vgl. Kaiserin-Augusta Allee 6 und den Beitrag "Auffindbare Spuren".

Jizchak Schwersenz, geboren 1915 in Berlin. Siehe den Beitrag "Die Heimat war Feindesland geworden".

Gertrud Thierfelder: Die 1918 geborene Mutter fand mit ihrer Tochter **Vera Thierfelder**, geboren 1938 bei der Familie Knitter Unterschlupf. Beide überlebten das Konzentrationslager Theresienstadt.[376] Vgl. Lübecker Straße 3.

Katharina Tichauer, geboren 1893 in Berlin, gestorben 1977 in Berlin, Kontoristin. Vgl. Birkenstraße 50 und Quitzowstraße 36 sowie den Beitrag "Auffindbare Spuren".

Edgard de Vries, geboren 1909 in Brüssel.[377] Vgl. Kluckstraße 35.

Channa Weinberg, geboren 1888 in Warschau, Lebensmittelhändlerin, lebte mit ihren Töchtern **Dora Weinberg**, geboren 1908 in Warschau, verstorben 1988, Verkäuferin und **Amalie Weinberg**, später verheiratete Sandelowski, geboren 1921 in Berlin, Schneiderin, in der Emdener Straße 54

acht Monate versteckt. Vgl. Emdener Straße 52 und 54, Salzwedeler Straße 7 sowie den Beitrag "Versteckt in der eigenen Wohnung – Selbsthilfe Untergetauchter".

Iser Wajngardt, geboren 1897 in Sampolow/Polen, lebte untergetaucht in der Salzwedeler Straße 7 und vermutlich auch in Alt-Moabit 49.[378] Siehe den Beitrag "Versteckt in der eigenen Wohnung – Selbsthilfe Untergetauchter".

Charlotte Weissmann, geborene Haase, 1884 in Rogowo, gestorben 1968 in Berlin; **Morris Weissmann**, geboren 1883 in Oberglogau, gestorben 1974 in Berlin. Siehe den Beitrag "Alt-Moabit 21-22: Zufluchtstätte in der Fleischerei Zenk".

Hardi Wiersch, geboren 1924 in Berlin.[379] Vgl. Paulstraße 24.

Luise Woschnik, geboren 1886 in Königsberg, verstorben 1953 in Berlin, Kindergärtnerin. Siehe den Beitrag "Auffindbare Spuren".

Felix Zacharias, geboren 1903 in Berlin, gestorben 1979 in Berlin, Kaufmann. Er hatte seit Januar 1943 untergetaucht gelebt und war offensichtlich auch von Tiergartener Bürgern geschützt worden, nach dem Krieg ließ er sich im Bezirk nieder und wohnte in der Essener Straße 2.[380]

Die Vermögensverwertungsstelle in Alt-Moabit 143.

Behörde zur Ausplünderung der jüdischen Bevölkerung.

Unter Mitarbeit von Martina Voigt

Die zu einem Leben im Untergrund gezwungenen Menschen jüdischer Herkunft hinterließen in der Regel kein großes Vermögen. Ihnen waren meist nur noch das in den Wohnungen zurückgelassene Mobiliar und der Hausrat geblieben. Die hinterlassenen Einrichtungsgegenstände der Untergetauchten wurden ebenso zugunsten des Reichshaushalts verwertet, wie die versiegelten Wohnungen der deportierten jüdischen Bevölkerung sowie der ins Ausland Geflüchteten. Die zentrale Berliner Behörde zur Verwertung des staatlicherseits geraubten Eigentums, die Vermögensverwertungsstelle des Oberfinanzpräsidenten Berlin-Brandenburg, befand sich bis fast zum Kriegsende im Bezirk Tiergarten, Alt-Moabit 143.

Die Existenz dieser Dienststelle ist weitgehend unbeachtet geblieben. Sie organisierte die vollständige Ausplünderung der jüdischen Bevölkerung durch ihre präzise arbeitenden Verwaltungsfachleute, und damit ist sie ein Beispiel für die vielfältige

In dem Gebäude der Provinzial-Steuerdirektion befand sich die Vermögensverwertungsstelle, Aufnahme um 1896.

Beteiligung der Bürokratie an der massenhaften Verfolgung und Ermordung der jüdischen Bevölkerung.[381]

Es gibt keine Hinweise darauf, daß die Finanzbeamten das Verbrecherische ihrer Tätigkeit erkannten, wenn sie "pflichtbewußt" ihre Aufgaben erledigten. Ihre Haltung mußte sich im "Dritten Reich" in fataler Weise gegen die verfolgte jüdische Minderheit richten. Hinzu kam, daß Juden "vom Fiskus oftmals wie Staatsfeinde behandelt"[382] wurden.

Die Geschichte des fast am Ufer der Spree gelegenen Gebäudes reicht zurück in das 19. Jahrhundert. Auf dem Moabiter Werder entstanden an der Ecke Alt-Moabit und der Zufahrt zum Packhof an der Moltkebrücke zwischen 1883 und 1886 nach den Skizzen und der künstlerischen Leitung von F. Wolff und der Aufsicht der "Ministerial-Baucommission"[383] die Provinzial-Steuerdirektion und das Hauptsteueramt für ausländische Gegenstände. Im Erdgeschoß waren die Diensträume der Erbschaftssteuerämter, das erste Stockwerk beherbergte die Provinzial-Steuerdirektion, und in der zweiten Etage waren "Calculatur und Canzlei" untergebracht, während die Dienstwohnungen im Keller lagen.

Die mit der im Jahre 1919 gebildeten Reichsfinanzverwaltung einhergehenden organisatorischen Änderungen hatten die Schaffung eines Landesfinanzamtes Brandenburg-Berlin, das ein Jahr darauf in zwei Landesfinanzämter aufgeteilt wurde, zur Folge. Die 1924 in Landesfinanzamt Berlin umbenannte Behörde verblieb in Alt-Moabit. Nachdem 1936 das Dienstgebäude des Landesfinanzamtes (Alt-Moabit 144) an das Reich übereignet wurde, zog diese Behörde an den Kurfürstendamm 193-194, und das Landesfinanzamt Brandenburg kam in das Haus. Die Leiter der Landesfinanzämter erhielten 1937 die Be-

zeichnung Oberfinanzpräsidenten, 1938 wurde daraus "Der Oberfinanzpräsident Brandenburg". In dem benachbarten Hauptzollamt Berlin-Packhof (Alt-Moabit 145) wurde darüber hinaus eine zentrale Abfertigungsstelle für jüdisches Umzugsgut eingerichtet.[384]

1942 wurden die Oberfinanzpräsidien von Berlin und Brandenburg im Dienstgebäude des Oberfinanzpräsidenten Berlin am Kurfürstendamm zusammengelegt, und in Alt-Moabit verblieb nur noch die Vermögensverwertungs-Außenstelle. Das Gebäude wurde im Endkampf um Berlin fast vollständig zerstört.[385] Nach dem Krieg befanden sich die Akten dieser Behörde in einem Verwaltungsgebäude am Kurfürstendamm und sind der "papierene Friedhof"[386] der Deportierten, wie es ein Besucher 1946 nannte.

In dem Moabiter Bürogebäude wurde ein gigantischer Vermögensraub organisiert, der die Erfassung, Registrierung und den Weiterverkauf des Besitzes der Berliner und Brandenburger jüdischen Bevölkerung umfaßte. Verschiedene Gesetze und Verordnungen stellten das Instrumentarium, um das Eigentum der ausgewanderten, deportierten sowie untergetauchten Jüdinnen und Juden einzuziehen. Bei Selbstmorden wurde ebenso verfahren. Die Grundlage zur Beschlagnahme des zurückgebliebenen Eigentums der aus Deutschland Emigrierten bildete das "Gesetz über den Widerruf von Einbürgerungen und die Aberkennung der deutschen Staatsbürgerschaft"[387] vom 14. Juli 1933. Es ließ neben der Aufkündigung der zwischen 1918 und 1933 erfolgten Einbürgerungen auch die Aberkennung der deutschen Staatsbürgerschaft im Falle der Emigration zu.

Danach konnte der in Deutschland verbliebene Besitz der Ausgewanderten, denen wegen "Verstößen gegen ihre Pflicht zur Treue zum Reich" die deutsche Staatsangehörigkeit aberkannt worden war, zum "dem Reich verfallenen Vermögen" erklärt werden. Die Aktenvorgänge aller so enteigneten deutschen Emigrantinnen und Emigranten wurden zentral beim Finanzamt Moabit West bearbeitet.[388]

In ähnlicher Weise wie bei der Emigration diente die einen Monat nach Beginn der systematischen Deportationen aus dem Reich ergangene "11. Verordnung zum Reichsbürgergesetz" vom 25. November 1941[389] der Beschlagnahmung allen Eigentums, das die Deportierten in ihren Wohnungen hatten zurücklassen müssen. Die Verordnung sah vor, daß allen Jüdinnen und Juden, die ihren "gewöhnlichen Aufenthalt im Ausland" hatten oder nahmen und sich dort "unter Umständen, die erkennen lassen", daß sie sich "dort nicht nur vorübergehend" aufhielten, die deutsche Staatsangehörigkeit entzogen werden konnte. Daraufhin "verfiel" ihr gesamtes Eigentum dem Reich. Zu diesem Zeitpunkt, als die Emigration verboten worden war und wöchentlich Deportationszüge die deutschen Städte verließen, umschrieb dieser Passus nur oberflächlich die Verschleppung in die Ghettos und Vernichtungsstätten in die besetzten Gebieten.[390] Mit der Durchführung der Beschlagnahme wurden die jeweiligen Oberfinanzpräsidenten beauftragt, die dabei eng mit den zuständigen Geheimen Staatspolizei(leit)stellen zusammenarbeiteten.

Für die betroffenen Bürgerinnen und Bürger jüdischer Herkunft begann sowohl das Deportations- als auch das Beschlagnahmeverfahren mit der Zusendung des Formulars einer sogenannten Vermögenserklärung.[391] Diese acht-, später sechzehnseitigen "Listen" waren das Signal, daß der Deportationstermin unmittelbar bevor-

stand – für einige wenige waren sie der Anlaß zur Flucht in den Untergrund.

Auf den Bögen mußte der gesamte Haushaltsbestand bis hin zu Küchengeräten und Leibwäsche akribisch deklariert werden. Angesichts der seit 1933 durchgeführten materiellen Existenzvernichtung der jüdischen Bevölkerung waren die vorbereiteten Formularspalten über Kapitalvermögen und Wertsachen nur noch eine Farce.

Mit der Verhaftung der Deportationsopfer und ihrer Einlieferung in die Sammellager gingen die ausgefüllten Formulare dem Oberfinanzpräsidenten zu. Die Wohnungen wurden in seinem Namen versiegelt. Regelmäßig erhielt die Vermögensverwertungsstelle nun ein Exemplar aller Deportationslisten von der Geheimen Staatspolizei, als Bestätigung, daß für die "dort aufgeführten Personen die Voraussetzungen für den Vermögensverfall vorliegen".

Dem Oberfinanzpräsidenten war damit die Handhabe gegeben, das Wohnungsinventar zu beschlagnahmen, die Gegenstände zu verkaufen und den Ertrag der Staatskasse zuzuführen. Über jeden Einzelfall wurde eine Karteikarte angelegt, darüber hinaus jeweils eine Akte, die den gesamten Beschlagnahmevorgang dokumentierte.[392]

Der Besitz von Menschen, die der Deportation durch Flucht oder Freitod zu entkommen versucht hatten, konnte – der bürokratischen Ordnung wegen, da sie Deutschland nicht verlassen hatten – mit dieser Verordnung nicht angetastet werden. Dennoch wurden sie ebenfalls durch die Finanzbürokratie vollständig enteignet. Sie fielen unter das "Gesetz über die Einziehung volks- und staatsfeindlichen Vermögens" vom 14. Juli 1933,[393] welches ursprünglich zur Konfiszierung des

Parteieigentums der SPD ergangen war, aber auch gegen Einzelpersonen angewendet werden konnte. Anders als im Falle der 11. Verordnung mußten die Betroffenen einzeln vom Reichsinnenministerium formal zu "Volks- und Staatsfeinden" erklärt werden, bevor sie enteignet werden konnten. Dieses Gesetz wurde sowohl gegen inhaftierte Widerstandskämpfer, in Konzentrationslagern auf Reichsgebiet bereits ermordete Menschen und gegen "flüchtige" Jüdinnen und Juden eingesetzt, um ihr Eigentum in Staatsbesitz zu bringen. Auch die Opfer der ersten Deportationen im Oktober und November 1941 wurden auf diese Weise enteignet.

Die Einleitung des Verfahrens lag in Berlin bei der Geheimen Staatspolizeileitstelle, auf deren Geheiß hin der Oberfinanzpräsident den Besitz konfiszierte.[394] Da das Gesetz weiterhin vorsah, daß die Betroffenen über die Enteignung informiert wurden, mußte ein Gerichtsvollzieher die Beschlagnahmeurkunde überbringen. Waren die Enteigneten nicht mehr erreichbar – wie im Falle aller Toten und der Geflohenen – genügte eine amtliche Anzeige im "Deutschen Reichs- und Preußischen Staatsanzeiger", um die Beschlagnahme rechtskräftig zu machen.[395]

Die Arbeit der Steuerverwaltungsbehörde war ein direkter Beitrag zur Verfolgung der deutschen Jüdinnen und Juden, die im millionenfachen Mord endete. Nach einem 1985 von der Vereinigung der Verfolgten des Naziregimes (VVN) – Verband der Antifaschisten – für das Gedenktafelprogramm anläßlich der 750-Jahr-Feier der Stadt Berlin gegenüber dem Bezirksamt Tiergarten geäußerten Vorschlag sollte durch die Anbringung einer Gedenktafel die Geschichte des nicht mehr vorhandenen Gebäudes in Erinnerung gebracht werden. 1994 konnte sie der Öffentlichkeit übergeben werden. Die Tafel hat folgenden Text:

Auf diesem Grundstück befand sich die
VERMÖGENS-
VERWERTUNGSSTELLE
beim Oberfinanzpräsidenten Berlin-Brandenburg
Sie war zuständig für die Registrierung des
Vermögens rassisch und politisch Verfolgter durch das Nazi-
Regime, ab November 1941 auch für dessen Einzug.
Mit diesen Maßnahmen fungierte sie als Handlanger
der SS und wichtiges Glied in der organisatorischen
Kette der Deportation insbesondere
jüdischer Mitbürger in die Vernichtungslager.

Anhang

Listen der Hinterbliebenen der "Opfer des Faschismus"

Bei den Nachforschungen über die im Bezirk Tiergarten Untergetauchten konnte in dem früheren Parteiarchiv der SED in der ebenfalls früheren Wilhelm-Pieck-Straße ein interessanter Fund gemacht werden: Es handelt sich um die Listen der Hinterbliebenen der "Opfer des Faschismus" aus dem Jahre 1947.

Bei diesen wiederentdeckten namentlichen Aufstellungen handelt es sich um in der unmittelbaren Nachkriegszeit von den bezirklichen Dienststellen für die "Opfer des Faschismus" zusammengestellten Nachweise von Hinterbliebenen. Diese Verzeichnisse enthalten weit über einhundert Namen von ermordeten Widerstandskämpfern, jüdischen Verfolgten sowie ihren Angehörigen. Es handelt sich um ein authentisches Dokument der Zeit, die ohne sichtbare Distanzierung die nationalsozialistische Begrifflichkeit wiedergibt, wie "Vorbereitung zum Hochverrat", "Landesverrat", "Heimtücke" oder "Pg.".[396]

Mit diesen noch nicht ausgewerteten Aufstellungen wird verdeutlicht, daß die Aufarbeitung der Geschichte des Bezirks Tiergarten im Nationalsozialismus mit diesem Projekt der Geschichtswerkstatt des Heimatmuseums Tiergarten über die Versteckten nicht als abgeschlossen bezeichnet werden kann.

Es sind weitere Forschungen erforderlich, um an diese Widerstandskämpfer und Verfolgten zu erinnern.

Der besseren Lesbarkeit wegen erfolgte eine geringfügige redaktionelle Bearbeitung. Offensichtliche Fehler wurden bereinigt. Leider ermöglichte die archivalische Überlieferung des Schriftstücks (Stiftung Archiv der Parteien und Massenorganisationen der DDR im Bundesarchiv, Bestand: Generalsekretariat VVN <Hochschulgruppen>, Signatur: V 278/2/143, ohne Paginierung) nicht in allen Fällen eine eindeutige Auslegung.

"Berlin, den 22. September 1947

Liste der Hinterbliebenen, die als "Kämpfer" in Gruppe I anerkannt sind.

1.) Baczewski, Elsa, geboren am 30.1.1911, NW 21, Salzwedeler Straße 16. Der Ehemann Albert Baczewski, geboren am 27.6.1908, wurde am 3.6.1939 von der Gestapo in der Prinz-Albrecht-Straße ermordet. Kinder: Keine.

2.) Blank, Gertrud, geboren am 5.8.1904, NW 40, Melanchthonstraße 21. Der Ehemann Albert Blank, geboren am 27.1.1904, wurde am 17.8.1944 von der Gestapo erschossen. Kinder: Ein Mädchen, 11 Jahre.

3.) Bublitz, Klara, geboren am 18.11.1879, NW 21, Elberfelder Straße 18. Der Ehemann Karl Bublitz, geboren am 19.1.1882, wurde von der Kriminalpolizei abgeholt, und ist seit dem 22.8.1944 verschollen. War Stadtverordneter der SPD. Kinder: Keine.

4.) Faller, Ida, geboren am 31.1.1883, NW 21, Quitzowstraße 107. Der Ehemann, Raimund Faller, geboren am 30.8.1876, wurde am 27.3.1944 wegen Vorbereitung zu Hochverrat in Brandenburg hingerichtet. Kinder: Keine.

5.) Fengler, Charlotte, geboren am 7.7.1899, NW 21, Birkenstraße 34. Der Ehemann Erich Fengler, geboren am 5.1.1896, wurde am 22.11.1939 im Untersuchungsgefängnis Moabit nach dreivierteljähriger Haftzeit tot aufgefunden. Kinder: Ein Mädchen, 17 Jahre.

6.) Kensy, Berta, geboren am 31.8.1894, NW 87, Huttenstraße 38. Der Ehemann Gustav Kensy war zwei 3/4 Jahre in Buchenwald und Sonnenburg,[397] ist dann am 27.1.1945 an den Folgen der Haft gestorben. (Hochverrat). Kinder: Keine.

7.) Kleist, Richard, geboren am 22.3.1877, NW 87, Sickingenstraße 4. Der Sohn Willi Kleist war drei Jahre in Luckau und Brandenburg[398] wegen Vorbereitung zum Hochverrat und ist 1937 gestorben.

8.) Klemstein, Ilse, geboren am 27.4.1906, NW 87, Gotzkowskystraße 35. Der Ehemann Friedrich Klemstein, geboren am 1.1.1893, wurde am 20.4.1945 in Brandenburg hingerichtet. War sechs Monate wegen Vorbereitung zum Hochverrat in Brandenburg. Kinder: Keine.

9.) Klotzbücher, Hedwig, geboren am 15.7.1904, NW 21, Stendaler Straße 8. Der Ehemann Richard Klotzbücher, geboren am 23.5.1902, wurde am 22.2.1945 wegen Zellenbildung bei der AEG verhaftet und ist am 10.4.1945 in Plötzensee[399] hingerichtet worden. Kinder: Keine.

10.) Knaack, Erna, verwitwete Buchholz, geboren am 31.3.1910, NW 21, Turmstraße 7. Der Ehemann Konrad Buchholz, geboren am 18.9.1899, ist am 12.9.1942 in Sachsenhausen[400] gestorben. Kinder: Ein Junge, drei Jahre; ein Mädchen, halbes Jahr.

11.) Köbbert, Lina, geboren am 29.4.1891, NW 87, Turmstraße 76 a. Der Sohn Heinz Köbbert, geboren am 6.11.1919, wurde am 30.9.1944 zum Tode verurteilt und ist am 1.11.1944 in Budapest beerdigt worden.

12.) Köhn , Elisabeth, geboren am 12.5.1898, NW 87, Erasmusstraße 8. Der Ehemann Fritz Köhn, geboren am 26.8.1907, war wegen Vorbereitung zum Hochverrat im Gefängnis Tegel und ist am 27.11.1943 beim Minensuchen gefallen. Kinder: Ein Junge, 6 Jahre.

13.) Köpp, Martha, geboren am 2.9.1899, W 35, Körner Straße 26. Der Ehemann Willi Köpp, geboren am 24.4.1886, ist 1943 wegen seiner antifaschistischen Einstellung verhaftet worden und wahrscheinlich beim Bombenangriff auf Bautzen in der Strafanstalt ums Leben gekommen. Kinder: Günther, siebzehn Jahre; Siegfried, fünfzehn Jahre; Horst, zehn Jahre; Margot, neun Jahre; Ilona, sieben Jahre; Willi, fünf Jahre.

14.) Kotogorska, Charlotte, geboren am 6.7.1895, NW 21, Emdener Straße 19. Der Ehemann Henryk Kotogorska, geboren am 25.9.1893, war zu lebenslänglichem Zuchthaus wegen Landesverrats verurteilt und ist am 14.7.1942 in Rabicz/Polen verstorben. Kinder: Keine.

15.) Lenk, Frieda, geboren am 9.6.1893, NW 21, Emdener Straße 35. Der Ehemann Max Lenk, geboren am 8.5.1884, war sechs Jahre wegen Vorbereitung zum Hochverrat in Luckau und Sachsenhausen und ist am 19.3.1940 in Sachsenhausen umgekommen. Kinder: 31 und 35 Jahre.

16.) Lubosch, Dorothea, geboren am 27.6.1895, NW 87, Wikingerufer 8. Der Ehemann Paul Lubosch, geboren am 15.3.1893, wurde am 21.4.1945 vom Pg. Hille in Trebbin erschossen. Kinder: Ein Mädchen, 11 Jahre.

17.) Pantke, Johanna, geboren am 23.3.1911, NW 21, Pritzwalker Straße 3. Der Ehemann Artur Pantke, geboren am 27.5.1904, war von 1943 ein Jahr und zehn Monate wegen Vorbereitung zum Hochverrat in Brandenburg, ist dann am 6.6.1945 an den Folgen der Haftzeit verstorben.

18.) Pelzer, Hedwig, geboren am 30.11.1888, NW 21, Bugenhagenstraße 6. Der Ehemann, Wilhelm Pelzer, geboren am 4.5.1877 war von 1937 bis 1939 wegen Vorbereitung zum Hochverrat in Luckau, ist dann im August 1945 an den Folgen der Haftzeit verstorben. Kinder: Erwachsen.

19.) Räbiger, Hedwig, geboren am 20.4.1876, NW 21, Holsteiner Ufer 19. Der Ehemann August Räbiger, geboren am 30.6.1885, ist am 25.4.1943 in Sorau[401] verstorben. (Wegen Verächtlichmachung der Regierung).

20.) Stolt, Grete, geboren am 24.9.1913, NW 21, Oldenburger Straße 9. Der Ehemann, Georg Stolt, war drei Jahre im Zuchthaus Luckau, ist seit 1943 in Rußland gewesen und nicht mehr zurückgekehrt. Kinder: Ein Junge, 11 Jahre.

21.) Schiweck, Elisabeth, geboren am 20.9.1889, NW 87, Rostocker Straße 15. Der Ehemann war von 1935 bis 1936 im Untersuchungsgefängnis wegen Vorbereitung zum Hochverrat, ist dann an den Folgen der Haft verstorben.

22.) Schumann, Marianna, geboren am 2.12.1933, NW 21, Stephanstraße 49, bei Keilwagen. Der Vater Gustav Schumann war im Jahre 1934 bis 1936 inhaftiert, ist dann als Spanienkämpfer gegangen, seither verschollen.

23.) Frieda Schwab, geboren am 30.11.1899, NW 87, Sickingenstraße 55. Der Ehemann Fridolin Schwab, war zwei Jahre in Glatz und Luckau wegen Vorbereitung zum Hochverrat, ist dann am 5.11.1936 in Glatz verstorben. Kinder: Keine.

24.) Vogeley, Anna, geboren am 2.10.1891, NW 21, Stromstraße 37. Der Ehemann Georg Vogeley, geboren am 3.1.1881, war zweieinhalb Jahre in Luckau und Zwickau wegen Vorbereitung zum Hochverrat und ist am 13.9.1946 verstorben.

25.) Walden, Johannes, geboren am 17.4.1911, NW 21, Wilhelmshavener Straße 33. Der Vater Stefan Wojciechowski, geboren am 2.8.1889, ist 1939 verhaftet worden und nach Sachsenhausen gekommen, ist dann 1940 verstorben. Kinder: Ein Junge, 12 Jahre; ein Mädchen, 7 Jahre.

26.) Werdermann, Bertha, geboren am 2.7.1882, NW 21, Birkenstraße 13 a, bei Winkler. Der Ehemann, Karl Werdermann, geboren am 12.9.1880, war wegen Heimtücke 1944 im Lager Großbeeren[402] und ist im September 1944 dort gestorben.

27.) Werpel, Martha, geboren am 18.12.1888, NW 21, Wilhelmshavener Straße 60. Der Sohn Helmut Werpel, geboren am 23.12.1907, hat sechseinhalb Jahre Zuchthaus verbüßt wegen Vorbereitung zum Hochverrat, stand unter Gestapo-Aufsicht, seitdem spurlos verschwunden.

28.) Wölfing, Hedwig, geboren am 3.5.1905, W 35, Kluckstraße 14. Der Ehemann Karl Wölfing war von 1935 bis 1937 im Moorlager Emsland.[403] Kam 1943 zum Militär und ist seit August 1943 vermißt. Kinder: Zwei Jungen, fünfzehn und dreizehn Jahre.

29.) Zobel, Richard, geboren am 5.7.1878, NW 87, Sickingenstraße 57. Der Sohn Herbert ist im KZ verstorben.

Liste der Hinterbliebenen "Opfer" Gruppe II

30.) Dopslaff, Marianne, geboren am 18.6.1869, NW 87, Claudiusstraße 7. Der Sohn Heinz Dopslaff war von 1936 bis 1939 in Esterwegen, Sachsenhausen und Luckau[404] und ist am 19.8.42 in Tirol tödlich verunglückt.

31.) Dybowski, Helene, geboren am 3.5.1890, NW 21, Stendaler Straße 8. Der Sohn Hans Dybowski, geboren am 1.3.1914, war von 1939 bis 1940 im KZ Sachsenhausen. Seit Mai 1945 ist er in Polen und nicht mehr zurückgekehrt. (Verdacht auf Spionage).

32.) Ehrsam, Grete, verwitwete Ständer, geboren am 6.3.1910, NW 87, Turmstraße 76. Der Ehemann Anton Ständer war in Spanien als Spanienkämpfer, ist dort verwundet worden und 1938 in Paris verstorben. Kinder: Ein Mädchen, 5 Jahre; ein Junge, 2 Jahre.

33.) Fischer, Ida, geboren am 27.1.1900, NW 21, Feldzeugmeisterstraße 4. Der Ehemann Karl Fischer, geboren am 15.1.1898, war 22 Monate in Untersuchungshaft, ist dann an den Folgen der Haft 1941 verstorben.

34.) Handtke, Maria, geboren am 4.10.1890, NW 40, Rathenower Straße 49. Der Ehemann Wilhelm Handtke, geboren am 5.5.1888, war von 1935 bis 1938 in Haft, ist dann an den Folgen der Haft im Jahre 1944 verstorben. (Vorbereitung zum Hochverrat).

35.) Herbrich, Anna, geboren am 26.7.1910, NW 21, Emdener Straße 26. Der Ehemann war von 1934 bis 1935 wegen Hochverrats in Tegel[405] und ist seit 1944 vermisst.

36.) Kutschke, Irmgard, geboren am 7.5.1923, NW 87, Kaiserin-Augusta-Allee 29. Der Ehemann Hans Kutschke, geboren am 20.8.1922, ist am 13.2.1945 in der Kaserne Ruhleben erschossen worden. Kinder: Ein Mädchen, 2 Jahre.

37.) Neuendorf, Luise, geboren am 8.4.1908, NW 21, Elberfelder Straße 9, bei Schinke. Der Ehemann war zwei Jahre im KZ Papenburg wegen Vorbereitung zum Hochverrat und ist dann verstorben. Kinder: Ein Sohn, 18 Jahre.

38.) Obernddörfer, Margarete, geboren am 15.7.1910, W 35, Woyrschstraße 46. Der Ehemann ist am 20.7.1940 ermordet worden. Kinder: Ein Sohn, 16 Jahre.

39.) Rodenwald, Irma, geboren am 31.12.1894, NW 87, Jagowstraße 28. Der Ehemann wurde 1933 verhaftet und verstarb am 23.8.1935.

40.) Slowik, Kartharina, geboren am 4.11.1884, NW 87, Zinzendorfstraße 9. Der Ehemann Stanislaus Slowik ist an den Folgen seiner Haft im Juni 1945 verstorben.

41.) Tietz, Emilie, geboren am 2.7.1883, NW 21, Stromstraße 36. Der Ehemann Paul Tietz, geboren am 28.1.1885, war von 1936 bis 1937 wegen Vorbereitung zum Hochverrat in Haft und ist 1938 an den Folgen der Haft verstorben.

42.) Gertrud Völker, geboren am 24.1.1915, NW 21, Bandelstraße 23, bei Vogel. Der Ehemann war von 1933 bis 1936 im Lager[406] und KZ, ist dann verstorben. Kinder: Zwei Kinder, 9 und 13 Jahre.

Liste der Hinterbliebenen der Nürnberger Gesetzgebung Gruppe I

43.) Behrendt, Hertha, geboren am 4.5.1898, NW 87, Jagowstraße 19. Der Ehemann Max Behrend, geboren am 12.12.1882, hat von 1942 bis 1945 illegal gelebt und ist am 5.3.1946 verstorben.

44.) Lachmann, Meta, geboren am 27.9.1888, NW 87, Siemensstraße 2. Ehemann Theodor Lachmann war Jude und ist am 28.9.1943 in Warschau verstorben.

45.) Lewandowski, Gertrud, geboren am 18.4.1895, NW 87, Zinzendorfstraße 17. Ehemann Hugo Lewandowski war Jude und ist am 15.1.1943 in Mauthausen ermordet worden.

46.) Lipszyc, Charlotte, geboren am 28.10.1901, NW 21, Wilsnacker Straße 39. Der Ehemann Szlama Lipszyc war Jude und ist am 21.3.1942 in Weimar[407] verstorben. Kinder: Ein Junge, 11 Jahre.

47.) Maretzki, Gertrud, geboren am 12.5.1904, NW 21, Bundesratufer 4, bei Lehmann. Der Ehemann Martin Maretzki war Jude und ist aus Belsen[408] noch nicht zurückgekehrt.

48.) Neumann, Berta, geboren am 22.2.1898, NW 21, Turmstraße 4. Der Ehemann Willi Neumann war Jude und ist im Oktober 1944 in Auschwitz verstorben.

49.) Oppenheimer, Katharina, geboren am 26.6.1890, NW 21, Wikingerufer 6. Der Ehemann Artur Oppenheimer, geboren am 30.11.1883, war Jude und ist am 13.1.1943 in Sachsenhausen verstorben.

50.) Piczak, Sonja, geboren am 14.10. 1933, NW 21, Wilhelmshavener Straße 6, bei Frey. Der Vater Hans Piczak, geboren am 21.9.1898, war Jude und ist am 12.4.1940 in Sachsenhausen verstorben.

51.) Ryk, Ursula, geboren am 11.7.1938, NW 21, Emdender Straße 3. Der Vater war Jude und ist am 19.12.1942 in Auschwitz verstorben.

52.) Scheye, Pelagia, geboren am 2.8.1908, NW 21, Oldenburger Straße 24. Der Ehemann Herbert Israel[409] Scheye war Jude und ist am 18.11.1942 in Auschwitz verstorben. Kinder: Ein Mädchen, 16 Jahre.

53.) Süsskind, Luise, geboren am 30.10.1898, NW 21, Bundesratufer 10. Der Ehemann Paul Süsskind, geboren am 6.1.1885, war Jude und ist am 25.8.1943 in Auschwitz verstorben.

54.) Wolff, Hertha, geboren am 8.6.1936, NW 21, Wiclefstraße 16, bei Dorn. Der Vater war Jude und ist noch nicht zurückgekehrt.

Gruppe II anerkannt

55.) Adam, Lina, geboren am 15.5.1875, NW 21, Oldenburger Straße 44. Der Ehemann war Jude und ist an den Mißhandlungen verstorben.

56.) Adler, Martha, geboren am 11.5.1885, NW 87, Levetzowstraße 22. Der Ehemann war Jude und ist an den Folgen der Haft am 28.1.1945 verstorben.

57.) Croner, Charlotte, geboren am 27.10.1885, W 35, Blumeshof 15. Der Ehemann Max Croner war Jude und ist am 14.6.1945 verstorben.

58.) Croner, Therese, geboren am 30.9.1874, NW 21, Quitzowstraße 120. Der Ehemann war Jude und ist am 23.1.1947 verstorben.

59.) Elsberg, Martha, geboren am 29.12.1886, NW 87, Flotowstraße 11. Der Ehemann Paul Elsberg, geboren am 27.11.1886, hatte illegal gelebt und ist am 25.7.1947 tödlich verunglückt.

60.) Frank, Gertrud, geboren am 16.6.1900, NW 87, Rostocker Straße 34. Der Ehemann Hans Frank war Jude und ist am 21.1.1944 in der Iranischen Straße[410] verstorben.

61.) Gellert, Auguste, W 35, Ulmenstraße 4. Der Ehemann Oskar Gellert, geboren am 11.3.1881, ist am 14.2.1946 verstorben. War Jude.

62.) Gutmann, Charlotte, geboren am 7.1.1900, NW 40, Thomasiusstraße 5. Der Ehemann Dr. Paul Gutmann, geboren am 2.7.1877, war Jude und ist am 28.11.1945 in Berlin verstorben.

63.) Heidenreich, Klara, geboren am 26.1.1902, NW 40, Thomasiusstraße 24, bei Schüler. Der Verlobte Julius Husch war Jude und ist in Sachsenhausen umgekommen.

64.) Jacobi, Rosina, geboren am 23.1.1874, NW 87, Jagowstraße 9. Der Ehemann war Jude und ist verstorben.

65.) Katz, Alice, geboren am 26.1.1895, NW 87, Ottostraße 3. Der Ehemann war Jude und ist am 26.2.1944 verstorben.

66.) Kanter, Martha, geboren am 1.12.1883, NW 87, Bachstraße 7. Der Ehemann Martin Kanter war Jude und ist am 4.7.1945 in Breslau verstorben.

67.) Kohn, Marianne, geboren am 14.8.1884, NW 21, Oldenburger Straße 10. Der Ehemann Eugen Kohn, geboren am 12.8.1887, ist noch nicht zurückgekehrt.

68.) Linsky, Adeline, geboren am 26.3.1889, NW 87, Lessingstraße 27. Der Ehemann Simon Linsky hat sich am 20.8.1942 das Leben genommen, weil er abgeholt werden sollte. Er war Jude.

69.) Weiss, Alwine, geboren am 2.1.1880, NW 40, Kirchstraße 9. Der Ehemann Jacob Weiss, geboren am 6.1.1875, war Jude und ist am 29.4.1945 erschossen worden.

Anmerkungen

1 Die Initiative ging von dem Leiter des Heimatmuseums, Bernd Hildebrandt, aus. Vgl. zur Geschichts-werkstatt Schilde 1994, S. 27-30.
2 Vgl. zu dieser Ausstellung Löhken und Vathke 1993.
3 Vgl. den Bericht über ersten Rundgang von Bergman 1994, S. 8.
4 Das Zitat von Peter Steinbach stammt aus Ginzel 1993, S. 211. Frühe Forschungen zum Thema stammen von Manfred Wolfson, vgl. ders. 1971, S. 32-39; ders. 1975, S. 391-407.
5 Vgl. Steinbach und Tuchel: Lexikon ... 1994, S. 228, Juliane Wetzel 1994, S. 228. Diesem Text wurde auch das folgende Zitat von Leo Baeck entnommen.
6 Die parallel und unabhängig zu den Aktivitäten der Gewerkschaft Erziehung und Wissenschaft entstandene Broschüre der Jusos war ein Resultat bezirkspolitischer Auseinandersetzungen. Die in diesem Zusammenhang von der sozialdemokratischen Parteijugendorganisation angestrebte Sensibi-lisierung für die historischen Spuren im Stadtteil fand ihren Niederschlag in einer zuerst 1981/82 entstandenen Broschüre, mit der ab Herbst 1982 historische Rundfahrten durch den Bezirk durchge-führt wurden. Diese Broschüre wurde überarbeitet und erschien zuletzt 1987. Die Informationen zu diesem Komplex stammen von einem der damals Aktiven, Lothar Treder-Schmidt, bei dem sich der Verfasser bedankt.
7 Schilde 1987 ff., vgl. außerdem ders.: Erinnern – ... 1988.
8 Vgl. Meyhöfer u. a. 1993, S. 509-528.
9 Vgl. zu den Schwierigkeiten bei der Erforschung der Geschichte der Helfer den Aufsatz von Schieb-Samizadeh 1990, S. 419-431.
10 Vgl. das Anne Frank Tagebuch, 1993.
11 Vgl. Offenberg 1986.
12 Vgl. Jüdisches Adressbuch ... 1931; Jüdisches Adressbuch ... 1929/30; Jüdisches Jahrbuch ... 1926.
13 Jüdischer Führer durch Berlin 1933, S. 3.
14 Jüdisches Jahrbuch ... 1926, S. 190 f.
15 So der Titel eines Buches: Rosenstrauch 1988.
16 Die Tabelle basiert auf den Angaben des Statistischen Amtes der Reichshauptstadt Berlin, bzw. des Hauptamts für Statistik in Berlin. Die Angaben über die Zahl der "Glaubensjuden" 1933 und 1939 wurden der Tabelle "Glaubensjuden 1933 und 1939", die Angaben über "Rassejuden" 1939 der Tabelle "Juden einschließlich Geltungsjuden 1939". In: Statistisches Amt ... 1942, S. 37 f., entnommen. Die Angaben zur Bevölkerung 1945 und 1946 basieren auf den Tabellen "Anwesende Bevölkerung nach Religionszugehörigkeit am 12. August 1945" und "Wohnbevölkerung nach Religionszugehö-rigkeit am 29. Oktober 1946". In: Hauptamt für Statistik 1947, S. 67 und 83. Der geringe Anstieg der jüdischen Bevölkerung zwischen August 1945 und Oktober 1946 erklärt sich durch die Rückfüh-rung aus den Lagern, die im August 1945 noch nicht abgeschlossen war.
17 Da nicht alle auf dem Gesetzeswege gegen das deutsche Judentum ergangenen Ge- und Verbote genannt werden können, sei auf folgende Literatur verwiesen: Blau 1965; Walk 1981.
18 Faksimile in Arnold 1977, S. 95.
19 Vgl. den Punkt 3 der Anordnung der Parteileitung der NSDAP vom 28.3.1933, abgedruckt bei Hofer 1957, S. 282.
20 Vossische Zeitung vom 1.4.1933, Abendausgabe, S. 1.
21 Reichsgesetzblatt (RGBl.), Teil I, 1933, S. 175 f. Zu den im folgenden genannten Verfolgungsmaßnah-men vgl. das "Gesetz über die Zulassung zur Rechtsanwaltschaft" vom 7.4.1933, RGBl., Teil I, 1933, S. 188; RGBl., Teil I, 1933, S. 222; "Verordnung über die Tätigkeit von Zahnärzten und Zahntechni-kern bei den Krankenkassen" vom 2.6.1933, RGBl., Teil I, 1933, S. 350; RGBl., Teil I, 1933, S. 225; Prüfungsordnung für Ärzte und Zahnärzte vom 5.2.1934; Ausbildungsordnung für Juristen vom 22.7.1934, RGBl., Teil I, 1934, S. 727; Prüfungsordnung für Apotheker vom 8.12.1934.
22 Baudisch und Cullen 1991, S. 89.
23 Comité des Délégations Juives 1934, S. 478 f.
24 RGBl., Teil I, 1935, S. 1146.

25 RGBl., Teil I, 1935, S. 1333.

26 Bericht über Palästina 1937, S. 317-328. Darin wurde zwischen Einwanderern der Kategorie A (Personen mit freier Verfügung über mindestens £ 1.000, Angehörige freier Berufe in Mangelberufen mit mindestens £ 500 und Handwerker mit einem Mindestkapital von £ 250), der Kategorie B (Waisen, Stipendiaten und Geistliche mit gesicherter Unterstützung), C "Personen mit Aussicht auf Beschäftigung" und D, Verwandten von Angehörigen der Kategorien A-C unterschieden. In der Praxis sollte nur den Personen die Immigration gestattet werden, die unter die Kategorien A, C und D fielen. Nach den Wechselkursen vom Juli 1937 entsprachen £ 1.000 rd. 12.350 RM.

27 RGBl., Teil I, 1933, S. 480.

28 Rosenstock 1956, S. 377.

29 Vgl. hierzu Genschel 1966, S. 155 f.

30 Vgl. die "Verordnung zur Anmeldung des Vermögens von Juden" vom 26.4.1938 und die am gleichen Tag hierzu ergangene Anordnung, RGBl. Teil I, 1938, S. 414 f. Flankiert wurden die Bestimmungen von der gleichzeitig ergangenen "Verordnung gegen die Unterstützung der Tarnung jüdischer Gewerbebetriebe", die jedem eine Zuchthausstrafe von mindestens einem Jahr androhte, der half, "den jüdischen Charakter eines Gewerbebetriebes zur Irreführung der Bevölkerung oder der Behörden bewußt zu verschleiern", RGBl. Teil I, 1938, S. 414.·S. zum folgenden RGBl. Teil I, 1938, S. 627; Ministerialblatt der Inneren Verwaltung, 1938, S. 1152.

31 Genschel 1966, S. 148 f.

32 Siehe das "Gesetz zur Änderung des Einkommenssteuergesetzes" vom 1.2.1938, RGBl. Teil I, 1938, S. 99, die "Zweite Verordnung zur Durchsetzung des Einkommenssteuergesetzes vom 6.2.1938, RGBl. Teil I, 1938, S. 143 und die "Zweite Verordnung zur Durchführung des Steuerabzugs vom Arbeitslohn" vom 6.2.1938, RGBl. Teil I, 1938, S. 149; "Vierte Verordnung zum Reichsbürgergesetz" (die Ärzte betreffend) vom 25.6.1938, RGBl. Teil I, 1938, S. 969; "Fünfte Verordnung zum Reichsbürgergesetz" (die Rechtsanwälte betreffend) vom 27.9.1938, RGBl. Teil I, 1938, S. 1403.

33 Vgl. hierzu die "Dritte Verordnung über den Kennkartenzwang" vom 23.7.1938, RGBl. Teil I, 1938, S. 922, die "Zweite Verordnung zur Durchführung des Gesetzes über die Änderung von Familiennamen und Vornamen" vom 17.8.1938, RGBl. Teil I, 1938, S. 1044, den "Erlaß des Reichsminister des Inneren über die Führung von Vornamen" vom 18.8.1938, Ministerialblatt der Inneren Verwaltung, 1938, S. 1345 und die "Verordnung über Reisepässe" vom 5.10.1938, RGBl. Teil I, 1938, S. 1342.

34 Der Völkische Beobachter vom 8.11.1938.

35 Vgl. das Blitz-Fernschreiben Heydrichs an alle Staatspolizei(leit)stellen und SD-Ober- und -Unterabschnitte vom 10.11.1938, 1.20 Uhr. In: Der Prozeß gegen die Hauptkriegsverbrecher ... 1948, (im folgenden: IMT) Band XXXI, Dok. PS-3051. Zum Ablauf vgl. Graml 1958, S. 23 ff. und Adam 1988, S. 74-93.

36 Vgl. Bothe 1983, Teil 1, S. 119 und 141 sowie Teil 2, S. 32.

37 Vgl. Kershaw 1981, S. 278 ff.

38 Stenographische Niederschrift von einem Teil der Besprechung über die Judenfrage unter dem Vorsitz von Feldmarschall Göring im Reichsluftfahrtministerium am 12.11.1938. In: IMT, Bd. XXVIII, Dok. PS-1816.

39 RGBL., Teil I, 1938, S. 1579 ff.

40 Vgl. zum jüdischen Sport "unter dem Hakenkreuz" Schilde: Jüdischer Sport im 'Deutschen Wald', 1988, S. 44-58; ders.: Mit dem Davidstern ... 1988.

41 "Erste Anordnung des Polizeipräsidenten von Berlin zu der Reichspolizeiverordnung über das Auftreten der Juden in der Öffentlichkeit vom 3. Dezember 1938", 3.12.1938, Amtsblatt für den Landespolizeibezirk Berlin nebst Öffentlichem Anzeiger, Sonderausgabe vom 5.12.1938.

42 Nürnberger Dokument NG-2586, abgedruckt bei Mendelsohn and Detwiler 1982, S. 63 f.

43 "Zehnte Verordnung zum Reichsbürgergesetz" vom 4.7.1939, RGBL., Teil I, 1939, S. 1097 ff.

44 RGBl., Teil I, 1939, S. 864 f.

45 Kwiet 1988, S. 631.

46 "Verordnung über die Beschäftigung von Juden" vom 3.10.1941, RGBL., Teil I, 1941, S. 675.

47 "Verordnung zur Durchführung der Verordnung über die Beschäftigung von Juden" vom 31.10.1941, RGBl., Teil I, 1941, S. 675 f.

48 Deutschkron 1978, S. 58.

49 Goebbels 1941.

50 Alexander 1991, Tabelle 9, S. 311.

51 Die Information entstammt einem Text der ständigen Ausstellung in der Polizeihistorischen Sammlung am Platz der Luftbrücke.

52 Richarz 1982, S. 431.

53 Geheimer Erlaß des RSHA vom 23.10.1941, abgezeichnet von Heinrich Müller, abgedruckt bei Rürup 1987, S. 115. Vgl. zu den Deportationen aus Berlin: Ball-Kaduri 1973, S. 196-241; Kempner 1970, S. 180-205; Voigt 1993, S. 23-46.

54 Die Listen wurden in mehreren Kopien hergestellt, von denen der Oberfinanzpräsident von Berlin und Brandenburg (OFP) je eine erhielt. Im Gegensatz zur Gestapo vernichteten die Finanzbeamten ihre Dossiers der "Judensachen" nicht. Sie wurden 1946 in den Amtsräumen des Oberfinanzpräsidenten am Kurfürstendamm gefunden, darunter auch die Deportationslisten aus der Zeit vom Januar 1942 bis zum Frühjahr 1945. Die Listen werden heute im Landesarchiv Berlin, Rep. 92, aufbewahrt.

55 Die folgende Übersicht stützt sich größtenteils auf Maas 1946 und hinsichtlich der Zahlen der Überlebenden auf Friedlander 1984, S. 217.

56 Ihre Zahl kann nur anhand der Kartei der Vermögensverwertungsstelle des Oberfinanzpräsidenten ermittelt werden, die Transportlisten sind verschollen.

57 Ebenda.

58 Zahl nach der Kartei des Oberfinanzpräsidenten, zu den Erschießungen siehe den Bericht Jägers, des Führers des Einsatzkommandos 3 der Einsatzgruppe A vom 1.12.1941 "Gesamtaufstellung der im Bereich des EK 3 bis zum Dez. 1941 durchgeführten Exekutionen", Faksimile im Anhang von Arzt 1979.

59 Zahl nach der Kartei des Oberfinanzpräsidenten. Zu den Erschießungen vgl. die "Ereignismeldung UdSSR" Nr. 151 vom 5.1.1942, Nürnberger Dokument NO-3257.

60 Nach den Angaben des Bundesarchivs Koblenz (BAK) und des Internationalen Suchdienstes des Roten Kreuzes im Findbuch zum Bestand Zsg 138 im BAK (auf dem das Gedenkbuch ... 1986 basiert), S. 50 ff.

61 Weltsch 1946.

62 Siehe hierzu u.a. den "Bericht über die 'Abwanderung' der Juden", den Margarete Sommer, die Geschäftsführerin des Hilfswerks beim Bischöflichen Ordinariat in Berlin, im Februar 1942 an die katholischen deutschen Bischöfe schrieb. Er wurde jüngst wieder abgedruckt in: Steinbach und Tuchel: Widerstand ... 1994, S. 168-170.

63 Die Aussage des Zeitzeugen Bruno W. wird wiedergegeben bei Roskamp 1985, S. 79.

64 Richarz 1982, S. 431.

65 Vgl. "Richtlinien zur technischen Durchführung der Evakuierung von Juden nach dem Osten (KL Auschwitz)" des RSHA, Amt IV B 4 vom 20.2.1943, Faksimile in Schultheiß und Wahler 1988, S. 197-203.

66 Bericht einer jüdischen Krankenschwester an den Genfer Rechtsanwalt Klee. In: Schoenberner 1962, S. 313.

67 Vgl. Lochner 1948, S. 267.

68 Weltlinger 1954, S. 26; Jersch-Wenzel 1971, S. 25.

69 Kershaw 1981, S. 283 f.; Büttner 1992, S. 78.

70 Vgl. Kershaw 1981, S. 287.

71 Gellately 1993, S. 185 ff.

72 Den Begriff "Mitteilsamkeit" gebrauchte Gellately während seines Vortrags "Die Gestapo und die deutsche Gesellschaft" am 24.2.1994, den er in Berlin auf einer Tagung der Forschungsstelle Widerstandsgeschichte der Freien Universität Berlin und der Gedenkstätte Deutscher Widerstand hielt.

73 Vgl. den Text des Schreibens bei Pätzold 1983, Dok. 174, S. 212.

74 Faksimile in: Szepansky 1983, S. 79.

75 Erlaß des Reichssicherheitshauptamtes, Amt IV B 4 an alle Staatspolizei(leit)stellen vom 24.10.1941. Abgedruckt bei Pätzold 1983, Dok. 290, S. 311.

76 Grossmann 1957. Vgl. Schilde und Voigt 1991, S. 95-97.

77 Schilde und Hildebrandt 1993.

78 Vgl. Wyden 1993.

79 Schwersenz 1988, S. 148; ders. und Wolff 1969; vgl. dies. 1981, S. 16-38; vgl. Brandt 1984; Kroh 1988, S. 103; Zahn 1993, S. 159-205. Erst vor wenigen Jahren hat der homosexuelle Jude Gad Beck, der Schwersenz nach dessen Flucht als Gruppenleiter ablöste, über seine Erlebnisse berichtet: Gad Beck: Im Untergrund der Nazi-Hauptstadt. In: Capri. Zeitschrift für schwule Geschichte, 1. Jg., Heft 2/1987, S. 6-14; vgl. die Neuerscheinung Beck 1995.

80 Vgl. zum Leben im Untergrund in Berlin: Deutschkron 1978; Rosenthal 1980; Behrend-Rosenfeld 1988; Rewald 1975; Scheurenberg 1990; Krüger u. a. 1987, S. 295-309.

81 Alexander 1991, S. 310 f.

82 Der Jüdische Pfadfinderbund "Makkabi Hazair" war zionistisch ausgerichtet, d.h. er orientierte seine Mitglieder zu einem Leben in Palästina (heute Israel). Der Name war auf die mit hohem Symbolwert für den jüdischen Selbstbehauptungswillen behaftete historische Heldenfamilie des Judas Makkabi zurückzuführen. Der hebräische Name des Bundes kann mit "Der junge Makkabi" übersetzt werden. Der Jüdische Turn- und Sportverein "Bar Kochba-Hakoah" ist ein Zusammenschluß des 1898 in Berlin gegründeten Jüdischen Turnvereins "Bar Kochba" mit dem Berliner Sport-Club "Hakoah". Die Namensgebung erfolgte in Erinnerung an den Heerführer Simon Bar Kochba, den Führer des letzten großen Aufstandes der Juden gegen die römische Besetzung Palästinas (132 bis 135). Das Wort 'Hakoah' ist hebräisch und bedeutet 'Die Kraft'. Vgl. zur Geschichte des jüdischen Sports in Berlin: Schilde: Mit dem Davidstern ... 1988; zur Geschichte der Theodor-Herzl-Schule vgl. Fehrs 1993, S. 273-276.

83 Vgl. Gedenkbuch ... 1986, S. 1053.

84 Vgl. zur Geschichte des jüdischen Schulwesens: Fehrs 1993. In diesem Buch wird ausführlich auf die im folgenden erwähnten Ausbildungseinrichtungen eingegangen.

85 A. a. O., S. 279-281.

86 Vgl. Gedenkbuch ... 1986, S. 692. Der Eintrag lautet: Verschollen, Auschwitz.

87 Vgl. BenGershôm 1993.

88 Vgl. Gedenkbuch ... 1986, S. 320. Als Zeitpunkt des Todes wird angegeben: Verschollen.

89 Vgl. Gedenkbuch ... 1986, S. 320. Als Zeitpunkt des Todes wird ebenfalls genannt: Verschollen.

90 Bei dem Kellner Kohn muß es sich um den bis 1937 im Adreßbuch als Mieter in der Elberfelder Straße 21 aufgeführten Max Kohn handeln. Als Berufsbezeichnung ist Vertreter angegeben. Da er wahrscheinlich nicht mehr in seinem Beruf tätig sein durfte, könnte er seinen Unterhalt als Kellner und die Wohnung mit der Vermietung eines Zimmers finanziert haben. Vgl. Berliner Adreßbuch 1936.

91 BenGershôm 1993, hier zitiert nach der ersten Ausgabe: Den Netzen entronnen ... 1967, S. 52.

92 Ebenda.

93 A. a. O., S. 60.

94 Der religiös-zionistische Jugendbund "Misrachi" war eine Nachwuchsbewegung der religiösen Arbeiterschaft in Palästina.

95 A. a. O., S. 85.

96 A. a. O., S. 84.

97 A. a. O., S. 91.

98 A. a. O., S. 100.

99 A. a. O., S. 104.

100 A. a. O., S. 10.

101 A. a. O., S. 113.

102 A. a. O., S. 115.

103 Arlt u. a. 1993, S. 109.

104 Den Netzen entronnen ... 1967, S. 228.

105 A. a. O., S. 232 f.

106 A. a. O., S. 255.

107 A. a. O., S. 274.

108 A. a. O., S. 275.

109 A. a. O., S. 276.

110 A. a. O., S. 334.
111 A. a. O., S. 357.
112 A. a. O., S. 362 f.
113 Vgl. Schwersenz 1988. Der Seite 122 dieses Buches wurde die Überschrift entnommen. Vgl. ders. 1947; ders. und Wolff 1981, S. 16-38; Kroh 1988, S. 103-162; Neiss 1994, S. 189 f.; Zahn 1993, S. 159-205; van Dick 1990, S. 50-63.
114 Schwersenz 1990, S. 51.
115 Zahn 1993, S. 101.
116 Kroh 1988, S. 129.
117 Schwersenz 1990, S. 56.
118 Ebenda.
119 Vgl. zu der genannten Feier die Erinnerungen von Schwersenz 1988, S. 78. Der Autor einer bezirkshistorischen Publikation meint irrtümlicherweise, dieses geheime Treffen hätte in der Wilsnacker Straße 81 Ecke Alt-Moabit 23 stattgefunden, allerdings ohne genaue Angaben, woher er diese Kenntnis hat. Vgl. Hoffmann 1985, S. 103 f. und S. 152; Arad u. a. 1982, S. 155.
120 Aus einem Interview von 1983 mit Edith Wolff, vgl. Kroh 1988, S. 103.
121 Näheres ist u. a. bei Klönne 1993, S. 28-33, zu erfahren.
122 Schwersenz fand in Berlin mehrere hilfsbereite Menschen. Über eine sehr wichtige Frau vgl. Schilde und Voigt 1991. S. 95-97.
123 Schwersenz 1988, S. 105.
124 A. a. O., S. 105.
125 A. a. O., S. 97.
126 Vgl. das Interview mit Abrahamson aus dem Jahre 1983, in Kroh 1988, S. 183-190.
127 Die Flucht wurde 1986 rekonstruiert und 1987 von Alexander Krause und Peter Peters verfilmt. Vgl. Frei und Storz-Schumm 1988, S. 33-39.
128 Schwersenz 1988, S. 151.
129 Vgl. Weber 1982, S. 83-101.
130 "Die Moabiter im illegalen Kampf." Erinnerungsbericht von Rosa Lindemann, Berlin NW 87, Rostocker Straße 36. In: Stiftung Archiv der Parteien und Massenorganisationen der DDR im Bundesarchiv, Sign. V 241/7/25, Bl. 153. Bei der Villa Rosa handelt es sich wahrscheinlich um die Laube von Rosa Lindemann.
131 Ebd. Mit der Hilfe in der Wirtschaft ist vermutlich die Unterstützung im Haushalt gemeint.
132 Ebd.
133 Kraushaar u. a., Band 2, 1970, S. 50.
134 Einige biografische Angaben wurden der Anklageschrift und dem Urteil des Kammergerichts, Az. 7.O. Js. 259/40, 9.41 vom 20.5.1941 entnommen. Die Dokumente befanden sich im Institut für Marxismus-Leninismus beim ZK der SED, Zentrales Parteiarchiv, Sign. NJ 2757/3. Die Bestände ursprünglich staatlicher Provenienz waren als Dauerleihgabe an das Parteiarchiv übergeben worden und sind 1990 an das zentrale Staatsarchiv der DDR, jetzt Bundesarchiv, Außenstelle Potsdam, zu den dortigen Beständen Reichsjustizministerium und Gestapo zurückgegeben worden.
135 Die Akte von Ottilie Pohl mit der Nr. 37/20788 aus dem Bestand der Vermögensverwertungsstelle des Oberfinanzpräsidenten von Berlin und Brandenburg wird heute im Landesarchiv Berlin, Rep. 92, aufbewahrt.
136 Vgl. Gedenkbuch ... 1986, S. 110. Die biographischen Angaben der Verwandtschaft von Käte Bermann wurden einem Schreiben von Eva Grenfell entnommen, welches sie am 13. Januar 1994 an Ines Knuth geschickt hatte. Frau Knuth hat dieses Schreiben zur Auswertung zur Verfügung gestellt. Frau Grenfell ist für ihre Hilfe zu danken. Die weiteren Informationen stammen von Ines Knuth, aus eigenem Erleben und Berichten ihrer Eltern. Sie war mit beiden Frauen befreundet.
137 Gedenkbuch ... 1986.
138 Schilde 1987, S. 214.
139 Dieser Bericht geht zurück auf einen Hinweis von Gerda Kurzhals und Recherchen von Heinz Schmidt bei Erwin Zenk.

140 Diese und weitere Informationen wurden den Akten des Entschädigungsamtes Berlin, Registrier-Nummer 23697, entnommen. Die Einsicht ermöglichte freundlicherweise Frau Tessendorf.

141 Vgl. hierzu die Entschädigungsakte Nr. 10218 (Hugo und Gertrud Lewandowski) beim Entschädigungsamt Berlin sowie die Liste der Hinterbliebenen der Nürnberger Gesetzgebung Gruppe I vom 22.9.1947, Stiftung Archiv der Parteien und Massenorganisationen der DDR im Bundesarchiv, Bestand: Generalsekretariat VVN (Hochschulgruppen), Sign. V 278/2/143, ohne Paginierung.

142 Wahrscheinlich handelt es sich um die Inhaberin des Kolonialwaren- und Feinkostgeschäftes Adolf Schilling, Melanchthonstraße 15, bzw. eine Verwandte. Vgl. Amtliches Fernsprechbuch ... 1940.

143 Entschädigungsamt Berlin, Registrier-Nummer 24565.

144 Vgl. zu Wilhelm Weissmann das Gedenkbuch ... 1986, S. 1578. Als Todesdatum und -ort wird angegeben: September 1943, Theresienstadt.

145 Zu den Geburtsdaten und -namen sowie den Todesdaten vgl. Gedenkbuch ... 1986, S. 407 f., S. 491 ff., S. 678, S. 688, S. 1577, S. 1629.

146 Entschädigungsamt Berlin, Registrier-Nummer 24565.

147 Die Angaben zu Morris und Charlotte Weissmann entstammen zum großen Teil der Akte 0253/24 (Weissmann) der Senatsinnenverwaltung, Abt. I R Wg. 1.

148 Vgl. Entschädigungsamt Berlin, Registrier-Nummer 24565.

149 Vgl. Fehrs 1993, S. 279. Der Hinweis auf die private Schule stammt von dem Zeitzeugen Günter Spremberg, der in der Gegend seine Kindheit verlebt hatte.

150 Vgl. Liste der Hinterbliebenen der Nürnberger Gesetzgebung Gruppe I vom 22.9.1947, Nr. 69. Stiftung der Parteien und Massenorganisationen der DDR im Bundesarchiv, Bestand: Generalsekretariat VVN (Hochschulgruppen), Sign. V 278/2/143, ohne Paginierung.

151 Theresienstadt-Lagerliste. Prag 1945, S. 404 und S. XVIII.

152 Hartung-von Doetinchem 1989, S. 219.

153 Vgl. die Entschädigungsakte von Dr. Gerda Brandt, geb. Bluhm, Reg. Nr. 2957 und die darin enthaltene Akte zu Anerkennung als politisch, rassisch und religiös Verfolgte (PRV-Akte) Nr. 17199 beim Entschädigungsamt Berlin; dito zu Regine Bluhm deren Entschädigungsakte Nr. 2954 und die PRV-Akte Nr. 14703. Alle Informationen über Lia Heidenreich wurden der Entschädigungsakte von Lia Klatt, geschiedene Heidenreich, geb. Kagan, Reg. Nr. 15038 und der PRV-Akte Nr. 300 entnommen.

154 Vgl. zu Dr. Günter Brandt die Entschädigungsakte Nr. 4904. Dr. Brandt ist nicht mit dem von der Israelischen Gedenkstätte Yad Vashem als "Gerechter der Völker" geehrten Potsdamer Pfarrer Günther Brandt identisch.

155 Vgl. Kopie des Entlassungsschreibens des Preußischen Justizministers vom 20.7.1933 in der Entschädigungsakte Nr. 4904, Bl. E 4.

156 Vgl. den eigenhändigen Lebenslauf vom 1.2.1952 in der Entschädigungsakte Nr. 4904, Bl. M 6.

157 Vgl. die Transkription des Interviews mit Susanne von Schüching, geb. Holländer, vom 14.11.1984, im Zentrum für Antisemitismusforschung der TU Berlin, S. 9-10 und ihre eidesstattliche Erklärung vom 14.8.1951 in der Entschädigungsakte Nr. 20675, Bl. C 4.

158 RGBl., Teil I, 1933, S. 222.

159 RGBl., Teil I, 1938, S. 969.

160 Zu der Berufsbezeichnung der "Jüdischen Krankenbehandler" vgl. ebd. und im hier genannten Fall die Erklärung Dr. Bluhms zum Schaden an ihrem beruflichen Fortkommen, Entschädigungsakte, Bl. E 3 und ihren Lebenslauf vom 21.2.1949, PRV-Akte, Bl. 4.

161 Lebenslauf Dr. Bluhms vom 21.2.1949, PRV-Akte, Bl. 4 und Eintragung des Entschädigungsamtes "Ergebnisse der Vorprüfung aus den PRV-Akten" betr. Lothar Bluhm vom 21.3.1952, Entschädigungsakte, Bl. C 5.

162 Eidesstattliche Erklärung von Dr. Günter Brandt vom 23.5.1952, Entschädigungsakte, Bl. C 8.

163 Ihre Angaben zum Beginn der Illegalität sind widersprüchlich: Während sie in der PRV-Akte durchgehend den November 1942 nennt (vgl. Lebenslauf vom 21.2.1949), gibt sie in der Entschädigungsakte den Januar 1943 an, vgl. die Erklärung zum Schaden an ihrem beruflichen Fortkommen und den Fragebogen zum Teil C betr. Schaden an Freiheit vom 8.7.1951, Entschädigungsakte, Bl. C 1.

164 Eidesstattliche Erklärung Dr. Gerda Bluhms vom 20.5.1952, Entschädigungsakte, Bl. C 7.

165 Eidesstattliche Erklärung von Dr. Günter Brandt vom 23.5.1952, Entschädigungsakte, Bl. C 8.

166 Eidesstattliche Erklärung von Lia Heidenreich vom 21.5.1953, Entschädigungsakte, Bl. C 7., vgl. auch die Eidesstattliche Versicherung von Prof. Dr. Günter Brandt für Lia Heidenreich vom 8.8.1960, Entschädigungsakte, Bl. D 8, in dem er bestätigt, Lia Heidenreich sei seit 1933 seine Untermieterin gewesen, zunächst in der Lüneburger Straße 28, später in der Schlüterstraße 24.

167 Vgl. Lebenslauf Lia Heidenreichs vom 26.1.1952, Entschädigungsakte, Bl. M 13.

168 Vgl. hierzu das Original des Arbeitsbuches von Lia Heidenreich, Entschädigungsakte, Bl. E 5 und die Angaben auf dem Anerkennungsfragebogen der PRV-Akte vom 1.8.1949, PRV-Akte, Bl. 3.

169 Vgl. Lebenslauf Lia Heidenreichs vom 26.1.1952, Entschädigungsakte, Bl. M 13. Verhaftung und Freilassung der "Mischehepartner" im Februar und März 1943 bildeten den Konflikt, der durch den Protest der nichtjüdischen Ehefrauen in der Rosenstraße bekannt geworden ist. Gemäß den am 20. Februar 1943 ausgegebenen Deportationsrichtlinien des Reichssicherheitshauptamts, Amt IV B 4, waren "Juden in Mischehe" weiterhin von der Verschleppung ausgenommen, vgl. das Faksimile der Richtlinien in Schultheiß und Wahler 1988, S. 197-203. Da die Gestapoleitstelle Berlin diese Menschen in Überschreitung der Weisungen verhaftet hatte, mußten sie in den folgenden Tagen auf interne Anordnung hin freigelassen werden. Es wurden daher nicht nur jene entlassen, deren Angehörige sich auf der Straße versammelt und protestiert hatten.

170 Vgl. hierzu das Original des Arbeitsbuchs von Lia Heidenreich, Entschädigungsakte, Bl. E 5, die Angaben auf dem Anerkennungsfragebogen der PRV-Akte vom 1.8.1949, PRV-Akte, Bl. 3 und das ärztliche Gutachten von Dr. Gerda Bluhm über die durch die Zwangarbeit erlittenen Gesundheitsschäden Lia Heidenreichs vom 31.10.1953, Entschädigungsakte, 15028 (Klatt) Bl. B 5.

171 Vgl. die eidesstattlichen Erklärungen von Lia Heidenreich über ihr Leben in der Illegalität vom 21.5.1953, Entschädigungsakte, Bl. C 7 und von Dr. Günter Brandt über die Flucht von Lia Heidenreich vom 21.11.1949, Entschädigungsakte, Bl. C 2.

172 Vgl. die Eintragung im Berliner Adreßbuch von 1943 (nach Namen): Engel, Martha-Luise, Fürsorgerin, NW 21, Stendaler Straße 19.

173 In der Riehlstraße 3 lebte 1943 der Schriftleiter A. Runge, vgl. das Berliner Adreßbuch von 1943 (nach Namen).

174 Erklärung Dr. Bluhms zum Schaden an ihrem beruflichen Fortkommen, Entschädigungsakte, Bl. E 3.

175 Die Angaben zur Fortsetzung ihrer beruflichen Laufbahn wurden dem Schreiben des Rechtsanwalts Behrend an das Entschädigungsamt Berlin vom 20.4.1959 entnommen, Entschädigungsakte, Bl. E 13.

176 Vgl. Tent 1988, S. 248.

177 Vgl. seine Artikel in der "Weltbühne": Politische Polemik, I. Jg. (1946), Nr. 3, S. 74-76; "Das Urteil", I. Jg. (1946), Nr. 8, S. 228-232; "Zum § 218", gemeinsam mit Gezda (Gerda) Bluhm, I. Jg. (1946), Nr. 12, S. 362-366; "Verfassungspolemik", II. Jg. (1947), Nr. 2, S. 33-36; "Richter der Republik", II. Jg. (1947), Nr. 6, S. 248-251; "Richter von heute", II. Jg. (1947), Nr. 24, S. 1062-1064 und "Die Deutschnationalen", III. Jg. (1948), Nr. 16, S. 388-390.

178 "Richter der Republik", Die Weltbühne, II. Jg. (1947), Nr. 6, S. 250.

179 Zu dem Konflikt vgl. Tent 1988, S. 137 f. und 246-250 sowie Lönnendonker und Fichter 1978, S. 7-10, S. 47-58 und S. 137-139.

180 Die Angaben wurden den Berliner Adreßbüchern von 1911 und 1917 entnommen.

181 Entschädigungsamt Berlin, Registrier-Nummer 20593. Dieser Quelle wurden viele weitere Informationen entnommen. Vgl. auch Amtliches Fernsprechbuch ... 1940, S. 1043.

182 Hier liegt möglicherweise ein Irrtum vor: Die jüdischen Schwestern Ellen und Marta Pollnow wohnten 1942 in der Motzstraße 60, vgl. Amtliches Fernsprechbuch ... 1940, S. 970.

183 Postkarte von Fritz Redlich vom 12.8.1953 aus Bad Schwalbach an Reinhold Kuhn. Archiv W. Reimer Nachf. Ernst Kuhn.

184 Privates Dokument von Fritz Redlich, in dem er offensichtlich kurz vor seinem Tode einer Person, deren Name nicht zu entziffern ist, 2.000 DM für seine Bestattungskosten zukommen läßt. Archiv W. Reimer Nachf. Ernst Kuhn.

185 Haftbescheinigung des Vorstandes des Jugendgefängnisses Plötzensee vom 29.10.1951. Bestandteil der bei der Senatsinnenverwaltung, Ref. I R Wg 1 eingesehenen Akten des Entschädigungsamtes Berlin, Registrier-Nummer 22380.

186 Vgl. die Bescheinigung des Präsidiums der Volkspolizei vom 29.10.1951. Bestandteil der bei der Senatsinnenverwaltung, Ref. I R Wg 1 eingesehenen Akten des Entschädigungsamtes Berlin, Registrier-Nummer 22380.

187 Abteilung Zeitgeschichte beim Landesarchiv Berlin: Die Besetzung der Berliner Bezirksämter in der Zeit nach der Kapitulation 1945 bis zu den Kommunalwahlen am 20. Okt. 1946. Landesarchiv Berlin, LAZ S/302, S. 49.

188 Baudisch und Cullen 1991, S. 106 f.

189 Dieses Zitat stammt aus einem Schriftstück Neumanns, welches sich in den bei der Senatsinnenverwaltung, Ref. I R Wg 1 eingesehenen Akten des Entschädigungsamtes Berlin, Registrier-Nummer 22380, befindet.

190 Diese und weitere Informationen wurden den bei der Senatsinnenverwaltung, Ref. I R Wg 1 eingesehenen Akten des Entschädigungsamtes Berlin, Registrier-Nummer 22380 entnommen. Die hier angegebene Adresse ist: Agricolastraße 33. Im Mitgliederverzeichnis der Jüdischen Gemeinde zu Berlin. Abgeschlossen am 31. Juli 1947, S. 86, wurde demgegenüber die Hausnummer 39 genannt.

191 Es ist noch nicht geklärt, ob der in der nach 1945 in der Oldenburger Straße 32 ansässige Feodor Brinitzer ein Verwandter der zweiten Frau von Max Neumann war.

192 Für die Übermittlung der in den Friedhofsakten enthaltenen Informationen ist Herrn Dr. Hermann Simon (Centrum Judaicum) zu danken (Schreiben vom 19.11.1993).

193 Information aus den Friedhofsakten von Dr. Hermann Simon, Schreiben vom 19.11.1993.

194 Zur Familie Weinberg vgl. die Entschädigungsakte Reg. Nr. 75245 von Dora Rosenheim, geb. Weinberg, sowie das Interview, das Amalie Sandelowski, geb. Weinberg, und Heinz Sandelowski am 28.4.1990 Barbara Schieb-Samizadeh von der Gedenkstätte Deutscher Widerstand in Berlin gewährten (im Folgenden: Interview). Das Heimatmuseum Tiergarten dankt an dieser Stelle der Gedenkstätte Deutscher Widerstand, besonders Frau Schieb und Herrn Dr. Johannes Tuchel für die freundliche Unterstützung und die Erlaubnis, das Tonband zu verwenden.

195 Vgl. die Eintragung im Berliner Adreßbuch von 1935, Teil IV (Straßen): Waldstraße 1, Weinberg, H. (Hannah), Lebensmittel.

196 Interview, Band 1, S. A.

197 Vgl. die Eintragung im Berliner Adreßbuch von 1935 (nach Namen): Nadel, Joseph, Kleiderkonfektion, NW 21, Wilsnacker Straße 60.

198 Interview, Band 1, S. A.

199 Eidesstattliche Versicherung Dora Weinbergs vom 24.10.1958, Entschädigungsakte, Bl. E 6 und Vermerke des Entschädigungsamtes über das Rückerstattungsverfahren für Channa Weinberg vom 15. und 26.5.1964, Entschädigungsakte, Bl. E 13 und E 15.

200 Interview, Band 1, S. A.

201 So die Schreibweise des Namens in der eidesstattlichen Erklärung Dora Weinbergs vom 19.2.1954, Entschädigungsakte, Bl. C 10. Im Berliner Adreßbuch von 1942 (nach Straßen) ist in der Emdener Straße 54 "P. Lüderie, Rentiere" gemeldet.

202 Eidesstattliche Erklärung Dora Weinbergs vom 19.2.1954, Entschädigungsakte, Bl. C 10.

203 Interview, Band 1, Seite A. Es bleibt ungeklärt, wieso die Gestapo der Familie Weinberg nicht weiter nachstellte, bzw. weshalb die Wohnung nicht umgehend zur Beschlagnahmung durch den Oberfinanzpräsidenten Berlin-Brandenburg (OFP) versiegelt wurde. Aus dessen Beschlagnahmeakte gegen Channa Weinberg Nr. 5205-Sm 61/36765 (heute im Landesarchiv Berlin, Rep. 92) ist zu entnehmen, daß die Enteignung der Familie Weinberg in der Zeit vom November 1943 bis zum Mai 1944 bearbeitet wurde. Die "Vermögenseinziehung" gegen Channa Weinberg gemäß dem Gesetz über die "Einziehung volks- und staatsfeindlichen Vermögens" vom 14.7.1933 war am 18.11.1943 öffentlich bekannt gegeben worden, vgl. Deutscher Reichsanzeiger und Preußischer Staatsanzeiger 1943, Nr. 270 vom 18.11.1943, Bekanntmachung der Gestapoleitstelle Berlin vom 16.11.1943, lfd. Nr. 12. Das Kürzel "Sm" in der Registrier-Nummer des OFP läßt darauf schließen, daß Channah Weinbergs Akte behördlich als Selbstmordfall bearbeitet wurde.

204 Interview, 1. Band, Seite A. Die Zahl der Mietparteien in der Emdener Straße 54 wird im Berliner Adreßbuch von 1942, Teil IV (nach Straßen) mit 59 angegeben.

205 Im Berliner Adreßbuch von 1942, Teil IV (nach Straßen) ist als Besitzer des Hauses Emdener Straße 54 E. Pudewill angegeben, der dort jedoch nicht wohnte.

206 Eidesstattliche Erklärung Dora Weinbergs vom 19.2.1954, Entschädigungsakte, Bl. C 10. Siehe auch das Berliner Adreßbuch von 1942, Branchenteil: Bäckerei Bartsch, W., NW 21, Emdener Straße 55 und Wolaszewski, Leo, Seifen, Emdener Straße 55. Dora Weinberg nennt ihn "Walaschewski".

207 Interview, Band 1, Seite A. Zu Weißkohl vgl. die Bekanntmachung der Gestapoleitstelle Berlin im Deutschen Reichsanzeiger und Preußischer Staatsanzeiger, Nr. 260 vom 5.11.1942, über Beschlagnahmung des Besitzes von Juden gemäß dem "Gesetz über die Einziehung volks- und staatsfeindlichen Vermögens" vom 14.7.1933, lfd. Nr. 115: Weißkohl, Isak Israel, geb. am 28.3.1891, zuletzt wohnhaft gewesen in Berlin NW 87, Waldstraße 57 bei Renod. Diese Bekanntmachung läßt darauf schließen, daß Isak Weißkohl der Deportation durch Flucht (oder aber auch durch Freitod) entkommen war (siehe hierzu auch den Beitrag zur Vermögensverwertungsstelle des Oberfinanzpräsidenten Berlin-Brandenburg).

208 Amalie Sandelowski nennt im Interview den Namen des Mannes. Er ist bislang nicht als einer derjenigen ca. zwanzig Juden bekannt geworden, die sich als gedungene Agenten der Gestapo in Berlin betätigt hatten. Sein Name wird weder in dem einzigen bislang zu diesem Thema erschienen Buch von Wyden (1993) genannt, noch gibt es andere Hinweise auf seine Tätigkeit im Fahndungsdienst.

209 Eidesstattliche Erklärung Dora Weinbergs vom 19.2.1954, Entschädigungsakte, Bl. C 11.

210 In den Berliner Adreßbüchern von 1939, 1942 und 1943 gibt es keinen Eintrag Grzeda, Emdener Straße 52, jedoch war im Berliner Adreßbuch von 1957 (Namensteil) dort der Rohrleger Paul Grzeda verzeichnet.

211 Interview, Amalie Weinberg betont die selbstlose Hilfsbereitschaft Grete Grzedas mehrfach ausdrücklich.

212 Zu Iser Wajngardt vgl. den Teil C seiner Entschädigungsakte Reg. Nr. 22602. Die Umstände, unter denen er illegal lebte, haben sich bislang nicht vollständig aufklären lassen. Nach den Darstellungen Amalie Sandelowskis laut Interview und Dora Weinbergs (Entschädigungsakte 75245), sowie nach Wajngardts eigener eidesstattlichen Erklärung über die Illegalität Dora Weinbergs vom 3.6.1954 (Entschädigungsakte 75245, Bl. C 21) befand sich der Laden in der Salzwedeler Straße 7. Seine Bewegungsfreiheit reichte dort so weit, daß er weitere Verstreckte aufnehmen konnte. Einem nichtjüdischen Besitzer des Ladens begegneten Dora und Amalie Weinberg offenbar nicht. Wajngardts illegales Quartier wird in seiner eigenen Entschädigungsakte jedoch anders dargestellt: Danach lebte er vom Juni 1943 bis zum Mai 1945 bei Max Elsner (in Alt-Moabit 49), vgl. die Bescheinigung von Max Elsner vom 6.3.1952 und die eidesstattliche Erklärung Iser Wajngardts vom 10.4.1952 in der Entschädigungsakte 22602 (Wajngardt), a. a. O., Bl. C 3 und C 5. In den Berliner Adreßbüchern von 1942 und 1943 ist Max Elsner als Mieter weder im Hause Alt-Moabit 49 noch in der Salzwedeler Straße 7 eingetragen.

213 Zu Heinz Sandelowski vgl. seinen eigenen Bericht, das Interview, Band 1, Seite B und Band 2, Seite A.

214 Siehe auch die Deportationsliste der Gestapoleitstelle Berlin zum 38. Osttransport am 17.5.1943, der nach Auschwitz führte. Dort sind Hans und Margarete Sandelowski unter den laufenden Nummern 50 und 51 aufgeführt, Landesarchiv Berlin, Rep. 92.

215 Ein Atelier unter dem von ihr genannten Namen ist in den Berliner Adreßbüchern von 1939, 1940, 1942 und 1943 nicht eingetragen.

216 Interview, Band 1, Seite A. Die folgenden Zitate und Informationen entstammen ebenfalls diesem Gespräch.

217 Zitiert nach Oleschinski 1990, S. 401. Das Interview mit Susanne Witte führte die Autorin am 30.7.1987, die dankenswerterweise auf ihren Aufsatz aufmerksam machte, dem viele Informationen entnommen wurden. Weitere Auskünfte gab Susanne Witte in einem Interview mit Kurt Schilde am 28.7.1993.

218 Zitiert nach Oleschinski 1990, S. 406. Die beiden folgenden Zitate befinden sich auf S. 406 f.

219 Siehe hierzu auch Klee 1981, S. 445-460.

220 Vgl. die Zusammenfassung des Urteils in: Rechtsprechungen zum Wiedergutmachungsrecht/Neue Juristische Wochenschrift, 7. Jg. (1956), S. 334 f.

221 Klee 1981, S. 458 f.

222 Alle Angaben zu Arthur Krakowski wurden der Entschädigungsakte Reg. Nr. 11447 entnommen.

223 Der Name lautete: Arthur Krakowski Photo- und Kinohaus, Königsberg/Pr., Kneiphofsche Langgasse 25, die Filialen lagen ebenfalls in Königsberg, vgl. Erklärung Arthur Krakowskis zur Anlage D, Entschädigungsakte, Bl. D 2.

224 Eidesstattliche Erklärung Arthur Krakowskis über seine Verfolgung vom 27.7.1951, Entschädigungs-akte, Bl. C 11.

225 Nach dem Berliner Adreßbuch von 1942 (nach Namen) war eine Verkäuferin Irene Bomhardt in der Lindenstraße 73, dem Eckhaus zur Ritterstraße, gemeldet. Es ist anzunehmen, daß dies die Retterin von Arthur Krakowski war.

226 Ebd. Arthur Krakowski erinnerte sich, daß Bomhardt ein Geschäft für Farben und Lacke betrieb, vgl. jedoch den Eintrag im Berliner Adreßbuch, 1. Teil (nach Namen), von 1942: Bomhardt, W., Drogist, Beusselstraße 38.

227 Lina und Kurt Schmitten lebten 1951 in der Wittstocker Straße 25. Im Berliner Adreßbuch, Teil 2 (nach Straßen) von 1942 ist eingetragen, daß in der Wittstocker Straße 25 der Eisendreher K. Schmidden lebte.

228 Lebenslauf Arthur Krakowskis vom 2.3.1949, Entschädigungsakte, Bl. C 13 und Gedenkbuch ... 1986, S. 778.

229 Gedenkbuch ... 1986, S. 198.

230 Gedenkbuch ... 1986, S. 1062.

231 Alle Informationen über Hedwig Heintze, geb. Markiewicz wurden der Entschädigungsakte Reg. Nr. 62136 und der Akte zur Anerkennung als politisch, rassisch und religiös Verfolgte (PRV-Akte) Nr. 15905 entnommen.

232 Alle Informationen über Johanna Rittner, geb. Markiewicz sind der Entschädigungsakte Reg. Nr. 72325 entnommen worden.

233 Vgl. die Eintragung im Jüdischen Adressbuch ... 1931: Rittner, Markus, gen. Max, NW 87, Brückenallee 33.

234 Vgl. die Eintragung im Berliner Adreßbuch von 1943 (nach Namen): Kliem, Karl, Effektenvermittler, NW 87, Solinger Straße 11.

235 Wie lange und in welchem Zeitraum Hedwig Heintze von Gertrud Lewandowski geschützt werden konnte, bleibt unklar. Obwohl Hedwig Heintze weitere Quartiere hatte, gab Gertrud Lewandowski an, sie während ihres Lebens in der Illegalität vom 27.2.1943 bis zum 26.4.1945 kontinuierlich beherbergt zu haben, vgl. die eidesstattliche Erklärung vom 2.4.1953 für Hedwig Heintze, Entschä-digungsakte 62136, Bl. C 7.

236 Vgl. hierzu die Entschädigungsakte Nr. 10218 (Hugo und Gertrud Lewandowski).

237 Die Hausnummern konnten nicht ermittelt werden, da 1944 und 1945 keine Adreßbücher von Berlin herausgegeben wurden. Auch bleibt unklar, wieweit Gertrud Lewandowski die Verfolgten nach der Ausbombung direkt unterstützte, da sie angab, in die Nähe von Konstanz umgezogen zu sein. Vgl. ihre eidesstattliche Erklärung vom 4.10.1954, Entschädigungsakte 10218, Bl. A 37.

238 Alle Informationen zu der Familie Schier sind den Entschädigungsakten Reg. Nr. 22110 (Paula Schier), 22111 (Günther Schier) und 22112 (Alfred Schier) entnommen worden.

239 Beglaubigte Abschrift des Originals der Mitteilung Adolf Wiegels an Paula Schier vom 19.11.1942 über den Erfolg seiner Intervention bei der Gestapo, in: Entschädigungsakte Reg. Nr. 22112 (Alfred Schier), Bl. C 11. Die Druckerei Wiegel beschäftigte mehrere jüdische Zwangsarbeiter, darunter Gertrud Scharff, die die Druckmaschinen nutzte, um gefälschte Werksausweise für geflohene Juden herzustellen. Wegen der Unterstützung der Widerstandstätigkeit Gertrud und Werner Scharffs wurden Adolf und Frieda Wiegel am 12.10.1944 von der Gestapo verhaftet. Frieda Wiegel wurde im "Arbeitserziehungslager" Fehrbellin inhaftiert, Adolf Wiegel im Arbeitslager Wuhlheide. Frieda Wiegel überlebte die Haft, ihr Mann wurde im April 1945 auf dem Todesmarsch der Häftlinge in das KZ Dachau ermordet. Vgl. hierzu Schieb-Samizadeh 1993, S. 41 und 63-67.

240 Vgl. den Eintrag im Berliner Adreßbuch 1942, Teil 1 (nach Namen): Steinig, Alfred, Molkereiwaren, NW 87, Kaiserin-Augusta-Allee 6.

241 Mitteilung des Treuhänders der Amerikanischen, Britischen und Französischen Militärregierung für zwangsübertragene Vermögen an Alfred Schier vom 12.4.1951 in der Akte des Oberfinanzpräsidenten von Berlin-Brandenburg 05 205-57/35 669 (Günther Schier), nachträglich eingelegtes Blatt. Siehe auch den Eintrag im Gedenkbuch ... 1986, S. 1308, wonach Günther Schier in Auschwitz verschollen ist. Auf der Deportationsliste der Gestapoleitstelle Berlin zum 39. Osttransport ist Günther Schier nicht verzeichnet, doch fehlt das zweite Blatt mit den laufenden Nummern 21-40. Günther Schier unterzeichnete am 3.6.1943 die "Vermögenserklärung" und erhielt am 24.6.1943 im Sammellager Große Hamburger Straße 26 die Zustellungsurkunde des Obergerichtsvollziehers in Berlin über die Einziehung seines Besitzes. Auf den beiden letztgenannten Dokumenten ist seine Transport-Kennzeichennummer 39/321 vermerkt, aus der die Verschleppung mit dem 39. Osttransport hervorgeht.

242 Siehe hierzu die Entschädigungsakte Luise Woschniks, Reg. Nr. 22438 und die darin eingegliederte Akte zur Anerkennung als politisch, rassisch und religiös Verfolgte Nr. 17762 (PRV-Akte) beim Entschädigungsamt Berlin.

243 Siehe hierzu auch die Eintragung im Berliner Adreßbuch von 1942 (nach Straßen): W 35, Derfflinger Straße 22: Ruhland, Wilhelm, Schneider. Es handelte sich um ein gewöhnliches Mietshaus mit neun Parteien, das auf dem Gelände des Krankenhauses Moabit stand, ohne daß ein Bezug zu der Klinik (etwa als Wohnhaus der Pfleger) ersichtlich wäre.

244 RGBl., 1935, Teil I, S. 1146.

245 Vgl. Ergänzungsfragebogen zum PRV-Antrag, ausgefüllt am 2.2.1952, , PRV-Akte, Bl. 3.

246 Zum Schicksal der Familie Luise Woschniks vgl. die eidesstattliche Erklärung von Ilse Kowalski, geb. Cohn, vom 26.7.1966, Entschädigungsakte, Bl. M 110. Heinz Georg Cohn wurde mit dem 36. Osttransport am 12.3.1943 nach Auschwitz deportiert. Seine Schwester Gerda Simon, geb. Cohn, wurde ebenfalls nach Auschwitz deportiert und ermordet, siehe die Nennung im Gedenkbuch ... 1986, S. 1393. Das vierte Kind Luise und Georg Cohns war im Alter von zwei Jahren gestorben.

247 Vgl. zu Katharina Tichauer ihre Entschädigungsakte Reg. Nr. 22727 und die darin eingefügte Akte zur Anerkennung als politisch, rassisch oder religiös Verfolgte (PRV-Akte).

248 Die Hausnummer war in den Adreßbüchern nicht zu ermitteln.

249 Vgl. zu Anna Maternik deren Akte zur Ehrung als "Unbesungene Heldin" beim Berliner Senator für Inneres: UH 594.

250 Manchen Untergetauchten gelang es, sich nach einem Bombenangriff auf ein Berliner Stadtviertel zu "legalisieren". War die zuständige Meldestelle der Polizei ebenfalls zerstört worden, meldeten sie sich unter falschen Namen bei der NS-Volkswohlfahrt und ließen sich vorläufige Papiere für Ausgebombte ausstellen. Ohne die Karteien des jeweiligen Polizeireviers hatten die Behörden keine Möglichkeit, rasch zu überprüfen, ob jemand unter dem angegebenen Namen zuvor in den zerstörten Häusern gelebt hatte.

251 Eidesstattliche Erklärung von Anna Maternik vom 3.7.1952, Entschädigungsakte, Bl. C 11.

252 Alle Angaben zum Lager Schulstraße wurden Hartung-von Doetinchem 1989, S. 75-220, hier: S. 214-215, entnommen.

253 Der letzte Deportationszug, der 117. "Alterstransport" nach Theresienstadt, verließ Berlin am 27.3.1945 mit 19 Insassen.

254 Das Original ist der Entschädigungsakte, Bl. C 2 beigefügt.

255 Die Informationen stammen von Ute Stein, die im November 1993 auf den Helfer Hansheinz König hinwies, sowie einer von diesem verfaßten biographischen Skizze.

256 Vgl. Liste I ... 1945.

257 Zu dieser und den folgenden Angaben vgl. die Entschädigungsakte Reg. Nr. 21402 (Regine Rudolf): Eidesstattliche Erklärung Regine Rudolfs über ihr Leben in der Illegalität vom 12.10.1951, Bl. C 6.

258 Vgl. zu Martha Gallwitz die Akte UH 399 beim Berliner Senator für Inneres, Ref. I R Wg 1.

259 Vgl. Liste I ... 1945. Die Mutter von Irmgard Pagel ist vermutlich Regine Chaim, geborene Beermann, geboren am 15.11.1877 in Steinfürth, die die Verschleppung in ein Lager überlebt hatte und im August 1945 in Neukölln, Thüringer Straße 1 bei Pagel wohnte.

260 Berliner Adreßbuch (nach Namen), 1942.

261 Vgl. den Redebeitrag von Erika Weinzierl bei dem im Oktober 1990 in der Abtei Brauweiler durchgeführten Symposion "Mut zur Menschlichkeit – Hilfe für Verfolgte während der NS-Zeit", in: Ginzel 1993, S. 19.

262 Entschädigungsakte Reg. Nr. 17038.

263 Entschädigungsakte Reg. Nr. 352; Mitgliederverzeichnis ... 1947, S. 29.

264 Entschädiungsakte Reg. Nr. 10038; vgl. das Mitgliederverzeichnis ... 1947, S. 66.

265 Entschädigungsakte Reg. Nr. 17038.

266 Entschädigungsakte Reg. Nr. 17038. Herta Lehmann, geborene Rehfeld, gab in ihrer eidesstattlichen Erklärung vom 12.10.1953 (Blatt C 8) an, vom November 1943 an, 8 bis 10 Monate dort gelebt zu haben, während Ruth Pichlowskis Mutter, Frieda Hoffmann, am 21.6.1951 eidesstattlich erklärte, Herta Rehfeld habe vom Februar bis November 1944 dort versteckt gelebt (Blatt C 3).

267 Schieb-Samizadeh 1993, S. 52.

268 Knauft 1988, S. 49; Berliner Adreßbuch 1942.

269 Entschädigungsakte Reg. Nr. 2479, Blatt C 6 und PRV-Aktenteil, Bl. 19 und 20; Mitgliederverzeichnis ... 1947, S. 10.

270 Auskunft von Brunhilde Anger und Irene Burkert; Theresienstadt-Lagerliste. Prag 1945.

271 Telefonische Auskunft von Liselotte Labischinski an Kurt Schilde am 16.11.1993; vgl. Liste I ... 1945, S. 43.

272 Auskunft von Brunhilde Anger.

273 Entschädigungsakte Reg. Nr. 22602; Eidesstattliche Erklärung Iser Wajngardts vom 10.4.1952 über seine Flucht; seine eidesstattliche Erklärung über die Verfolgung von Dora Weinberg vom 3.6.1954 in der Entschädigungsakte Reg. Nr. 75245, Bl. C 21 und Dora Weinbergs eidesstattliche Erklärung über ihre illegalen Quartiere vom 19.2.1954, ebd. Bl. C 10; Liste I ... 1945, S. 81, dort Weingadt.

274 Deutschkron 1994, S. 70, vgl. dies. 1978.

275 Entschädigungsakte Reg. Nr. 2479, Teil C; eidesstattliche Erklärung von Raissa Friedländer vom 19.11.1951, Blatt C 10.

276 Schieb-Samizadeh 1993, S. 50.

277 Kreutzer 1993, S. 144.

278 Liste I ... 1945, S. 6.

279 Liste I ... 1945, S. 12.

280 Liste I ... 1945, S. 44. Im Mitgliederverzeichnis ... 1947 ist ein Hinweis, daß Leopold illegal lebte.

281 Mitgliederverzeichnis ... 1947, S. 109.

282 Liste I ... 1945, S. 40.

283 Liste I ... 1945, S. 8 enthält nur einen Hinweis auf Willi Brauer und kennzeichnet ihn als KZ-Überlebenden. In der Liste II. "Verzeichnis jener nach der Befreiung durch die Alliierten in Berlin registrierten Juden, welche der Pflicht zum Tragen des Judensterns genau so wie die in der Liste I aufgeführten Personen unterworfen waren, deren Deportation jedoch aus Rücksicht auf die arische Ehehälfte zurückgestellt war." Wer am Tage der Registrierung der jüdischen Religion nicht angehört hat, ist in diesem Verzeichnis nicht aufgeführt. August 1945, S. 7, ist Eva Brauer angegeben. Das Mitgliederverzeichnis ... 1947, S. 15, führt Willy, Johanna und Eva Brauer auf, wobei Willy und Eva Brauer als "sonstige Sternträger" und Johanna Brauer als "Nichtsternträger" deklariert sind. Vgl. zu Otto Rechnitz die Liste III ... 1945, S. 46.

284 Mitgliederverzeichnis ... 1947, S. 55.

285 Liste I ... 1945, S. 37.

286 Entschädigungsakte Reg. Nr. 1348, Liste der Unterstützer, angefertigt von Felix Zacharias am 9.2.1949, PRV-Aktenteil, Blatt 17.

287 Liste I ... 1945, S. 17; vgl. Mitgliederverzeichnis ... 1947, S. 26: Faß.

288 Liste I ... 1945, S. 49.

289 Liste I ... 1945, S. 65 und Entschädigungsakte Reg. Nr. 21402.

290 Entschädigungsakte Reg. Nr. 1348, Liste der Unterstützer, angefertigt von Felix Zacharias am 9.2.1949, PRV-Aktenteil, Blatt 17; Mitgliederverzeichnis ... 1947, S. 132.

291 Mitgliederverzeichnis ... 1947, S. 21, S. 5, S. 25 und S. 29.

292 Auskunft von Martina Voigt.

293 Liste I ... 1945, S. 42.
294 Liste I ... 1945, S. 23.
295 Liste I ... 1945, S. 56.
296 Liste I ... 1945, S. 54.
297 Liste der Hinterbliebenen der Nürnberger Gesetzgebung Gruppe I vom 22.9.1947, Nr. 43, Stiftung Archiv der Parteien und Massenorganisationen der DDR im Bundesarchiv, Bestand: Generalsekretariat VVN (Hochschulgruppen), Sign. V 278/2/143. Vgl. Liste I ... 1945, S. 4.
298 Entschädigungsakte Reg. Nr. 1348, Liste der Unterstützer, angefertigt von Felix Zacharias am 9.2.1949, PRV-Aktenteil, Blatt 17
299 Liste I ... 1945, S. 79. Bei der hier angegebenen Klückstraße dürfte es sich tatsächlich um die Kluckstraße handeln.
300 Liste I ... 1945, S. 58.
301 Liste I ... 1945, S. 20.
302 Mitgliederverzeichnis ... 1947, S. 38.
303 Vgl. Berliner Adreßbuch 1936; Mitgliederverzeichnis ... 1947, S. 24. Schreiben von Dr. Hermann Simon vom 19.11.1993.
304 Liste I ... 1945, S. 39.
305 Entschädigungsakte Reg. Nr. 1348, Liste der Unterstützer, angefertigt von Felix Zacharias am 9.2.1949, PRV-Aktenteil, Blatt 17
306 Liste I ... 1945, S. 82.
307 Mitgliederverzeichnis ... 1947, S. 76.
308 Liste I ... 1945, S. 46.
309 Vgl. Zahn 1993, S. 198; Amtliches Fernsprechbuch ... 1940.
310 Liste I ... 1945, S. 33; Arthur Isaaksohn ist auch in Liste II ... 1945, S. 26 aufgeführt; vgl. Mitgliederverzeichnis ... 1947, S. 49.
311 Mitgliederverzeichnis ... 1947, S. 10.
312 Liste I ... 1945, S. 45.
313 Vgl.: Ein Stück Moabiter Zeit- und Schmuck-Geschichte wird 75. In: Wink. Zeitung aus Tiergarten Nr. 3/1987, S. 4. Für den Hinweis auf diesen Artikel ist Hans-Peter Doege Dank abzustatten. Zu danken ist auch Jutta Hoffmann, die erfuhr, daß das jüdische Mädchen (auch?) bei einem Sattlermeister in der Spenerstraße versteckt wurde. Auskunft vom 17.8.93; Berliner Adreßbuch 1942.
314 Mitgliederverzeichnis ... 1947, S. 102.
315 Entschädigungsakte Reg. Nr. 21311, Teil C und Mitgliederverzeichnis ... 1947, S. 109.
316 Entschädigungsakte Reg. Nr. 1348, Liste der Unterstützer, angefertigt von Felix Zacharias am 9.2.1949, PRV-Aktenteil, Blatt 17
317 Claudia Schoppmann hat auf Gertrude Sandmann aufmerksam gemacht. Vgl. Schoppmann 1993, S. 81 f.
318 Fischer 1994, S. 295 ff., S. 184, S. 241.
319 Wolffenstein 1981. Zu ihrem Leben in Moabit und den Berliner Verstecken siehe S. 47-55.
320 Benz 1989, S. 677; vgl. Pineas 1970, S. 299-301; Berliner Adreßbuch 1936.
321 Entschädigungsakte Reg. Nr. 60958; Liste 1 ... 1945, S. 33.
322 Weltlinger 1954.
323 Entschädigungsakte Reg. Nr. 21311, Teil C und Mitgliederverzeichnis ... 1947, S. 109.
324 Mitgliederverzeichnis ... 1947, S. 132.
325 Entschädigungsakte Reg. Nr. 2714, Teil C; Mitgliederverzeichnis ... 1947, S. 39.
326 Berliner Adreßbuch (nach Namen), 1942.
327 Schreiben Senatsverwaltung für Inneres, I R Wg 1 – 0253/24 vom 9.6.1993.
328 Vgl. den Eintrag im Berliner Adreßbuch von 1942: Hermann Seyer, Postschaffner. Dies müßte der Vater von Elly Peipe gewesen sein.
329 Die Informationen wurden der Akte 253/22(UH-Akte: 954: Peipe) der Senatsinnenverwaltung, Abt. I R Wg 1, entnommen.
330 Vgl. die Erinnerungen von Ruth Sieg in: Lammel 1993, S. 170 ff.
331 Benz 1989, S. 662.

332 Rosa Lindemann: Die Moabiter im illegalen Kampf. In: Stiftung Archiv der Parteien und Massenorganisationen der DDR im Bundesarchiv, Sign. V 241/7/25, Bl. 151.

333 Tondar 1991, S. 28-40; Liste der Hinterbliebenen der Nürnberger Gesetzgebung Gruppe I vom 22.9.1947, Nr. 43, Stiftung Archiv der Parteien und Massenorganisationen der DDR im Bundesarchiv, Bestand: Generalsekretariat VVN (Hochschulgruppen), Sign. V 278/2/143. Vgl. Liste I ... 1945, S. 4.

334 Mitgliederverzeichnis ... 1947, S. 10. Hertha Berndt ist auf dem Friedhof Weißensee begraben. Auf der Grabkarte lautet der Geburtsname Abrahamson. Schreiben von Dr. Hermann Simon vom 19.11.1993.

335 Entschädigungsakte Reg. Nr. 2479, Teil und PRV-Aktenteil. Mitgliederverzeichnis ... 1947, S. 10.

336 Liste I ... 1945, S. 6.

337 Liste I ... 1945, S. 12.

338 Mitgliederverzeichnis ... 1947, S. 21.

339 Mitgliederverzeichnis ... 1947, S. 24; Berliner Adreßbuch 1936. Schreiben von Dr. Hermann Simon vom 19.11.1993.

340 Liste der Hinterbliebenen der Nürnberger Gesetzgebung, Gruppe II anerkannt, Stiftung Archiv der Parteien und Massenorganisationen der DDR im Bundesarchiv, Bestand: Generalsekretariat VVN Hochschulgruppen, Signatur: V 278/2/143, ohne Paginierung.

341 Liste I ... 1945, S. 17; vgl. Mitgliederverzeichnis ... 1947, S. 26.

342 Vgl. Lammel 1993, S. 170 ff.

343 Entschädigungsakte Reg. Nr. 352; Mitgliederverzeichnis ... 1947, S. 29.

344 Eidesstattliche Erklärung von Raissa Friedländer vom 19.11.1951, über die Verfolgung Paula Bersacks, in der Entschädigungsakte Reg. Nr. 2479, Blatt C 10.

345 Liste I ... 1945, S. 20.

346 Liste I ... 1945, S. 23: NW, Holsteinerstraße 2!

347 Mitgliederverzeichnis ... 1947, S. 38.

348 Entschädigungsakte Reg. Nr. 2714, Teil C; Mitgliederverzeichnis ... 1947, S. 39.

349 Liste I ... 1945, S. 33; Arthur Isaaksohn ist auch in Liste II ... 1945, S. 26 aufgeführt; vgl. Mitgliederverzeichnis ... 1947, S. 49.

350 Entschädigungsakte Reg. Nr. 60958; Liste I ... 1945, S. 33; Berliner Adreßbuch 1936 und 1939; Amtliches Fernsprechbuch ... 1940.

351 Schieb-Samizadeh 1993, S. 52 und S. 73.

352 Liste I ... 1945, S. 37.

353 Mitgliederverzeichnis ... 1947, S. 55.

354 Telefonische Auskunft durch Liselotte Labischinski am 16.11.1993; vgl. Liste I ... 1945, S. 43.

355 Liste I ... 1945, S. 39.

356 Liste I ... 1945, S. 40.

357 Liste I ... 1945, S. 42.

358 Entschädigungsakte Reg. Nr. 17038; Mitgliederverzeichnis ... 1947, S. 66.

359 Liste I ... 1945, S. 44. Im Mitgliederverzeichnis ... 1947 ist ein Hinweis, daß Leopold illegal lebte.

360 Liste I ... 1945, S. 45.

361 Liste I ... 1945, S. 46.

362 Schieb-Samizadeh 1993, S. 50.

363 Liste I ... 1945, S. 49.

364 Mitgliederverzeichnis ... 1947, S. 76.

365 Auskunft von Brunhilde Anger; Mitgliederverzeichnis ... 1947, S. 81.

366 Liste I ... 1945, S. 54.

367 Liste I ... 1945, S. 56.

368 Liste I ... 1945, S. 58.

369 Auskunft von Brunhilde Anger und Irene Burkert.

370 Schieb-Samizadeh 1993, S. 50.

371 Entschädigungsakte Reg. Nr. 21402, Teil C; Liste I ... 1945, S. 65.

372 Liste I ..., S. 62: vgl. Mitgliederverzeichnis ... 1947, S. 97 und S. 43. Die Schreibweisen des Geburtsnamens variiieren.

373 Entschädigungsakte Reg. Nr. 21311, Teil C und Mitgliederverzeichnis ... 1947, S. 109.

374 Eidesstattliche Erklärung von Ida Schaff vom 1.9.1952 über ihr illegales Leben in der Entschädigungs-akte Reg. Nr. 24966, Bl. C 8; Mitgliederverzeichnis ... 1947, S. 109.

375 Schieb-Samizadeh 1993, S. 50.

376 Auskunft von Brunhilde Anger und Irene Burkert; Theresienstadt-Lagerliste. Prag 1945.

377 Liste I ... 1945, S. 79. Bei der hier angegebenen Klückstraße dürfte es sich tatsächlich um die Kluckstraße handeln.

378 Eidesstattliche Erklärung Iser Wajngardts vom 10.4.1952 über seine Flucht, Entschädigungsakte Reg. Nr. 22602; seine eidesstattliche Erklärung über die Verfolgung von Dora Weinberg vom 3.6.1954 in der Entschädigungsakte Reg. Nr. 75245, Bl. C 21; Liste I ... 1945, S. 81, dort Weingadt.

379 Liste I ... 1945, S. 82.

380 Entschädigungsakte Reg. Nr. 1348; Mitgliederverzeichnis ... 1947, S. 132 und Mitgliederverzeichnis ... 1947, S. 132. Zu seinen Helfern vgl. die Liste der Unterstützer, angefertigt von Felix Zacharias am 9.2.1949, PRV-Aktenteil, Blatt 17, die dort genannten Tiergartener sind in der Topographie der Untergetauchten aufgeführt.

381 Vgl. Schwarz 1992.

382 Mehl 1990, S. 106.

383 Architekten-Verein ... 1896, S. 109. Dieser Schrift wurden auch die weiteren Informationen über den Bau entnommen.

384 Vgl. Eyser o. J., o. S.

385 Eyser, a. a. O.

386 Maas 1946.

387 RGBl., Teil I, 1933, S. 480.

388 Vgl. hierzu Mehl 1990, S. 33. Das Finanzamt Moabit West befand sich nicht im Bezirk Tiergarten, sondern im Bezirk Mitte in Berlin NW 7, Luisenstraße 33-34.

389 RGBl., Teil I, 1941, S. 722 ff.

390 Ein geheimer Runderlaß des Reichsinnenministeriums erklärte am 3.12.1941 die von Deutschland besetzten Gebiete Polens und der Sowjetunion zum Ausland im Sinne der 11. Verordnung. Vgl. den Abdruck des Dokuments bei Adler 1974, S. 503 f. Ghettos und Vernichtungslager auf annektiertem Gebiet, also das Ghetto in Lodz und das Arbeits- und Vernichtungslager Auschwitz zählten danach nicht zum Ausland.

391 Bis zum Herbst 1942 wurden die Formulare wenige Tage vor dem vorgesehenen Deportationstermin zugestellt, während der "Straßenjagden" unter Brunner und der "Fabrikaktion" mußten sie im Sammellager unterzeichnet werden.

392 Die Karteien wurden über das Kriegsende hinaus in den Amtsräumen des Oberfinanzpräsidenten Berlin-Brandenburg am Kurfürstendamm aufbewahrt. Die alle deportierten, aber auch fast alle untergetauchten Juden verzeichnende Kartei, der Schriftwechsel mit der Gestapo sowie alle dem Oberfinanzpräsidenten zugegangenen Deportationslisten vom Januar 1942 bis zum März 1945 liegen heute im Landesarchiv Berlin, Rep. 92, Bestand Oberfinanzpräsident Berlin-Brandenburg. Die Einzelakten sind offenbar zum Teil vernichtet worden, denn ein Teil der Karteikarten trägt den Vermerk "Akte vernichtet".

393 RGBl., Teil I, 1933, Bl. 479 f.

394 Siehe den "Erlaß des Führers und Reichskanzlers über die Verwertung des eingezogenen Vermögens von Reichsfeinden" vom 29.5.1941, RGBl., Teil I, 1941, S. 303 sowie den Runderlaß des Reichsmi-nisters des Inneren I 903/42-5400 über die Zuständigkeit der Geheimen Staatspolizeileitstelle in Berlin vom 14.7.1942, Ministerialblatt der Inneren Verwaltung Nr. 29, 1942, S. 1481.

395 Runderlaß des Reichsministers des Inneren Pol S II A 5 Nr. 545/42-212 über die Rechtskräftigkeit der Vermögenseinziehung nach öffentlicher Bekanntmachung vom 21.9.1942, Ministerialblatt der Inneren Verwaltung Nr. 39, 1942, S. 1881.

396 Mit den Termini "Vorbereitung zum Hochverrat" und "Landesverrat" bezeichnete die NS-Justiz den Widerstand gegen den Nationalsozialismus; als Heimtücke galt u. a. eine öffentlich geäußerte Kritik am nationalsozialistischen Staat; ein Pg. war ein Parteigenosse der NSDAP.

397 In beiden Fällen handelt es sich um Konzentrationslager.

398 An beiden Orten befanden sich Zuchthäuser, in denen viele Widerstandskämpfer gefangen gehalten wurden.

399 Bei der angesprochen Zelle handelt es sich um die Organisation einer betrieblichen Widerstandsgruppe. Im Gefängnis von Plötzensee befand sich eine Hinrichtungsstätte.

400 Im Norden von Berlin befand sich bis 1945 das Konzentrationslager Sachsenhausen.

401 Hier befand sich ein Außenkommando des Konzentrationslagers Flossenbürg.

402 In Großbeeren, in der Nähe von Berlin, befand sich ein sogenanntes Arbeitserziehungslager der Geheimen Staatspolizei zur Unterbringung von Gegnern des Regimes.

403 Im Emsland befand sich ein großer Konzentrationslager-Komplex.

404 Esterwegen gehört zum Komplex der im Emsland gelegenen Konzentrationslager. In Sachsenhausen war ebenfalls ein KZ und in Luckau ein Zuchthaus.

405 Gefängnis.

406 Mit Lager dürfte ein Konzentrations- bzw. Arbeitserziehungslager oder eine andere Haftstätte gemeint sein.

407 Unter Weimar könnte das bei dieser Stadt gelegene Konzentrationslager Buchenwald verstanden worden sein.

408 In Bergen-Belsen (Niedersachsen) befand sich ein Konzentrationslager.

409 Möglicherweise lautet so der tatsächliche zweite Vorname.

410 Jüdisches Krankenhaus.

Literaturnachweis

Uwe Dietrich Adam: Wie spontan war der Pogrom? In: Walter H. Pehle (Hrsg.): Der Judenpogrom 1938. Von der Reichskristallnacht zum Völkermord. Frankfurt am Main 1988, S. 74-93.

H. G. Adler: Der Verwaltete Mensch. Studien zur Deportation der Juden aus Deutschland, Tübingen 1974.

Gabriel Alexander: Die Entwicklung der jüdischen Bevölkerung in Berlin zwischen 1871 und 1945. In: Tel Aviver Jahrbuch für deutsche Geschichte, Bd. XX, 1991, S. 287-314.

Götz Aly (Hrsg.): Aktion T 4 1939-1945. Die "Euthanasie"-Zentrale in der Tiergartenstraße 4. Berlin 1987.

Amtliches Fernsprechbuch für den Bezirk der Reichspostdirektion Berlin 1940.

Yitzhak Arad, Israel Gutman and Abraham Margaliot (Hrsg.): Documents on the Holocaust. Selected Sources on the Destruction of the Jews of Germany and Austria, Poland and the Soviet Union. Jerusalem 1982.

Architekten-Verein zu Berlin und Vereinigung Berliner Architekten (Hrsg.): Berlin und seine Bauten. Band II und III. Berlin 1896.

Klaus Arlt u. a.: Zeugnisse jüdischer Kultur. Erinnerungsstätten in Mecklenburg-Vorpommern, Brandenburg, Berlin, Sachsen-Anhalt, Sachsen und Thüringen. Berlin 1993.

Friedrich Arnold (Hrsg.): Anschläge. Politische Plakate in Deutschland 1900-1970. München 1977.

Heinz Arzt: Mörder in Uniform, München 1979.

Gerda Bahlinger u. a.: Tiergarten. Vom kurfürstlichen Jagdrevier zum Stadtbezirk im Zentrum Berlins. Herausgegeben vom Bezirksamt Tiergarten. Redaktion: Kurt Redeker. Berlin 1986.

Kurt Jakob Ball-Kaduri: Berlin wird judenfrei. Die Juden in Berlin in den Jahren 1942/43. In: Wilhelm Berges, Hans Herzfeld und Henryk Skrzypchak (Hrsg.): Jahrbuch für die Geschichte Mittel- und Ostdeutschlands. Band 22. Berlin 1973, S. 196-241.

Rosemarie Baudisch und Michael S. Cullen: Tiergarten. Berlin 1991.

Gad Beck: Im Untergrund der Nazi-Hauptstadt. In: Capri. Zeitschrift für schwule Geschichte, 1. Jg., Heft 2/1987, S. 6-14.

(Ders.): Und Gad ging zu David. Die Erinnerungen des Gad Beck 1923 bis 1945. Hrsg.: Frank Heibert. Berlin 1995.

Else R. Behrend-Rosenfeld: Ich stand nicht allein. Leben einer Jüdin in Deutschland 1933-1944. München 1988.

Hans Benenowski: Nicht nur für die Vergangenheit. Streitbare Jugend in Berlin um 1930. Berlin 1983.

Ezra BenGershôm: David. Aufzeichnungen eines Überlebenden. Frankfurt am Main 1993. (Neuausgabe der gebundenen Fassung von "Den Netzen entronnen. Die Aufzeichnungen des Joel König." Göttingen 1967, bzw. der ersten Taschenbuchausgabe: Joel König: David. Aufzeichnungen eines Überlebenden", Frankfurt am Main 1979.)

Wolfgang Benz: (Hrsg.): Die Juden in Deutschland 1933-1945. Leben unter nationalsozialistischer Herrschaft. München 1988. 2. unveränderte Auflage 1989.

Ders.: Überleben im Untergrund 1943-1945. In: Ders. (Hrsg.): Die Juden in Deutschland 1933-1945. München 1989, S. 660-700.

Ders. und Walter H. Pehle (Hrsg.): Lexikon des deutschen Widerstandes. Frankfurt am Main 1994.

Eva-Karin Bergman: Auf der Flucht vor den Nachbarn. In: Die Mahnung, 41. Jg., Nr. 5, Mai 1994, S. 8.

Bericht über Palästina. Erstattet durch die Königliche Palästina-Kommission unter dem Vorsitz von Earl Peel und auf Befehl Seiner Majestät vom Staatssekretär für die Kolonien dem Britischen Parlament vorgelegt im Juli 1937. ("Weißbuch über Palästina"), deutsche Ausgabe: Berlin 1937.

Berliner Adreßbuch, verschiedene Jahrgänge.

Beusselkiez und Hutteninsel. Berlin 1993.

Bruno Blau: Das Ausnahmerecht für die Juden in Deutschland 1933-1945. Düsseldorf 1965.

Rolf Bothe (Hrsg.): Synagogen in Berlin. Zur Geschichte einer zerstörten Architektur. Zwei Bände. Berlin 1983.

Leon Brandt: Menschen ohne Schatten. Juden zwischen Untergang und Untergrund 1938-1945. Berlin 1984.

Ursula Büttner: Die deutsche Bevölkerung und die Judenverfolgung. In: Dies. (Hrsg.): Die Deutschen und die Judenverfolgung im Dritten Reich. Hamburg 1992, S. 67-88.

Wilhelm Burger: Die Kirchengemeinde St. Matthäus (Berlin-Tiergarten) in der Zeit des Nationalsozialismus. In: Manfred Gailus (Hrsg.): Kirchengemeinden im Nationalsozialismus. Sieben Beispiele aus Berlin. Berlin 1990, S. 39-79.

Comité des Délégations Juives (Hrsg.): Das Schwarzbuch. Tatsachen und Dokumente. Die Lage der Juden in Deutschland 1933. Paris 1934. Nachdruck: Frankfurt am Main u. a. 1983.

Inge Deutschkron: Ich trug den gelben Stern. Köln 1978.

(Inge Deutschkron): Daffke ...! Die vier Leben der Inge Deutschkron. 70 Jahre erlebte Politik. Herausgegeben von Wolfgang Kolneder. Berlin 1994.

Lutz van Dick: Lehreropposition im NS-Staat. Biographische Berichte über den "aufrechten Gang". Frankfurt am Main 1990.

Ein Stück Moabiter Zeit- und Schmuck-Geschichte wird 75. In: Wink. Zeitung aus Tiergarten Nr. 3/1987, S. 4.

"... ein ungeheures Erlebnis." Die Geschichte des Peter Weiss. In: ran Nr. 5/1985.

Helmut Engel, Stefi Jersch-Wenzel und Wilhelm Treue (Hrsg.): Geschichtslandschaft Berlin. Orte und Ereignisse. Band 2. Tiergarten. Teil 1: Vom Brandenburger Tor zum Zoo. Berlin 1989. Teil 2: Moabit. Berlin 1987.

Erich Eyser: Die Packhöfe in Berlin 1670-1965. Berlin o. J.

Jörg H. Fehrs: Von der Heidereutergasse zum Roseneck. Jüdische Schulen in Berlin 1712-1942. Berlin 1993.

Erica Fischer: Aimée & Jaguar. Eine Liebesgeschichte. Berlin 1943. Köln 1994.

Anne Frank Tagebuch. Frankfurt am Main 1993.

Alfred G. Frei und Hilde Storz-Schumm: Der Zeitzeuge verläßt das Klassenzimmer. Die Rekonstruktion einer Flucht. In: Geschichtswerkstatt, Nr. 15 (1988), S. 33-39.

Henry Friedlander: The Deportation of the German Jews. Post-War Trials of Nazi Criminals, in: Leo Baeck Institute Yearbook, Vol. XXIX, 1984, S. 201-226.

Sophie Friedländer: Die Höhere Jüdische Schule in Berlin-Moabit, Wilsnacker Straße 1937-1938. In: Am meisten habe ich von meinen Schülern gelernt – Lebensgeschichte einer jüdischen Lehrerin in Berlin und im Exil. Hrsg. Monika Römer-Jacobs und Bruno Schonig. (Lehrer/Lehrerinnen-Lebensgeschichten 8). Berlin 1987, S. 53-65.

Horst Fritsche: Wegweiser zu Berlins Straßennamen. Tiergarten. Berlin 1993.

Gedenkbuch. Opfer der Verfolgung der Juden unter der nationalsozialistischen Gewaltherrschaft in Deutschland 1933-1945. Koblenz 1986.

Helmut Geisert, Jochen Spielmann, Peter Ostendorf (Redaktion): Gedenken und Denkmal. Entwürfe zur Erinnerung an die Deportation und Vernichtung der jüdischen Bevölkerung Berlins. Berlin 1988.

Robert Gellately: Die Gestapo und die deutsche Gesellschaft. Die Durchsetzung der Rassenpolitik 1933-1945, Paderborn 1993.

Helmut Genschel: Die Verdrängung der Juden aus der Wirtschaft im Dritten Reich. Göttingen 1966.

Gesellschaft für Deutsch-Sowjetische Freundschaft Westberlin (Hrsg.): Das sowjetische Ehrenmal in Berlin-Tiergarten. Eine Text- und Fotodokumentation. Berlin 1987.

Gewerkschaft Erziehung und Wissenschaft Berlin (Hrsg.): Im Schatten der goldenen Flügel. Zur verdrängten Geschichte Tiergartens. Ein Bezirksrundgang. Berlin 1982.

Günther B. Ginzel (Hrsg.): Mut zur Menschlichkeit. Hilfe für Verfolgte während der NS-Zeit. Köln 1993.

Joseph Goebbels: Die Juden sind schuld! In: Das Reich, Nr. 46 vom 16.11.1941.

Hermann Graml: Der 9.November 1938. "Reichskristallnacht". Bonn 1958.

Kurt R. Grossmann: Die unbesungenen Helden. Menschen in Deutschlands dunklen Tagen. Berlin-Grunewald 1957.

Dagmar Hartung-von Doetinchem: Zerstörte Fortschritte. In: Dies. und Rolf Winau (Hrsg.): Zerstörte Fortschritte. Das Jüdische Krankenhaus in Berlin 1756-1861 – 1914 -1989. Berlin 1989, S. 75-220.

Hauptamt für Statistik (Hrsg.): Berlin in Zahlen. Berlin 1947.

Albrecht Haushofer: Moabiter Sonette. Berlin 1946. (2. Auflage)

Walther Hofer: Der Nationalsozialismus. Dokumente 1933-1945. Frankfurt am Main 1957.

Oliver Hoffmann: Deutsche Geschichte im Bezirk Tiergarten. Naziterror und Widerstand 1933-1945. Hrsg.: Vereinigung der Verfolgten des Naziregimes West-Berlin/Verband der Antifaschisten. Berlin 1985.

Stefi Jersch-Wenzel: 300 Jahre Jüdische Gemeinde zu Berlin. In: Leistung und Schicksal. 300 Jahre Jüdische Gemeinde zu Berlin. Berlin 1971, S. 13-26.

Jüdischer Führer durch Berlin. Berlin 1933.

Jüdisches Adressbuch für Groß-Berlin. Ausgabe 1929/30.

Jüdisches Adressbuch für Gross-Berlin. Ausgabe 1931. Mit einem Vorwort von Hermann Simon. Berlin 1994 (Nachdruck).

Jüdisches Jahrbuch für Groß-Berlin auf das Jahr 1926. Ein Wegweiser durch die jüdischen Einrichtungen und Organisationen Berlins. Berlin-Grunewald o. J.

Jürgen Karwelat: "Insel" Moabit. Eine Dreiviertel-Rundfahrt mit dem Schiff. Berlin 1986.

Robert M. W. Kempner: Die Ermordung von 35.000 Berliner Juden. Der Judenmordprozeß in Berlin schreibt Geschichte. In: Herbert A. Strauss und Kurt R. Grossmann (Hrsg.): Gegenwart im Rückblick. Heidelberg 1970, S. 180-205.

Ian Kershaw: The Persecution of the Jews and German Popular Opinion in the Third Reich, in: Yearbook of the Leo Beack Institute, Vol. XXVI, 1981, S. 261-289.

Heinz Klee: Die Entschädigung wegen Schadens an Freiheit. In: Walter Brunn u. a.: Das Bundesentschädigungsgesetz. Erster Teil (1 bis 50 BEG) (Die Wiedergutmachung nationalsozialistischen Unrechts, Band IV), München 1981, S.445-460.

Irmgard Klönne: 1933 wurde das anders. Da habe ich alles Jüdische betont. Edith Wolff, genannt Ewo – Eine Würdigung. In: Ariadne. Almanach des Archivs der deutschen Jugendbewegung. Heft 23 (Mai 1993), S. 28-33.

Wolfgang Knauft: Unter Einsatz des Lebens. Das Hilfswerk beim Bischöflichen Ordinariat für katholische "Nichtarier" 1938-1945. Berlin 1988.

Heinz Knobloch: "Meine liebste Mathilde". Das unauffällige Leben der Mathilde Jacob. Berlin 1986.

Jochen Köhler: Klettern in der Großstadt. Volkstümliche Geschichten vom Überleben in Berlin 1933-1945. Berlin 1979. 2. durchgesehene Auflage 1981.

Luise Kraushaar u. a.: Deutsche Widerstandskämpfer 1933-1945. Biographien und Briefe. Band 1 und 2. Berlin (DDR) 1970.

Kreisvorstand der Jungsozialisten in der SPD Berlin-Tiergarten: Rundfahrt durch Tiergarten. Geschichte von unten. 3. überarbeitete Auflage: Berlin 1987.

Michael Kreutzer: Die Suche nach einem Ausweg, der es ermöglicht, in Deutschland als Mensch zu leben. Zur Geschichte der Widerstandsgruppen um Herbert Baum. In: Löhken und Vathke (Hrsg.): Juden im Widerstand. Berlin 1993, S. 95-158.

Ferdinand Kroh: David kämpft. Vom jüdischen Widerstand gegen Hitler. Reinbek 1988.

Maren Krüger, Marion Neiss, Martina Voigt, Birgit Wagner und Irina Wandrey: Alltag im Berliner Untergrund 1943 bis 1945. In: Rainer Erb und Michael Schmidt (Hrsg.): Antisemitismus und jüdische Geschichte. Studien zu Ehren von Herbert A. Strauss. Berlin 1987, S. 295-309.

Konrad Kwiet: Nach dem Pogrom. Stufen der Ausgrenzung. In: Benz (Hrsg.): Die Juden in Deutschland 1933-1945. München 1989, S. 545-659.

Ders. und Heinz Eschwege: Selbstbehauptung und Widerstand. Deutsche Juden im Kampf um Existenz und Menschenwürde 1933-1945. Hamburg 1984, 2. Auflage 1986.

Inge Lammel (Redaktion): Jüdisches Leben in Pankow. Eine zeitgeschichtliche Dokumentation. Berlin 1993.

Liste I. Verzeichnis der nach der Befreiung durch die Alliierten in Berlin registrierten Juden, welche a) von der Deportation, d.h. aus den KZ-Lägern, zurückgekehrt sind, b) wegen des Deportationsbefehls ca. 3 Jahre versteckt, d.h. ohne Obdach und ohne Lebensmittelversorgung, gelebt haben. Berlin, August 1945.

Liste II. Verzeichnis jener nach der Befreiung durch die Alliierten in Berlin registrierten Juden, welche der Pflicht zum Tragen des Judensterns genau so wie die in der Liste I aufgeführten Personen unterworfen waren, deren Deportation jedoch aus Rücksicht auf die arische Ehehälfte zurückgestellt war. Wer am Tage der Registrierung der jüdischen Religion nicht angehört hat, ist in diesem Verzeichnis nicht aufgeführt. August 1945.

Liste III. Verzeichnis der nach der Befreiung durch die Alliierten in Berlin registrierten Juden, welche als "priviligiert" bezeichnet wurden, d. h. der Pflicht zum Tragen des Judensterns enthoben waren und deren Deportation genau so wie bei der Personengruppe unserer Liste II wegen der arischen Ehehälfte zurückge-stellt war. Wer am Tage der Registrierung der jüdischen Religion nicht angehört hat, ist in diesem Verzeichnis nicht aufgeführt. August 1945.

Louis P. Lochner (Hrsg.): Goebbels Tagebücher. Zürich 1948.

Wilfried Löhken und Werner Vathke (Hrsg.): Juden im Widerstand. Drei Gruppen zwischen Überlebens-kampf und politischer Aktion Berlin 1939-1945. Berlin 1993.

Siegward Lönnendonker und Tilman Fichter: Freie Universität Berlin 1948-1973. Hochschule im Umbruch, Teil II: Konsolidierung um jeden Preis (1949-1957). Hrsg.: Presse- und Informationsstelle der FU Berlin, Berlin 1978.

Werner Maas: Besuch eines seltsamen Friedhofs, in: Der Weg, 6.12.1946.

Stefan Mehl: Das Reichsfinanzministerium und die Verfolgung der deutschen Juden 1933-1945. Freie Universität Berlin, Zentralinstitut für sozialwissenschaftliche Forschung, Berliner Arbeitshefte und Berichte zur sozialwissenschaftlichen Forschung, Nr. 38, Berlin 1990.

John Mendelsohn and Donald Detwiler (Eds.): The Holocaust. Selected Documents in Eighteen Volumes. Vol. XI, New York 1982.

Rita Meyhöfer, Ulrich Schulze-Marmeling und Klaus Sühl: Berliner Gedenkbuch für die jüdischen Opfer des Nationalsozialismus. In: Jürgen Wetzel (Hrsg.): Berlin in Geschichte und Gegenwart. Jahrbuch des Landesarchivs Berlin 1993, Berlin 1993, S. 509-528.

Mitgliederverzeichnis der Jüdischen Gemeinde zu Berlin. Abgeschlossen am 31. Juli 1947. Berlin 1947.

Olav Münzberg (Hrsg.): Vom alten Westen zum Kulturforum. Das Tiergartenviertel in Berlin – Wandlungen einer Stadtlandschaft. Berlin 1988.

Marion Neiss: Chug Chaluzi (Kreis der Pioniere). In: Benz und Pehle (Hrsg.): Lexikon des deutschen Widerstandes. Frankfurt am Main 1994, S. 189 f.

Mario Offenberg (Hrsg.): Adass Jisroel. Die Jüdische Gemeinde in Berlin (1869-1942). Vernichtet und vergessen. Berlin 1986.

Brigitte Oleschinski: "... daß das Menschen waren, nicht Steine". Hilfsnetze katholischer Frauen für verfolgte Juden im Dritten Reich. In: Zeitgeschichte, 17. Jg. (1990), Heft 9/10, S. 395-416.

Kurt Pätzold (Hrsg.): Verfolgung, Vertreibung, Vernichtung. Dokumente des faschistischen Antisemitismus 1933 bis 1945. Leipzig 1983.

Walter H. Pehle (Hrsg.): Der Judenpogrom 1938. Von der Reichskristallnacht zum Völkermord. Frankfurt am Main 1988.

Herman O. Pineas: Meine aktive Verbundenheit mit dem jüdischen Sektor Berlins. In: Herbert A. Strauss und Kurt R. Grossmann (Hrsg.): Gegenwart im Rückblick. Heidelberg 1970, S. 299-301.

Helge Pitz, Wolfgang Hofmann und Jürgen Tomisch: Berlin-W. Geschichte und Schicksal einer Stadtmitte. Band 1: Von der preußischen Residenz zur geteilten Metropole. Band 2: Vom Kreuzberg-Denkmal zu den Zelten. Berlin 1984.

Christian Pross, Rolf Winau: Nicht mißhandeln. Das Krankenhaus Moabit. 1920-1933 Ein Zentrum jüdischer Ärzte in Berlin. 1933-1945 Verfolgung. Widerstand. Zerstörung. Berlin 1984.

Der Prozeß gegen die Hauptkriegsverbrecher vor dem Internationalen Militärgerichtshof Nürnberg 14. November 1945 – 1. Oktober 1946. Nürnberg 1948. (Band XXVIII und XXXI).

Ilse Rewald: Berliner, die uns halfen, die Hitlerdiktatur zu überleben. Berlin 1975.

Monika Richarz (Hrsg.): Jüdisches Leben in Deutschland. Dritter Band: Selbstzeugnisse zur Sozialgeschichte 1918-1945. Stuttgart 1982.

Werner Rosenstock: Exodus 1933-1939. A Survey of Jewish Emigration from Germany. In: Leo Baeck Institute Yearbook, Vol. I, 1956, S. 373-390.

Ders.: Erinnerungen an das Hansaviertel. In: Herbert A. Strauss und Kurt R. Grossmann (Hrsg.): Gegenwart im Rückblick. Heidelberg 1970, S. 308-313.

Hazel Rosenstrauch (Hrsg.): Aus Nachbarn wurden Juden. Ausgrenzung und Selbstbehauptung 1933-1942. Berlin 1988.

Hans Rosenthal: Zwei Leben in Deutschland. Bergisch Gladbach 1980.

Heiko Roskamp: Tiergarten 1933-1945. Verfolgung und Widerstand in einem Berliner Innenstadtbezirk. Berlin 1984.

Ders.: Verfolgung und Widerstand. Tiergarten – Ein Bezirk im Spannungsfeld der Geschichte 1933-1945. Berlin 1985.

Reinhard Rürup (Hrsg.): Topographie des Terrors. Gestapo und Reichssicherheitshauptamt auf dem "Prinz Albrecht Gelände". Eine Dokumentation. Berlin 1987.

Hans-Rainer Sandvoß: Widerstand in Mitte und Tiergarten. Hrsg.: Gedenkstätte Deutscher Widerstand. Berlin 1994.

Wolfgang Schäche: Fremde Botschaften. Die Gebäude der ehemaligen italienischen und japanischen Botschaft in Berlin-Tiergarten. Zwei Bände. Berlin 1984.

Ders.: Das Zellengefängnis Moabit. Zur Geschichte einer preußischen Anstalt. Berlin 1992.

Wolfgang Scheffler: Judenverfolgung im Dritten Reich. Berlin 1964.

Klaus Scheurenberg: Überleben. Flucht- und andere Geschichten aus der Verfolgungszeit des Naziregimes. (Redaktion: Kurt Schilde). Berlin 1990.

Barbara Schieb-Samizadeh: Die kleinen Schritte der Forschung. Über die Schwierigkeiten, die Geschichte der Helfer der während der NS-Zeit versteckten Juden zu recherchieren. In: Zeitgeschichte 17 (1990), S. 419-431.

Dies.: Die Gemeinschaft für Frieden und Aufbau. In: Löhken und Vathke (Hrsg.) Juden im Widerstand. Berlin 1993, S. 37-81.

Kurt Schilde: Gedenkbuch für die Opfer des Nationalsozialismus aus dem Bezirk Tempelhof. Herausgegeben vom Bezirksamt Tempelhof von Berlin. Berlin 1987 (1. Auflage), 1988 (1. Ergänzung), 1989 (2. Ergänzung).

Ders.: Vom Columbia-Haus zum Schulenburgring. Dokumentation mit Lebensgeschichten von Opfern des Widerstandes und der Verfolgung von 1933 bis 1945 aus dem Bezirk Tempelhof. Herausgegeben vom Bezirksamt Tempelhof von Berlin. Berlin 1987.

Ders.: Erinnern – und nicht vergessen. Dokumentation zum Gedenkbuch für die Opfer des Nationalsozialismus aus dem Bezirk Tempelhof. Herausgegeben vom Bezirksamt Tempelhof von Berlin. Berlin 1988.

Ders: Jüdischer Sport im "deutschen Wald". Die organisierte jüdische Sportbewegung in Berlin von der Gründung 1898 bis zur Liquidierung durch die Nazis 1938. In: Sozial- und Zeitgeschichte des Sports, Heft 2/1988, S. 44-58.

Ders.: Mit dem Davidstern auf der Brust. Spuren der jüdischen Sportjugend in Berlin zwischen 1898 und 1938. Herausgegeben von der Sportjugend Berlin. Berlin 1988.

Ders.: Auf der Flucht vor den Nachbarn – Projektbericht. Eine Geschichtswerkstatt auf den Spuren der "U-Boote" in Berlin-Tiergarten. In: Informationen zur modernen Stadtgeschichte, Nr. 2/1994, S. 27-30.

Ders. und Bernd Hildebrandt (Redaktion): Versteckt – Dem Naziterror in Tiergarten entkommen. (Faltplan). Berlin 1993.

Ders. und Martina Voigt: Eine "Unbesungene Heldin" aus Neu-Tempelhof: Dr. Elisabeth Abegg. In: Nils Ferberg (Redaktion): 100 Jahre Arbeiterbewegung in Tempelhof. Hrsg.: Verein zur Heimatpflege, Heimatkunde, Geschichte und Kultur Tempelhofs. Berlin 1991. S. 95-97.

Ulrike Schilling: "Mehr als je that die thätige Liebe noth" – Die evangelische Heilands-Kirchengemeinde in Moabit von 1892 bis 1945. Berlin 1992.

Hans-Peter Schmidt: Chronik des Bezirks Tiergarten von Berlin. Vom kurfürstlichen Jagdrevier zum Weltstadtbezirk. Herausgegeben vom Bezirksamt Tiergarten von Berlin aus Anlaß des 100. Jahrestages der Eingemeindung. Berlin 1961.

Gerhard Schoenberner: Wir haben es gesehen. Augenzeugenberichte. Hamburg 1962.

Hildegard Schönrock: Wir kamen gerade so hin. Meine Kindheit und Jugend in Berlin-Moabit. Berlin 1984.

Bruno Schonig: "Zu lernen, zu lehren, zu bewahren und zu tun" – Zu einigen Dokumenten aus dem reformpädagogischen Unterricht Sophie Friedländers an der Höheren Schule der Jüdischen Gemeinde in Berlin-Moabit in den Jahren 1937 und 1938. In: Mitteilungen & Materialien. Arbeitsgruppe Pädagogisches Museum e.V. Heft Nr. 39/1993, S. 7-41.

Claudia Schoppmann: Zeit der Maskierung. Lebensgeschichten lesbischer Frauen im "Dritten Reich". Berlin 1993.

Herbert Schultheiß und Isaac E. Wahler: Bilder und Akten der Gestapo Würzburg über die Judendeportationen 1941-1943. Bad Neustadt a. d. Saale 1988.

Gudrun Schwarz (Redaktion): Judenmord und öffentliche Verwaltung 50 Jahre nach der "Wannsee-Konferenz". Dokumentation. Herausgegeben von der Gewerkschaft Öffentliche Dienste, Transport und Verkehr (ÖTV). Berlin 1992.

Jizchak Schwersenz: Aus der Dunkelheit zum großen Licht. Ein Schauspiel in 5 Akten von der Arbeit und dem Kampf jüdischer Jugend in der Zeit der Verfolgung. Hrsg.: Bund Jüdischer Pfadfinder. Zürich 1947 (Uraufführung).

Ders.: Die versteckte Gruppe. Ein jüdischer Lehrer erinnert sich an Deutschland. Berlin 1988.

Ders: Als jüdischer Lehrer und Schulleiter an einer jüdischen Großstadtschule und als Jugendleiter im Untergrund. In: Lutz van Dick: Lehreropposition im NS-Staat. Frankfurt am Main 1990, S. 50-63.

Ders. und Edith Wolff: Jüdische Jugend im Untergrund. Eine zionistische Gruppe in Deutschland während des Zweiten Weltkrieges. (Bulletin des Leo Baeck Instituts, Nr. 45). Tel Aviv 1969. (Zuerst veröffentlicht in hebräisch von Jizchak Schwersenz: Machtereth Chaluzim be-Germania ha-Nazith. Tel Aviv 1969).

Dies.: Jüdische Jugend im Untergrund. Eine zionistische Gruppe in Berlin während des Zweiten Weltkrieges. In: Aus Politik und Zeitgeschichte, Nr. 15-16/1981, S. 16-38.

Gerd Sembritzki: Synagoge Levetzowstraße. Levetzowstraße 7-8. In: Engel, Jersch-Wenzel und Treue (Hrsg.): Geschichtslandschaft Berlin. Band 2: Tiergarten. Teil 2: Moabit. Berlin 1987, S. 134-146.

SED Kreis Tiergarten (Hrsg.): Das war Moabit. Berlin o. J.

Eric Silver: Sie waren stille Helden. Frauen und Männer, die Juden vor den Nazis retteten. München und Wien 1994.

Hermann Simon: Die Jüdische Gemeinde Nordwest. Eine Episode aus der Zeit des Neubeginns jüdischen Lebens in Berlin nach 1945. In: Andreas Nachama und Julius H. Schoeps (Hrsg.): Aufbau nach dem Untergang. Deutsch-jüdische Geschichte nach 1945. In memoriam Heinz Galinski. Berlin 1992, S. 274-284.

Statistisches Amt der Reichshauptstadt Berlin (Hrsg.): Berlin in Zahlen. Ausgabe 1942. Berlin 1942.

Peter Steinbach und Johannes Tuchel (Hrsg.): Lexikon des Widerstandes 1933-1945. München 1994.

Dies. (Hrsg.): Widerstand in Deutschland 1933-1945. Ein historisches Lesebuch. München 1994.

Herbert A. Strauss und Kurt R. Grossmann (Hrsg.): Gegenwart im Rückblick. Festgabe für die Jüdische Gemeinde zu Berlin 25 Jahre nach dem Neubeginn. Heidelberg 1970.

Gerda Szepansky: Frauen leisten Widerstand: 1933-1945. Frankfurt am Main 1983.
James F. Tent: Freie Universität Berlin 1948-1988. Eine deutsche Hochschule im Zeitgeschehen. Berlin 1988.

Theresienstadt-Lagerliste. Prag 1945.
Evelyn Tondar: Onkel Max ist jüdisch. Gespräch mit Erika und Karl Hildebrand. Berlin, im Dezember 1990.
Irene Runge (Hrsg.): Onkel Max ist jüdisch. Neun Gespräche mit Deutschen, die Juden halfen. Berlin 1991, S. 28-40.

Martina Voigt: Die Deportation der Berliner Juden 1941 bis 1945. In: Zentrum für audiovisuelle Medien, Landesbildstelle Berlin (Hrsg.): Die Grunewald-Rampe. Die Deportation der Berliner Juden. 2., korrigierte Auflage: Berlin 1993, S. 23-46.

Joseph Walk: Das Sonderrecht für die Juden im NS-Staat. Eine Sammlung der gesetzlichen Maßnahmen und Richtlinien – Inhalt und Bedeutung. Heidelberg 1981.

Hermann Weber: Die KPD in der Illegalität. In: Richard Löwenthal und Patrik von zur Mühlen (Hrsg.): Widerstand und Verweigerung in Deutschland 1933 bis 1945. Berlin, Bonn 1982, S. 83-101.

Siegmund Weltlinger: Hast Du es schon vergessen? Erlebnisbericht aus der Zeit der Verfolgung. Berlin 1954.

Robert Weltsch: Berliner Tagebuch. In: Der Aufbau vom 5.4.1946.

Juliane Wetzel: Hilfe und Solidarität. In: Benz und Pehle (Hrsg.): Lexikon des deutschen Widerstandes. Frankfurt am Main 1994, S. 228-231.

(Valerie Wolffenstein): Erinnerungen von Valerie Wolffenstein aus den Jahren 1891-1945. Herausgegeben und eingeleitet von Robert A. Kann. Wien und Salzburg 1981.

Manfred Wolfson: Der Widerstand gegen Hitler. Soziologische Studien über Retter (Rescuers) von Juden in Deutschland. In: Aus Politik und Zeitgeschichte, Nr. 15/1971, S. 32-39.

Ders.: Zum Widerstand gegen Hitler: Umriß eines Gruppenportraits deutscher Retter von Juden. In: Joachim Hütter, Reinhard Meyers und Dietrich Papenfuss (Hrsg.): Tradition und Neubeginn. Internationale Forschungen zur Deutschen Geschichte im 20. Jahrhundert. Köln u. a. 1975, S. 391-407.

Peter Wyden: Stella. Göttingen 1993.

Christine Zahn: "Nicht mitgehen, sondern weggehen!" Chug Chaluzi – eine jüdische Jugendgruppe im Untergrund. In: Löhken und Vathke (Hrsg.): Juden im Widerstand. Berlin 1993, S. 159-205.

Bildnachweis

Architekten-Verein zu Berlin. Berlin und seine Bauten, 1896, S. 111: Seite 146
Archiv W. Reimer Nachf. Ernst Kuhn: Seite 102
Dr. Ezra BenGershôm: Seiten 60, 61, 63, 66, 69, 71
Deutscher Reichsanzeiger und Preußischer Staatsanzeiger (Nr.181 vom 6.8.1943, S. 2)
und Landesarchiv Berlin: Seite 42
Entschädigungsamt Berlin, Registrier-Nr. 15038: Seite 100
Entschädigungsamt Berlin, Registrier-Nr. 22380: Seite 106
Entschädigungsamt Berlin, Registrier-Nr. 2957: Seite 99
Entschädigungsamt Berlin, Registrier-Nr. 11447: Seite 119
Entschädigungsamt Berlin, Registrier-Nr. 62136: Seite 121
Entschädigungsamt Berlin, Registrier-Nr. 22110: Seite 123
Entschädigungsamt Berlin, Registrier-Nr. 22112: Seite 124
Entschädigungsamt Berlin, Registrier-Nr. 22438: Seite 125
Entschädigungsamt Berlin, Registrier-Nr. 22727: Seite 126
Walter Fähse: Seite 89
Harry Foß: Seiten 35-38, 40-44, 56-58
Dr. Anneliese Holzhausen-Rohr und Ines Knuth: Seite 87
Ines Knuth: Seiten 86, 87
Kraushaar, Band 2, S. 51: Seite 83
Landesarchiv Berlin, Rep. 240, Acc. 2969, Bl. 515: Seite 107
Landesbildstelle Berlin: Seite 103
Dr. Jizchak Schwersenz: Seiten 73-76, 79
Heinz Sandelowski (Reproduktion: Gedenkstätte Deutscher Widerstand, Berlin): Seite 109
Susanne Witte: Seiten 115, 116
Erwin Zenk: Seiten 91, 92, 95

Danksagung

Diese Publikation entstand durch viele Mitwirkende: An allererster Stelle geht der Dank an die verfolgten Zeitzeuginnen und Zeitzeugen: Dr. Ezra BenGershôm, Harry Foß, Peter Foß, Werner Foß und Dr. h.c. Jizchak Schwersenz. Des weiteren ist Dank abzustatten bei der Helferin Susanne Witte und den Kindern von Helferinnen und Helfern: Ilse Hansen, Ines Knuth und Erwin Zenk. Die beiden erstgenannten Damen haben ein Jahr lang in der Geschichtswerkstatt des Heimatmuseums Tiergarten mitgemacht. Ihre Mitarbeit war für das Gelingen sehr wichtig, ebenso die Gespräche mit den weiteren Mitwirkenden des Gesprächskreises: Brunhilde Anger, Fritz Blankenburg, Heidrun Dürrenfeldt, Rena Fricke, Gisela Hoffmann, Dr. Anneliese Holzhausen-Rohr, Charlotte Kibbieß, Heinz Schmidt, Peter W. Schmidt, Günter Spremberg und Alfred Stibbe. Last but not least ist Gerda Kurzhals für ihre Mitarbeit zu danken. Mit eigenen Beiträgen vertreten sind Martina Voigt, Eva-Karin Bergman und Andreas Borst, die sich ohne zu zögern zur Mitarbeit bereiterklärten.

Darüberhinaus ist neben den bereits genannten für Informationen und Hilfe Dank abzustatten an: Irene Burkert, Hans-Werner Fabarius, Frank Flechtmann, Heinz Hausburg (W. Reimer Nachf. Ernst Kuhn), Prof. Dr. Sabine Hering, Karla Kohlmann und Liselotte Labischinski, Dr. Inge Lammel, Peter Löwy, Brigitte Oleschinski, Manfred Rexin, Rolf Scholz, Dr. Hermann Simon (Stiftung "Neue Synagoge Berlin – Centrum Judaicum), Ute Stein, Dr. Dr. Manfred Stürzbecher, Andreas Szagun und Lothar Treder-Schmidt sowie den Mitarbeiterinnen und Mitarbeitern folgender Institutionen: Amerika-Gedenk-Biblithek (Berlin-Abteilung), Freie Universität Berlin, Zentralinstitut für sozialwissenschaftliche Forschung (Dr. Ingeborg Haag), Gedenkstätte Deutscher Widerstand (Rainer Sandvoß), Gedenkstätte Haus der Wannsee-Konferenz (Annegret Ehmann, Ewa Maria Runge), Gesellschaft für christlich-jüdische Zusammenarbeit, Jüdische Gemeinde zu Berlin – Bibliothek (Arkady Fried, Renate Kirchner), Landesbildstelle Berlin (Frau Kusserow), Landesverwaltungsamt – Entschädigungsbehörde (Frau Tessendorf) und Landesarchiv Berlin.

Abschließend ist dem Referat "Unbesungene Helden" der Berliner Senatsverwaltung für Inneres und insbesondere Herrn König und Frau Arndt zu danken, die die Einsicht in ihre den Bezirk Tiergarten betreffenden Akten ermöglicht haben.